T0248374

El nuevo Barnum

Alessandro Baricco

El nuevo Barnum

Traducción de Xavier González Rovira

EDITORIAL ANAGRAMA

BARCELONA

Título de la edición original:
Il nuovo Barnum
© Giangiacomo Feltrinelli Editore
Milán, 2016

Ilustración: © lookatcia

Primera edición: enero 2022

Diseño de la colección: lookatcia.com
© De la traducción, Xavier González Rovira, 2022
© Alessandro Baricco, 2016
© EDITORIAL ANAGRAMA, S. A., 2022
Pau Claris, 172
08037 Barcelona

ISBN: 978-84-339-6479-3
Depósito Legal: B. 19103-2021

Printed in Spain

Liberdúplex, S. L. U., ctra. BV 2249, km 7,4 - Polígono Torrentfondo
08791 Sant Llorenç d'Hortons

FRIKIS, PISTOLEROS E ILUSIONISTAS

De tanto en tanto me preguntan a qué se debe que no escriba nunca novelas que hablen de nuestro tiempo (en ocasiones utilizan la expresión «que hablen sobre la realidad», y es entonces cuando la conversación se interrumpe bruscamente). Una posible respuesta es que, de hecho, un extenso libro que habla sobre nuestro tiempo lo vengo escribiendo, y de qué manera, desde hace años, pero en los periódicos, a base de artículos. Si he de escribir sobre lo que pasa a mi alrededor, no sé, no se me ocurre usar el formato novela: se me ocurre escribir artículos, ir directamente al asunto, eso es. Se trata de algo que vengo haciendo desde hace un montón de años. Como empecé escribiendo una sección que se llamaba *Barnum* (el mundo me parecía entonces un festivo espectáculo de frikis, pistoleros e ilusionistas), me acostumbré a ese nombre y ahora cualquier cosa que escriba en los periódicos termina, bien o mal, bajo ese paraguas. Barnum.

Aquí tenéis en vuestras manos uno nuevo, un nuevo *Barnum*. Son casi veinte años de artículos, si no calculo mal.

Ah, he eliminado los malos, o los fallidos, o los aburridos. Los había, obviamente.

Ahora no cabría añadir nada más, si no fuera porque, al releer estas páginas, he encontrado un par de artículos sobre los que me urge, no sé muy bien por qué, decir algo. Son ar-

7

tículos que para mí tienen un sentido muy particular y me desagradaba verlos allí, en medio de los demás, sin que fuera posible entender que para mí habían sido especiales. Por eso estáis leyendo este prefacio. El primero está en la página 70. Lo escribí el 11 de septiembre de 2001, un par de horas después de lo que había ocurrido en las Torres Gemelas. Ahora es difícil recordarlo, pero en ese momento todo el mundo era presa del pánico, estaba atónito, era incapaz de reaccionar. Sobre todo, queríamos entender qué había pasado. En trances como ese, si no eres periodista, lo que quieres es escuchar, no hablar. Leer, no escribir. Quieres que te expliquen, no quieres explicar. Y, en cambio, me acuerdo de que pensé: pues ahora al bombero le toca subir allá arriba y salvar a la gente, y al que sabe escribir le toca escribir, coño. Así que enciende el ordenador y haz lo que te corresponde. Y me puse a hacerlo. Será una tontería, pero es una de las cosas de las que estoy más orgulloso de mi vida laboral: no haberme callado ese día. Había un montón de cosas más convenientes que hacer y en ninguna de ellas te arriesgabas a decir, en caliente, cosas que quince años más tarde podrían resultar estupideces estratosféricas.

Luego el artículo no me salió muy bien, pero tampoco mal. Si puedo dar mi opinión, con la modestia que suele atribuírseme, resulta más profético el que escribí al día siguiente (para seguir haciendo el trabajo que me tocaba, como el bombero). Me sorprende que podría volver a escribirlo hoy, podría volver a escribirlo después de Bataclan. Desde entonces no he cambiado de idea. Este discurso de que el concepto de la guerra estaba perdiendo el apoyo de la noción de frontera describe bastante bien lo que está ocurriendo hoy, de un modo aun más claro que entonces. Y sigo estando convencido de que el terrorismo es mucho más una necrosis de nuestro cuerpo social, que una agresión procedente del exterior. Algo se pudre, en esos gestos terribles, y ese algo es una parte de nosotros, de

8

nuestras democracias, de nuestra idea occidental del progreso y de la felicidad. No es un ataque a esas cosas: es una *enfermedad* de esas cosas.

Otro artículo que para mí resultó especial lo encontraréis en la página 192, y está dedicado a la manera que tenemos en Italia de gastar el dinero público para promover y defender la cultura y los espectáculos. Estuve incubándolo durante años y lo escribí en 2009. No decía cosas agradables para un mundo acostumbrado a vivir instalado en sus privilegios sin preguntarse desde tiempo inmemorial si se los merecía y si aún tenían sentido. De hecho, al día siguiente me vi cubierto de insultos y de acusaciones, procedentes de todas partes (pero con especial empeño de *los míos:* los de izquierdas fueron incapaces de digerirlo). Los más benevolentes me tachaban de traidor. Los demás, de borracho a oportunista pasado al enemigo (Berlusconi, obviamente: eran los años de la paranoia). Ya han pasado siete años. Pocas cosas han cambiado y, si bien sigue existiendo el discreto círculo de intelectuales que continúan viviendo tan tranquilos, se han visto un poco forzados a apretarse el cinturón, por un concepto de servicio público que, como mínimo, resulta obsoleto y, siendo un poco radicales, ruinoso. Lástima. Solo puedo decir que lo lamento mucho. Y añadir que no, que no he cambiado de idea entretanto: volvería a escribirlo todo, desde la primera hasta la última línea. Algo se pudre, en alguna zona de nuestro tejido social, creedme, y es también porque no queremos repensar nuestro modo de educar a nuestros hijos y, sobre todo, a los hijos de todo el mundo, no solo a los nuestros.

Me gustaría proseguir y recordar el hecho de que escribir sobre Carver cuando no era posible hacerlo me gustó muchísimo; me gustaría confesar que decantarme por Renzi el día antes de que perdiera fue un gesto que recordaré con cariño, a pesar de las tonterías lamentables que empezó a hacer; me gustaría anotar que escribir a propósito de dos críticos que se

9

hacían los listillos sin poder permitírselo fue algo discutible de lo que nunca me he arrepentido: y seguiría así. Pero, soy consciente de ello, solo me gustaría a mí. De manera que termino aquí, pero no sin antes recordar que al final, si uno puede escribir semejantes cosas, siempre es porque cuenta con periódicos y directores a sus espaldas que le permiten hacer, que están dispuestos a defenderlo y que consiguen que uno se sienta importante. Yo he contado con ellos. Muchísimos de estos artículos nacen de mi labor con Ezio Mauro y todo el equipo de *La Repubblica:* ha sido un privilegio trabajar con vosotros y sigue siéndolo. Muchas de mis ideas más alocadas me las ha dejado escribir Luca Dini, director de *Vanity Fair:* es increíble con qué calma este hombre puede escuchar determinadas locuras mías y encontrarlas sensatas. En fin, el texto sobre la profundidad, el que encontraréis como *bonus track,* se lo debo a Riccardo Luna, que por aquel entonces dirigía *Wired,* una revista de la que no entiendo casi nada, pero evidentemente ellos me entienden a mí y es algo que les agradezco.

Creo que esto es todo.

Ah, no. El texto más hermoso de todos, en mi opinión, es sobre el 4 a 3 de Italia a Alemania. Un texto decididamente inútil, se dirá. Pero es el mejor escrito, estoy seguro de ello.

A. B.
Venosa, 23 de julio de 2016

Señoras y señores

EL NUEVO CORAZÓN DE MANHATTAN

Nueva York. Todo empezó con Pierpont Morgan: tal vez el banquero más famoso de la historia de América. Alguien capaz de encontrar el dinero para salvar a los Estados Unidos de la bancarrota: lo hizo en 1907. Persona reservada, al parecer, apasionado *yachtman*. Muchas operaciones meritorias, algunos problemas con el antimonopolio. Un mito, para todos aquellos a los que les gusta el dinero. Entre sus frases famosas (no muchas, por otro lado) brilla esta: «Si tienes que pedirlo, nunca lo tendrás.» Me imagino que se refería a cualquier cosa: la plaza de aparcamiento, la sal en la mesa, el mundo. Murió en Roma, que es un hermoso sitio para morir, en 1913. Para la crónica: los ricos malos en las películas del Oeste una de cada cinco veces se llaman Morgan.

Como todos los grandes multimillonarios americanos a caballo entre los siglos XIX y XX, Morgan, en su tiempo libre, se dedicaba al coleccionismo. Es decir, compraba cosas carísimas (arte y antigüedades) y luego las almacenaba en su casa. Estaría bien reflexionar sobre esta especie de reflejo nervioso que tenían todos esos magnates, pero por desgracia este no es el lugar. El resultado práctico, de todas formas, era que todos estos multimillonarios, al morir, dejaban tras de sí una estela de obras de arte de valor incalculable. Morgan no fue una

13

excepción. En particular, al morir dejó un palacete de estilo renacentista que hizo construir al lado de su casa, en el corazón de Manhattan. En su interior tenía sus libros —un eufemismo—: decenas de miles de textos rarísimos, primeras ediciones, manuscritos y maravillas semejantes. Quien la donó a los Estados Unidos fue su hijo, seis años después de su muerte. Desde entonces esa biblioteca está abierta al público y es uno de los lugares del planeta donde se conserva la memoria de lo que hemos sido. Se llama Morgan Library, como resulta de justicia. Esquina entre la avenida Madison y la calle 36. El corazón de Manhattan.

Bien. Hace cuatro años, en la Morgan Library decidieron reorganizar un poco las cosas. Ampliar la sede y reformar un poco los espacios. Llamaron a Renzo Piano y le encargaron ese proyecto. Sobre todo, había que organizar de alguna manera ese tesoro de libros, documentos, papeles, grabados, dibujos: encontrarles un sitio. A Piano se le vino Borges a la cabeza, la biblioteca de Babel y esa idea suya de la biblioteca infinita. Pensó en algo muy transparente, donde cada libro, por así decirlo, debería ver a todos los demás. Quizá venía de todos los demás y seguía hacia todos los demás. Un gran cajón, en cuyo interior estuviera ese tesoro de papel flotando entre miradas que podrían pasar por todas partes, como un único gran corazón palpitando en un único y grandioso aliento. Entonces decidió lo que me lleva a escribir este artículo: decidió que ese gran cajón lo pondría bajo tierra. Dentro de la tierra. Dentro del granito sobre el que se sustenta Manhattan. Metido ahí. En una ciudad hecha de rascacielos, él iba a construir la biblioteca bajo tierra.

Menudo agujero, pensé en cuanto lo supe. El agujero antes de que construyan en su interior la biblioteca y todo lo demás. Solo el agujero. Pongamos que te dejan entrar y tú vas a sentarte en el fondo del agujero. Prácticamente estarías en el corazón del corazón del mundo. Así que llamé por teléfono al

14

Renzo Piano Building Workshop. Unos meses más tarde, me encontraba sentado en el fondo del agujero, bajo el cielo gris, con un casco de obra en la cabeza y Renzo Piano junto a mí, como si fuéramos a tomar el té. Él es una persona que cuando te explica las cosas que hace, siempre tiene aspecto de estar diciendo cosas obvias. Lo escuchas y te perece evidente que hasta un niño podría haber imaginado el Beaubourg. Y que cualquiera habría hecho el Auditorium de Roma de esa manera. Otra persona así es Ronconi, que conste. O Baggio. Cuanto más demencial es lo que hacen, cuando te explican la génesis de la idea, más parece todo completamente natural, lógico, inevitable. Creo que la gente verdaderamente grande es así. En fin. Bajo el cielo gris, Renzo Piano me explicó que en el fondo los arquitectos tan solo pueden hacer dos cosas para desafiar a la naturaleza: subir hacia arriba, contra la fuerza de la gravedad, o ir hacia abajo, contra la dureza de la tierra. Entonces miró a su alrededor. Esta vez he ido hacia abajo, dijo. Fin. Quiero decir, más tarde me explicó más cosas, pero en resumen el meollo de la cuestión era ese y no había nada más que añadir.

Así que me quité el casco y me puse a mirar. Era como estar sentado en el fondo de una piscina de veinte metros de profundidad, solo que los bordes eran de granito y en los márgenes, en vez de sombrillas, estaban las agujas de Nueva York. Han cortado el granito como si fuera mantequilla, han bajado verticalmente, siguiendo el trazado de los edificios de alrededor, como manejando una enorme y pulida cuchilla. Por eso ahora ves el gris rojizo de la pared al desnudo: estaba allí durmiendo, desde hacía una eternidad y lo último que podía pensarse era que tarde o temprano iba a ser contemplada. Y, por el contrario, ahí está. Impresiona. Esto es el granito que sostiene a Nueva York. Es la inmensa placa de durísima piedra que suscitó la locura de los rascacielos y que cada día la sustenta. Es el lugar de los cimientos. Es la fuerza y la paciencia, en las que se basa

15

lo que hay. Es la tierra que detiene la raíz y el principio de todo. Y ahí, exactamente ahí, ¿qué es lo que van a apoyar? Libros. Una genialidad. Pensadlo. Tomemos un ejemplo concreto. El manuscrito del cuarteto de Schubert *La muerte y la doncella*. Lo tienen en la Morgan Library. O las dos primeras músicas imaginadas por Mozart, de niño, y transcritas por su padre: exactamente esas dos hojas. Las tienen. O el papel donde Dickens escribió *Cuento de Navidad*. Lo tienen: con su escritura, su tinta y la huella de sus ojos. Papel. Sobre el que está escrito de dónde venimos. Y por qué somos así. Mientras el mundo enloquece y aviones bien dirigidos impactan en las torres más altas, vosotros cogéis ese papel, excaváis en el suelo y vais a depositarlo donde todo empieza, buscando el refugio de los cimientos, la fuerza del inicio, el resplandor de cada amanecer y el exordio de vida que hay en cada raíz. No es un gesto cualquiera. Ni siquiera es un gesto únicamente arquitectónico. Se trata de un símbolo, tal vez involuntario, pero es un símbolo. Poner a Mozart de niño ahí abajo es una confesión y una promesa. Creo que es un modo de confesar que tenemos miedo y que sentimos la necesidad de poner a buen recaudo a ese niño. Porque sentimos que la barbarie de la guerra hace que nos volvamos primitivos y la acelerada tecnología nos convierte en autómatas futuristas: a medio camino existiría el tiempo continuo y regular de un crecimiento humano, pero esas dos fuerzas tiran en direcciones contrarias y rasgan ese tiempo. El niño es el hilo que mantiene todavía unidos los trozos de la tela que se está rasgando. Tal vez de una manera inconsciente, pero todos sabemos que es ese hilo el que nos salvará. Entonces hay que mantenerlo a buen recaudo, allí abajo. Y creo que es una promesa: un modo de prometernos nuevamente que esos libros, esos papeles, esa historia, ese tiempo, son el punto desde el que tendría que partirse otra vez; la fundación del gesto que reconstruye un mundo habitable. Son las raíces y, a partir de ahí, sería necesario empezar otra vez el gesto cotidiano de la creación. Me gusta pensar que sea precisamente el Mozart niño, el Dickens pequeño de *Cuento de Navidad* o la frágil belleza de un cuarteto de Schubert. Había allí una pequeña idea del hombre, tan laica y sencilla, tan magníficamente imperfecta, que realmente parecería la única posible refundación de una humanidad justa. A lo mejor estoy sobrevalorando el valor de la historia de la cultura, pero ¿no es esa belleza la única memoria viva que tenemos para recordarnos qué queríamos ser? Ni guerreros, ni santos, ni superhombres: simplemente, hombres.

Por el momento solo hay unas obras, pero tarde o temprano, probablemente dentro de un par de años, en ese agujero habrá una biblioteca: el Mozart niño en las nervaduras de la piedra que mantiene en pie el corazón del mundo. E ir allí será como ir a visitar un monumento. Será como ir a rendir homenaje a una idea. Avenida Madison, entre la 36 y la 37. Apuntaos la dirección, por favor.

7 de mayo de 2004

LA IDEA DE LIBERTAD EXPLICADA A MI HIJO

Un día llevé a mi hijo a Cinecittà, en Roma: me parecía un lugar que tenía que ver, pues dice que de mayor quiere dedicarse a rodar películas como *Star Wars*. Por el momento, tiene once años. Tiene tiempo, diría yo, para cambiar de idea; en cualquier caso, un paseo por Cinecittà podía resultar de utilidad. En un momento dado, me preguntó quién había construido Cinecittà. «El fascismo», le dije. «Lo construyeron cuando tu abuelo tenía ocho años e Italia vivía bajo el régimen fascista.» Aquello lo confundió un poquito. Mi hijo ha crecido en un ambiente inexorablemente antifascista. En mi familia no nos andamos con demasiadas sutilezas: nos pareció práctico orientarlo a que considerara el período fascista como un episodio triste de la historia patria y amén. No le cuadraba mucho, por tanto, que aquella chulada la hubieran construido precisamente en en esos tiempos. Entonces comprendí que debía explicarle algo más.

Lo que le expliqué es que el régimen fascista gobernó nuestro país mucho tiempo y, sin duda, algo bueno había hecho. No se me venía a la cabeza nada en concreto, pero supongo que le comenté que, por ejemplo, las autopistas habían empezado a hacerlas ellos, para romper el aislamiento de muchas zonas de Italia y modernizar el país. Probablemente también le hablé de los mundiales del fútbol ganados por Italia aquellos años: es esa clase de cosas que para un chico de once años significa mucho. Como nunca había pensado que durante el fascismo pudiera haber pasado algo decente, puso la cara de quien necesita reordenar algunas cosas en su mente. Resumió todo su desconcierto en una sencilla pregunta: y entonces, ¿por qué nosotros estamos contra el fascismo? Nos sentamos. Lo que intenté explicarle tiene que ver con este cartel de Amnistía Internacional que ahora estoy mirando y que probablemente imprimiré y colocaré en algún sitio en el cuarto de mi hijo, entre un póster de *Star Wars* y otro de *Los Simpson*. Le expliqué que a nosotros no nos gusta el fascismo porque había autopistas, pero no libertad. «¿Libertad para hacer qué?», me preguntó. «Muchas libertades», intenté explicarle, «pero si queremos ir al corazón del problema, no existía una verdadera y efectiva libertad de pensar lo que querías y de manifestarlo en voz alta. Y, además, si querías criticar al régimen, terminabas sin trabajo, en la cárcel o algo peor, pero, aparte de esto, el problema consistía en que realmente se te impedía tener un cerebro todo tuyo, con tus pensamientos, con tus ideas, que a lo mejor estaban equivocadas o eran un poco tontas, pero que eran tuyas. Todo el mundo en fila india, aprendiendo las órdenes del jefe, y fin de la libertad de pensamiento», le dije. «Nadie puede impedirte pensar lo que quieras», me dijo él. «¿Cómo lo hace? ¿Se te mete en la cabeza?» Era una buena pregunta. Entonces le dije que sí, que pueden meterse en tu cabeza. Empiezan atándote las manos, luego los pies, más adelante te cierran los ojos, después te dejan sin voz y, por último, te meten el miedo en el cuerpo. Pueden hacerlo. Y tú sigues viviendo, a lo mejor también tienes las autopistas y Cinecittà, pero estás en una jaula y empiezas a acostumbrarte, porque esa también es una forma de vivir, en una jaula, sobre todo si esa jaula te la hacen cómoda en el fondo y aparentemente adecuada para crecer, vivir, tener hijos,

19

ganar dinero, darte alegrías, tener amigos y amores. Uno se acostumbra a todo. También a vivir en una jaula. A lo mejor, a cambio de un poco de orden, de un puñado de certezas, de algunos domingos al sol. Pero, mientras tanto, vas perdiendo la capacidad de pensar por tu cuenta y, al final, también las ganas de hacerlo. Te olvidas de lo que es la libertad. Se lo veía muy asustado. «Pero ahora no es así, ¿verdad?», me preguntó, aunque solo fuera para quedarse más tranquilo. Entonces tendría que haberle hablado de la Italia de hoy en día, pero lo cierto es que me pareció demasiado complicado, así que le aclaré que los fascismos son numerosos y están por todas partes en el mundo y quizá hoy, aquí, tenemos cierta libertad sustancial, pero hay muchas otras personas en el mundo que no. «Qué suerte haber nacido aquí», dijo. «Sin duda», me limité a decirle, a pesar de haber pensado en hacerle alguna precisión. Pero no era el momento. «Ponme algún ejemplo», me dijo. «Un ejemplo de un sitio donde no sean libres.» Tal vez no era el mejor ejemplo, pero no sé por qué se me vino Cuba a la cabeza. Bueno, sí que lo sé. Porque hacía poco tiempo que había hablado con un amigo cubano, quien me había explicado algo que me había impresionado. Ni siquiera estoy seguro de que fuera completamente cierto, pero estaba seguro de que no era completamente falso. Le había preguntado a ese amigo cubano si no le parecía terrible que ellos no pudieran navegar libremente por internet. Y él me respondió que las cosas no eran exactamente así: me dijo que había al menos quince sitios internacionales donde podían entrar. Quince, por lo menos. «Cuba, por ejemplo», le dije a mi hijo, «donde si entras en internet solo puedes acceder a quince sitios, todos los demás están prohibidos.» Era, en efecto, un buen ejemplo. No quería creérselo. «¿Quince?» Abría los ojos como platos. «¿No pueden entrar en la página de la *Gazzetta dello Sport*?» «No. No creo.» Lo pensé un rato. «¿Y nosotros no podemos llevarles nuestros ordenadores?», me preguntó. Entonces le expliqué que no, no podíamos llevarles nuestros ordenadores, pero que podíamos hacer muchas cosas, y que muchas personas lo hacen, para conseguir que la libertad de información y, por tanto, de pensamiento y de expresión, sea un derecho para todo el mundo, incluso para quienes viven bajo los fascismos, de cualquier color y de cualquier clase. Eso le gustó. Estaba muy excitado. «Y nosotros, ¿qué hacemos, por ejemplo?», me preguntó. «Se ha hecho tarde», le dije. Pero a él le apetecía saber qué estábamos haciendo, nosotros dos, y quizá también mamá y los abuelos, para que todo el mundo tuviera el derecho de pensar y de expresarse, libremente, en cualquier rincón del mundo. Poco, tuve que admitir al final. Muy poco. «¿Por qué?» «Porque la vida es complicada y no hay tiempo para hacerlo todo. Y porque ahora que me lo has dicho he recordado lo poco que hacemos y, por eso, te prometo que alguna idea se me ocurrirá y desde esta misma tarde empezaremos a hacer algo.» Ya estaba más tranquilo. Pero no, no se me ha ocurrido ninguna idea, tengo que decírtelo ahora, hijo mío, que has cumplido mientras tanto doce años. Lo lamento, pero una vez más me he olvidado y lo único que puedo decirte es que hoy he escrito algunas líneas en un manifiesto que proclamaba ese deseo de libertad del que hablamos, en aquella ocasión y realmente es poco, de acuerdo, pero es lo que he hecho hoy, es la cosecha de hoy y eso es tal vez mejor que nada. Aunque es peor que lo mucho que deberíamos hacer, lo sé. Dame otra oportunidad y ya verás como algo se me ocurre. Mejor dicho, hagamos una cosa: coge este manifiesto y cuélgalo en tu cuarto, venga, así ya no se nos olvidará jamás. No, no es necesario que quites el póster de *Los Simpson*. También queda bien al lado.

10 de mayo de 2011

21

LA BOMBONERA 1

Buenos Aires. Cuando, tras una larguísima condena, has logrado sobrevivir al invierno, solo algo muy especial puede hacerte volver atrás hasta este otoño argentino, con caída de hojas aparejada, mujeres que vuelven a vestirse y primeros impermeables fuera del armario. Pongamos una milonga definitiva. O, como en mi caso, un partido de fútbol.

Que, sin embargo –lo digo para pedirme disculpas a mí mismo– no es un partido de fútbol, sino *el* partido del fútbol, si hacemos caso a lo que dicen muchas, demasiadas personas, todas las que en el momento de resumir una vida de sandeces se ven capaces de decir con serenidad que si hay diez acontecimientos deportivos que es necesario ver antes de morir, nueve serán los que sean, pero el primero es este: Boca Juniors-River Plate en el estadio del Boca. El derbi más famoso del mundo. El superclásico.

No es que yo crea en especial en estas listas de «cosas que hay que hacer antes de morir», obviamente. El problema consiste en que, de tanto en tanto, aún creo menos en la lista de las cosas que hago para vivir: entonces se me ocurre explorar los límites de la simpleza humana. Este, por ejemplo, es un buen límite. Le seguí la pista un tiempo, me costó unos años, me frenó un poco el ilógico descenso del River a segunda división, esperé su ascenso y, por fin, he atinado con la fecha exacta, que sería mañana, hoy para el que lee (espléndida expresión de un periodismo que ya no existe): he cruzado el océano para estar en la Bombonera, a las seis y cuarto de la tarde, y llevarme para casa el partido del fútbol más hermoso del mundo. Eventualmente, si hubiera que añadir algún tango –como mirón, que quede claro– no me echaré para atrás (hace tiempo que intento elaborar esta teoría: si Dios existe, está en el milímetro de vacío que existe entre los brillantes zapatos de los bailarines de tango, cuando se rozan).

En cambio, si Dios existe, creen en Buenos Aires, mañana a las seis y cuarto de la tarde estará delante del televisor, como todo el mundo, excepto los sesenta mil, y yo, que estaremos en ese horno amarillo y azul de la Bombonera. El país se detiene y también la abuela de ciento tres años toma partido. No está nada claro el porqué o, mejor dicho, es necesario explicarlo. En Buenos Aires hay más equipos de fútbol que hospitales (bueno, lo digo a ojo, pero la cosa va por ahí), haces veinte minutos en coche y puedes encadenar seis estadios diferentes, con equipos diferentes e hinchas diferentes. Por tanto, por estos lares la palabra derbi hace ya mucho tiempo que debería haber perdido su significado. Y, no obstante, la rivalidad entre el Boca y el River todavía es especial, irrepetible, antiquísima e irremediable. Tiene que ver con la historia.

A principios del siglo pasado, los emigrantes de la época eran italianos y la Boca, el barrio cerca del puerto, era su barrio: casas que daban pena, las únicas que podían permitirse. Trabajaban en los astilleros y, a menudo, se topaban con los ingleses, que estaban construyendo los ferrocarriles en la zona y, en los escasos descansos, daban patadas a un balón. Ahora es difícil imaginarlo, pero esa gente nunca había visto algo semejante: se quedaron estupefactos. No hablo de los ferrocarriles: hablo del balón. En fin, para abreviar, empezaron a crear equipos, uno tras otro. En la Boca había sobre todo genoveses, unos poquitos de Lucania, otros de la Apulia, algún español, escasos austríacos, aunque quizá fueran alemanes: en fin, que los apellidos eran sobre todo cosas como Moltedo, Cirigliano, Bonino, algún Tarrico, un Martínez de tanto en tanto. Pues bien, montaron un equipo, quisieron llamarlo Juventud Boquense, aunque tal vez también La Rosales. Discutieron un tiempo. Luego, uno de ellos, el tal Martínez, dijo que en el puerto había visto una caja con una inscripción bellísima: «River Plate». No significaba nada: era Río de la Plata traducido por algún inglés imbécil. Pero sonaba a lo grande.

En esos mismos años, probablemente en el bar de al lado, otros Moltedo, Cirigliano, Bonino, etcétera, fundaron otro equipo. Allí, lo del nombre lo resolvieron con rapidez: la Boca era su mundo, lo llamaron Boca. Luego añadieron lo de Juniors porque quedaba un poco inglés. Perfecto. Se liaron en cambio con los colores sociales: no tenían la más mínima idea. Entonces alguien dijo: «Vamos al puerto y miramos la bandera del primer barco que llegue; y esos serán nuestros colores.» Eran tiempos de cierta poesía, a pesar de la miseria y del hambre, o quizá precisamente por ellas. Llegó un velero sueco, ya ves tú. Amarillo y azul, para siempre.

De manera que, en cierto modo, eran primos, que conste. Y son ciento seis años los que se llevan arreando, futbolísticamente hablando, y no. Pero si la rivalidad se ha elevado a mito es, sobre todo, por una circunstancia particular. Pocos años después de la fundación, los del River abandonaron la Boca y se construyeron su estadio en otro barrio de la capital, un poco más elegante: Palermo. No les bastó, y algunos años más tarde se trasladaron a Núñez, un sitio de ricos, zona residencial, bonitos coches, nada de mierda. Fue así como se convirtieron, para todo el mundo, en «los millonarios»: cuando lo pronuncian los del Boca, no es ningún cumplido. Es el insulto despectivo que se reserva a los que emigraron, hicieron dinero, luego se volvieron al pueblo, pero el pueblo les daba un poco

24

de asco y se marcharon a vivir a la ciudad. El millonario. Dado que los del River se la devuelven llamando a los hinchas del Boca «bosteros» (la bosta es la mierda de caballo), la geografía sentimental y social está muy clara: por una parte, los pobres (orgullosos, irreductibles y menesterosos); por otra, los ricos (pijos, elegantes y ganadores). Cuando las cosas están tan bien ordenadas, provocar la pelea está tirado. Naturalmente, de ello se deriva una especie de ADN de los dos equipos, diametralmente opuesto. Las ideologías han periclitado, como es bien sabido, pero los del River aman el buen juego, a los del Boca no les importa un carajo y aúllan por la camiseta rota, el jugador que sale con la cabeza vendada y cosas semejantes. O, por lo menos, así es como lo cuentan. El River gana los campeonatos, pero pierde las copas (se cagan encima cuando el partido se pone duro, dicen en el barrio de la Boca), el Boca pierde los campeonatos (que son largos y aburridos) y gana las copas, donde se encuentra la verdadera épica. Y podríamos seguir así durante un buen rato. El estadio del River es tradicional, más grande y rodeado por un barrio bien; el del Boca es una construcción absurda (prácticamente solo tiene tres lados) lanzada en paracaídas en medio de casas destartaladas. Cosas así son suficientes para cultivar un duelo que nunca termina.

Dado que todo empezó hace más de cien años, han pasado unos cuantos pistoleros grandiosos por sus filas, donde también el ADN de los dos equipos resulta reconocible. Es verdad que por el River ha desfilado gente como Kempes o Paserella (para los que el término *pijos* no sirve de gran ayuda), pero el héroe supremo de la zona sigue siendo Di Stéfano, uno de esos profesores que inventaron el fútbol (y luego Sivori, naturalmente, e incluso Cesari, el de la zona Cesarini, precisamente: cuando das tu nombre a un trocito de tiempo –que tan solo es de Dios, dice la Biblia– ya has hecho algo en la vida). En la otra parte, la del Boca, son naturalmente más auténticos. Aparte del ídolo Riquelme (futbolista melancólico, señor del *Slow Foot*) y el meteorito Maradona (pasó, dejó su señal, pero luego se marchó rápidamente, demasiado rápidamente para los recuerdos), los héroes más recordados son dos jugadores incómodos: Palermo y Gatti. Palermo era una especie de Chinaglia,[1] pero más tosco, menos elegante, más primario. Horrible, pero la metía dentro, siempre: nadie ha marcado más que él con la camiseta del Boca. «Olfato de gol», explican aquí, con una expresión que para ellos resulta normal y que para mí es sublime. Para convencerte de su grandeza, añaden que eran, en casi la totalidad de los casos, goles horrorosos. Consideran que ese es el mejor argumento. (Palermo también es recordado, por otra parte, por haber lanzado, en un solo partido, tres penaltis: y haberlos fallado todos. En otra ocasión, también desde el punto de penalti, resbaló antes de chutar y acabó dándole al balón con los dos pies: gol. El árbitro aún sigue allí, preguntándose si en el reglamento se dice algo al respecto.) Gatti, en cambio, era portero y ya un portero que se llame Gatti (gatos) me entusiasma. Los del Boca sostienen que fue el primer portero del mundo en jugar también con los pies, es decir, en controlar, pasar, driblar con los pies. Puede ser. Seguro que su sueño era ser delantero centro. Pelo largo, una cinta alrededor de la cabeza, largas bermudas en vez de los habituales pantalones cortos: que estaba un poco loco es algo sobre lo que resulta inútil discutir. Empezó en el River, luego pasó al Boca, porque era un tipo de Boca. Una vez, al ver llegar, en un contraataque, a un adversario con todo el césped por delante, treinta metros de nada, en vez de salir corriendo, fue a su encuentro de un modo amistoso, movien-

---

1. Giorgio Chinaglia, delantero del Lazio y máximo goleador de la liga italiana en la temporada 1973-1974, se hizo también famoso por su carrera extradeportiva, salpicada de corrupción, conexiones con el fascismo y con la Camorra. *(N. del T.)*

do la cabeza y haciendo que no con el dedo, gritándole que estaba en fuera de juego. El árbitro no había silbado nada, pero Gatti era tan convincente en su forma de ser portero capaz de caracolear a balón parado que el atacante contrario dejó pasar el balón, se giró e hizo el además de volver a su mitad de campo ante las miradas atónitas de sus compañeros. Supongo que a partir del día siguiente se dedicaría al modelismo.

En resumen, hay realmente un modo de estar en el mundo del Boca, y otro del River, si todavía nos apetece creer en las fábulas hermosas. Y mañana se enfrentarán a las seis y cuarto de la tarde (hoy para quien lee) en un horno amarillo y azul, que estará incandescente por los hinchas más ruidosos del mundo e iluminado por la lejana luz de la leyenda. Aunque solo sea para hacer la cosa más interesante, los dos equipos están en cabeza de la clasificación, empatados a puntos, como en un relato de Osvaldo Soriano.[1] En el caso de que pueda yo llegar hasta el estadio y superar las murallas de chorizo con las que tratarán de distraerme, estaré allí para ver, para luego contar (en el periódico del martes, si todo va bien, como gesto de homenaje a un periodismo arcaico para el que el término *actualidad* indica un molesto límite que superar). Por ahora llueve de un modo despiadado, pero para mañana todos anuncian un «otoño dorado».

Arbitrará Patricio Loustau, un hombre al que, hoy, no envidio nada.

3 de mayo de 2015

---

1. Es bien conocida la vinculación del escritor argentino Osvaldo Soriano (1943-1997) con el fútbol, a través del club San Lorenzo de Almagro y de la crónica deportiva, que dejó huella en su narrativa. Su última obra, por ejemplo *(Cuarteles de invierno),* afronta el tema de la violencia política en Argentina rediseñando la figura del campeón deportivo en el ocaso. *(N. del T.)*

LA BOMBONERA 2

Digamos que, a un partido como este, uno no lleva a su hijo, así es. Mientras todo el mundo del fútbol está adoptando una versión bastante más higiénica del rito (el mito de los estadios ingleses, que dentro de poco tiempo tendrán tapetes en los asientos), aquí en la Boca resiste una idea del fútbol desvergonzadamente sucia, popular, peligrosa y brutal. Será que es domingo y que las tiendas están cerradas y que los turistas se mantienen alejados y hay policías por todas partes, pero llegar al estadio atravesando el barrio da la vaga sensación de visitar un suburbio el día después de una revuelta: todo un poco destrozado, gentes indescifrables que aparcan mientras vigilan no se sabe muy bien qué, perros decepcionados que regresan a casa, puertas abiertas por las que intuyes pisos de una sola habitación para familias numerosas, edificios atrancados que confiesan pero no explican inmensas tragedias. Todo sucio, sombrío y final. Me esperaba buen ambiente, grandes comidas en las bodegas de los alrededores, familias felices en alegre procesión, pero la verdad es que por aquí lo único que importa es el estadio, que como un músculo poético succiona y luego expele grandes riadas de sangre humana, sangre amarilla y azul. Todo lo demás debe de parecer una decoración inútil.

Y, en efecto, entiendes la lógica cuando entras en la Bombonera, una hora y media antes del pitido inicial y ya hay allí al menos cuarenta mil y ya están cantando. Como debo de haber dicho ya, es un estadio muy particular, condicionado por una anemia: la del espacio. Tuvieron que encajonarlo en medio de las callejuelas de la Boca, que sería un poco como construir un hipódromo en el Trastévere. Cualquier directiva provista de un mínimo de sentido común lo habría trasladado ya a alguna zona espaciosa y bonita, con cantidad de aparcamientos, amplias vías de acceso y un centro comercial. En cambio, nada de nada, el estadio todavía sigue aquí y, para caber ahí en medio, se estrecha bastante, asume una forma no del todo clara y sobre todo asciende vertical, desde el campo hacia la última fila, allá arriba, el inmenso hueco de las escaleras. En la planta baja, el campo apenas resiste el estadio que se le echa encima, logrando milagrosamente detenerlo a un pelo de las líneas blancas: las redes de protección están tan cerca que los saques de esquina los lanzan sin tomar carrerilla (no hay espacio), los suplentes se ponen a calentar en un pasillo de césped que parece una cocinita y, detrás de las porterías, los hinchas están tan cerca que, si se lo preguntarais, podrían hablarte del desodorante del portero (el portero del River: descarto que el portero del Boca se ponga desodorante). En resumen, un estadio único, ilógico y surrealista. ¿Podéis imaginároslo? Bien, ahora meted dentro a sesenta mil posesos a los que aún no se les ha proporcionado la información de que el fútbol es un bellísimo espectáculo para familias, en vez de un rito tribal. Depositad en el fondo del vaso a veintidós jugadores y un balón. Para la versión dura, elegid a once del Boca y once del River. Mezclad y bebed. Suerte.

Mira que yo ya he visto estadios y partidos, no me engañan fácilmente, soy uno de esos aficionados que han estado en el Old Trafford y en el Camp Nou: sin embargo, lo digo con rendida franqueza, yo no había visto nunca algo así. Asomados a ese inmenso hueco de las escaleras, esos sesenta mil cantan, gritan, silban, saltan y se desmadran de un modo que, fuera de allí, no existe. Así que uno termina sintiendo sobre él una intensidad tan desmesurada que da miedo: tienes la clarísima impresión de que esa misma intensidad, en otra parte, terminaría en masacre. Y tanto era así que, mientras el estadio latía a mi alrededor con una especie de oscura desesperación, se me ocurrió pensar que nos concentramos mucho, y tal vez con razón, en la violencia que produce el fútbol, abriendo sesudos debates sobre cuatro idiotas que tiran bombas de papel y piedras contra los autobuses, pero nunca nos detenemos el tiempo suficiente para reflexionar sobre la cantidad de violencia que el fútbol absorbe, metaboliza, descarga y, de una manera u otra, desactiva. No pienso tanto en los que ya tienen unos sórdidos antecedentes penales, pienso en la violencia que late, inevitablemente, en las vidas de los «normales». Donde yo voy, en el estadio del Torino, hay un señor, un abonado, que se sienta bastante cerca de mí. Una persona educada, que te saluda cuando llegas, aplaude cuando sacan la pancarta contra el racismo. Hasta entonces apenas me había fijado en él porque, además, es un tipo callado, tranquilo, pero un día sí que llamó mi atención: se jugaba contra el Nápoles y, de repente, abandonó su discreción habitual, se puso de pie y, exasperado por no sé qué tontería sin importancia ocurrida en el campo, soltó un rosario de maldiciones contra las gentes del sur, sin el menor sentido de la medida y sin ninguna posibilidad aparente de controlar el tono de voz, la hinchazón de la yugular, la propensión de los ojos a abandonar las órbitas. Palabra por palabra, lo que decía (gritaba) era tan vulgar, grosero y humillante que costaba un gran esfuerzo pillar todo. Continuó así durante un minuto largo. Luego se sentó, se colocó bien la solapa de la chaqueta y, desde ese día, no lo hemos vuelto a oír. Buenos días, buenas tardes, aplausos a la pancarta contra el racismo. Era en él en quien pensaba, mientras la Bombonera me latía en los huesos: pensaba en cómo estamos hechos y en el animal peligroso que somos y en la astucia del dueño que, con la correa, nos lleva de paseo. Ah, me olvidaba de que, de hecho, en un momento dado, comenzó el partido. Se pone en marcha el cronómetro y el River toma posesión del campo, abriéndose elegantemente por las bandas, pero con la inocua languidez de quien, recién levantado, se despereza un poquito. Extrañamente retraído, el Boca sufre, persigue, muerde. Como si siguiera un guión. No es un buen fútbol, salta a la vista de inmediato: una especie de segunda división con algún toque individual de Champions. El River sigue abriéndose, el Boca parece no tener otros esquemas de ataque que no sean perseguir los balones errantes. Sin embargo, como la defensa del River produce bastantes balones errantes, en el minuto diez Osvaldo (que en nuestro país no sabíamos dónde colocar y aquí es el mejor) pesca una y, sin pensárselo demasiado, la envía al poste con el empeine, sin alcanzar por unos centímetros la gloria. En el quince sale la luna llena por detrás de las gradas, en el dieciocho uno de los elefantes que el River despliega en el centro de su defensa a punto está de meter gol en propia meta con un zapatazo, evitando por un palmo la vergüenza. Para restaurar cierto equilibrio, también el River chuta al palo, en el minuto treinta, con un bonito disparo de Sánchez desde fuera del área. Un poquito más de fútbol tambaleante y llegamos al descanso.

No se descansa, no obstante, en las gradas, donde se desconoce por completo la palabra intermedio.

La segunda parte habría transcurrido en una melancólica cantinela de errores, ambos equipos tragados por su propia mediocridad, si no fuera porque en el veinte la Bombonera ha comenzado a entonar una especie de mantra en bucle (Dale Boca, oh, oh) que parece no ir a parar nunca. En estos lares debe de ser una especie de señal y los jugadores del Boca deben de saber exactamente lo que significa, porque han bajado

31

a recuperar en los últimos recovecos de su fútbol restos de intensidad y de hambre que tenían guardados para momentos como estos. Había un cero a cero que desclavar y solo siete minutos disponibles para hacerlo, cuando han creado una acción torpe, tallada en la marmórea defensa del River, y han llevado a un suplente a dar una estocada en forma de balón inexacto entre el portero y el poste. La explosión de la Bombonera ha sido tal que, durante unos minutos, los del River no han entendido nada: siete minutos pueden bastar para remontar un gol, pero allí, en ese horno, el asunto debe de haber parecido tan irreal como a un infartado subir las escaleras con las bolsas de la compra. Así que han sido víctimas de un poético aturdimiento ante el cual el Boca no ha mostrado misericordia alguna y, dando cuatro toques seguidos, otro suplente ha engordado la leyenda. Dos a cero y sesenta mil enloquecidos.

Entonces, en algún sitio, alguien, después de habernos lanzado la pelotita un rato en el parque, nos ha llevado de vuelta a casa, de la correa. Disciplinadamente lo he seguido, caminando en la oscuridad por esta extraña ciudad, hermosa con una cansada solemnidad que nunca entenderé.

5 de mayo de 2015

Las quinientas millas de Indianápolis son una palabra sola:
el nombre de un mito. Si eres un chiquillo europeo lo llevas
en tu interior como una cosa exótica sobre la que no te es
posible saber mucho. Criado en la Fórmula 1, te cuesta entender qué es lo que encuentran los americanos en esa especie de
óvalo en el que coches que no son Ferrari dan vueltas de una
forma obsesiva. Dan vueltas con la misma lógica inescrutable de los niños
en el patio de la guardería, a la hora del recreo. A nuestros periódicos apenas llegan los nombres de los ganadores y ni siquiera se entiende muy bien en qué consiste ese juego, cuáles son sus
reglas y dónde se encuentra su encanto. Sin embargo, todos
sabemos que esa no es una carrera: es *la* carrera. Obviamente,
como tarde o temprano se te pasa por la cabeza aclarar las cosas,
un día decidí ir a las Quinientas Millas de Indianápolis: por eso,
en los días en que se celebra entre nosotros el sofisticado y deca-
dente rito del Gran Premio de Montecarlo, yo, en cambio, absurdamente, estoy aquí, soportando los treinta y cinco grados
de Indiana, rodeado por cuatrocientos mil americanos, toneladas
de *cheeseburger,* hectolitros de cerveza y ciento un años de mito
indiscutido. He venido para comprenderlo. Y para aumentar mi
colección de gestos esnobs, obviamente.

Para adentrarse en los mitos, el secreto es encontrar la puerta apropiada. Yo, en esa situación, tuve suerte. Había oído esta extraña historia: que el año pasado, a la salida de las Quinientas Millas se habían colocado, como de costumbre, treinta y tres coches. Lo extraño era qué clase de coches eran: todos Dallara. Vamos a ver, para alguien que se ha criado con la Fórmula 1, eso solo puede significar dos cosas: o que todos son idiotas o que este señor Dallara es un fenómeno. Así que me subí a mi coche y me fui hacia la zona de Parma, donde acabé en uno de esos rinconcitos de Italia que me fascinan y que encuentro, por motivos que no sé definir, conmovedores. Es que te cruzas con vacas pastando, luego esas misteriosas fabriquitas donde hacen cosas tipo yeso, que también fabrican para enviarlo a Dubái, luego te encuentras con ordenadas casitas pintadas inexplicablemente de amarillo limón; en los bares, depende de las mesas: o ancianos que despotrican en dialecto o lolitas a la espera de que pase el reclutador de *Gran Hermano*. De vez en cuando hay una tienda de ropa con nombres tipo Beberli Hylls, pero siempre hay alguna y en el lugar equivocado o de sobra. A esos mundos me refiero. Lo estaba disfrutando, cuando, tras girar una curva, me encuentro la fábrica Dallara: un edificio de oficinas, dos hangares y, justo en medio, una casita de campo maravillosa, vieja, pero medio desplomada, como si la hubiera lanzado hasta allí un paracaídas desde un cielo por no disponer de más sitio. Bueno, la verdad, todo parecía haber sido lanzado en paracaídas a ese campo por motivos inexplicables. Ahora sé que de allí salen coches de carreras para todo el mundo, porque esa gente, mejor que nadie, sabe construir algo que va demencialmente rápido a la vez que, incomprensiblemente, sigue pegado al suelo. Lo mismo que uno desearía a propósito de nuestro simple y cotidiano deambular por el mundo.

El señor Dallara existe de verdad y es un ingeniero de apariencia pacífica que empezó en Ferrari cuando yo todavía andaba entre pañales (los míos, no los de mis hijos). Ahora ejerce de abuelo, no se pierde ni un partido del Parma, va a escuchar ópera al Regio y, lo más importante, mantiene en pie una compañía modelo que en asunto de materiales, tecnología y aerodinámica supera a todo el mundo (no fabrica motores, eso no es cosa suya). Su secreto: una suerte bestial, dice él, tirando de eufemismo. La innovación continua y obsesiva, concluí yo, tras ver sus oficinas llenas de jóvenes y ordenadores. Al visitar su túnel de viento y el espectacular simulador al que acuden para estudiar los circuitos todos los pilotos del mundo (una especie de araña fantástica, en la oscuridad de un hangar espacial), me hice la pregunta que últimamente me hago con frecuencia, y es que cómo demonios un país que tiene gente así está a punto de quebrar. ¿Pero qué clase política tenemos para obtener un resultado tan ilógico? En fin, mejor lo dejamos correr. Trabajan, en cualquier caso, sobre el futuro, siempre y de manera obsesiva. En un determinado momento le pregunté al ingeniero qué estaban estudiando entonces, cuál era el siguiente paso. Sin perder la compostura me explicó que estaban intentando meterse en la cabeza de los pilotos, es decir, pretendían entender cómo funciona su cerebro cuando deciden llevar el vehículo hasta el límite: allí empieza una tierra de nadie en la que, si fuéramos capaces de adivinar hasta dónde llega la imaginación de un piloto, se podría intentar poner en sus manos un coche capaz de traducir en realidad sus visiones. Fíjate tú, pensé, el mismo problema que tenemos cuando rodamos películas. Pero no se lo dije porque, entretanto, había decidido que él me explicara esa historia de los treinta y tres coches que tenían todos su nombre: ah, bueno, no es nada, dijo, lo cierto es que allí todo es completamente diferente, la idea es que todos los pilotos tengan las mismas condiciones, lo que allí les gusta es el desafío entre los pilotos y, por tanto, quieren un coche que sea más o menos igual para todos. Celebran una especie de carrera que funciona como un concurso

35

de contratas y quien lleva el mejor coche lo gana: lo que pasa es que ganamos nosotros. Luego me llevó a probar un queso parmesano hecho en Bardi, incomparable: es gente así. Italianos. Fue a partir de entonces cuando empecé a entender que el juego, en Indianápolis, es realmente distinto. Me parecía un poco obtuso ese dar vueltas siempre hacia el mismo lado, en esa especie de anillo, ¿dónde está la gracia? Sintético, el ingeniero Dallara me explicó que lo hacen durante más de dos horas, a una media de trescientos sesenta kilómetros por hora, rozándose casi como si fueran los aviones de las Flechas Tricolores,[1] en un horno rodeado por cuatrocientos mil espectadores que gritan y beben cerveza. Si entran mal en una curva se topan con un muro, no hay vía de escape. Utilizan el freno solo para entrar en boxes y para detenerse al final. «¿Le parece fácil?», me preguntó. «Ahora menos», respondí. «Así es», concluyó. «Pero si viene conmigo a Indianápolis», añadió, «le dejaré hacer algo que lo convencerá de manera definitiva.» «De acuerdo», dije ingenuamente.

Así que un par de semanas más tarde me encontraba en la pista de Indianápolis, a las siete de la mañana, bastante elegante enfundado en un mono de piloto, sentado en un biplaza Dallara, detrás de Mario Andretti, al volante (él, gracias a Dios). Veamos, Mario Andretti no es un tipo cualquiera: él lo ha ganado todo y ha sido uno de los poquísimos en ganar tanto en la Fórmula 1 como aquí en Indianápolis. Es como ganar el Nobel de literatura y también el de química. Lo digo para que quede claro que me habría emocionado también el mero hecho de sentarme en un bar con Mario Andretti, pero ahora estaba allí, al volante, y estaba a punto de darme algunas vueltas en Indianápolis. La vida es extraña, me dije, confiando en que no terminara allí. Se puso en marcha, con una aceleración que

---

1. *Frecce Tricolori*, el escuadrón de vuelo acrobático de la Fuerza Aérea Italiana. *(N. del T.)*

me reestructuró las entrañas, y luego navegué con él por encima de los trescientos por hora, en el vientre de un estadio inmenso completamente vacío, a la luz del amanecer, con aquel murito acercándose a mi lado, la pista tan estrecha como un tallarín gris y un motor que me cantaba notas que hasta entonces jamás había escuchado en la nuca. Quiero decir que cuando entrábamos en la curva, a esa velocidad, el hecho de permanecer pegados al suelo aún me pareció más un fenómeno inexplicable y antinatural: es agradable pensar que, en cambio, sucede siempre y sin contratiempos gracias al trabajo de aquella gente, entre las vacas y las tiendas Beberli Hylls. Al bajar, ya tenía formada la opinión que ahora comparto con estos cuatrocientos mil americanos que me rodean, en una orgía de barrigas, *hot dog*, chanclas rosas y sonrisas de eternos chiquillos: ¿pero qué es esa pijada de la Fórmula 1? Enardecidos con esta pregunta retórica nosotros estamos aquí, ellos y yo, bajo los treinta y cinco grados de Indiana, a siete horas del momento en el que sabremos quién ha ganado, este año, la carrera más hermosa del mundo.

28 de mayo de 2012

THE RACE 2

Indianápolis. Total, ya lo sabéis: ganó Dario Franchitti, nombre italiano, pero en realidad nacido en Escocia. Aquí, en las Quinientas Millas de Indianápolis, ya había ganado dos veces, con esta son tres y ahí lo tenéis, convertido en leyenda. Para los amantes del chisme, su novia se llama Ashley Judd, una actriz famosa: levita encantadora en los boxes, como una especie de aparición y, evidentemente, trae suerte. Y con esto he liquidado la noticia y ya puedo pasar a contar. Si Indianápolis es Indianápolis es también porque aquí se corre desde que las carreras casi no existían. Las celebraban en los hipódromos y los pilotos vestían camisetas coloridas, igual que a los *jockeys,* para reconocerlos: tardaron un tiempo en darse cuenta de que pintar un número en los coches era más práctico. Se corría sobre tierra y, por tanto, todo se consumaba en una nube de polvo en la que se vislumbraba lo justo. La idea de construir circuitos auténticos, diseñados específicamente para las carreras, aparecía aún como una ambición de tontos, pero en Indianápolis dieron un paso adelante: mantuvieron el modelo de pista para las carreras de caballos, pero pavimentaron el fondo con ladrillos, algo que ahora parece una locura pero que por aquel entonces debió de parecer únicamente una soportable tocada de huevos (colocaron tres millones doscientos mil ladrillos). De ese pavimento, mítico, los americanos, que como tienen poca historia no tiran ni un centímetro siquiera, salvaron una franja, justo en la línea de meta. La gente va ahí, se arrodilla y besa esos míticos ladrillos: es gente así.

Hecha la pista, se inventaron la carrera: doscientas vueltas les parecieron una hermosa medida y así nacieron las Quinientas Millas. El primero en ganarla, en 1911, fue un tal Ray Harroun. Para entender qué clase de automovilismo era, la ganó porque evidentemente sabía pilotar, pero, sobre todo, según opinión unánime, gracias al hecho de que su coche presentaba una innovación tecnológica decisiva: tenía espejo retrovisor. Dicho así, parece una pamplina, pero no está de más recordar que esa época corrían por parejas, piloto y mecánico, y el mecánico servía para volverse atrás y decirle lo que estaba pasando en la pista. Ray Harroun puso el espejo y eliminó al mecánico: coche más ligero y victoria asegurada. Eran otros tiempos.

En definitiva, a Indianápolis se va para cultivar una historia que viene de lejos y esto explica muchas cosas, pero no todas. Por ejemplo, no es posible entender nada de este mito si no se presta atención al día en el que se celebra: el último fin de semana de mayo, es decir, la víspera del Memorial Day. El Memorial Day es el lunes en el que los americanos recuerdan a todos sus caídos en la guerra, y cuando digo todos quiero decir todos, también valen los del siglo XIX (también cuentan los dieciocho veteranos que cada día se suicidan en los Estados Unidos, estadística oficial). Durante un día, gran parte de la nación deja de trabajar y rinde homenaje a quienes dieron su vida por la bandera. A su manera, Indianápolis magnetiza esta marea alta de sentimientos y la transmite a la intensidad propia de un acontecimiento deportivo, es decir, al simulacro de un hecho bélico. Perfecto. De hecho, son cuatrocientas mil personas las que van al circuito también para sentirse americanas y, cuando desfilan los veteranos, de pie sobre camionetas, dos horas antes de la carrera, la coherencia es absoluta. El clímax se alcanza cuando, con los coches ya preparados en la parrilla de salida, todo se hunde en un silencio irreal, cientos de miles de personas se ponen en pie, la mano sobre el corazón, los mecánicos dejan lo que estén haciendo, se ponen todos en fila, mudos, con sus monos de colores, y en el aire suenan las notas del himno americano. Allí, si tienes corazón, se te humedecen los ojos, no hay remedio, pero uno también tiene cerebro y, así, mientras intentaba conmoverme al lado de un mecánico de ciento treinta kilos, se me vino a la cabeza que a lo mejor no me gustaría vivir en un país que en el Día de los Caídos cierra filas alrededor de la bandera, cantando a sus héroes y sacando pecho de orgullo guerrero: quizá ni siquiera me gustaría vivir en un país que no ha dejado nunca de estar en guerra y que es dueño del mundo también debido a las armas que produce y que posee. Quiero decir, recordar a los caídos debería llevar a un reflejo simple, elemental: detestar la guerra y reclamar la paz, todas las paces. Pero miraba a mi alrededor y no veía nada parecido. Era otra cosa. Cuando el himno terminó, de las gradas subió un coro espontáneo, rítmico, U S A, U S A, U S A. No sé, nosotros, antes del partido, nos divertimos pitando al himno, tampoco podemos, por tanto, dar lecciones a nadie. Pero si se hubieran puesto a gritar PAZ, PAZ, PAZ, yo me habría sentido un poco más en casa.

De todas formas, es su casa, que hagan lo que les apetezca, pensé. Y me marché a ver una cosa que me encanta: los ojos de los pilotos, por la visera del casco, mientras están ya en el habitáculo, y faltan pocos minutos para la salida. Tienen un montón de gente a su alrededor y un sol canicular que choca contra el asfalto y la cabeza. Pero ellos, inmóviles. Con los ojos no miran nada, salvo un punto invisible, dentro de ellos mismos, donde tal vez simplemente repasan la primera trayectoria, aunque tal vez, por el contrario, se miran a sí mismos, en un

40

espejo que solo existe allí y en ese momento: a lo mejor han elegido esa profesión para mirarse dentro durante esos pocos instantes. ¿Les pasará por delante, como una sombra, como un microscópico pensamiento de muerte? Quién sabe. (Una vez se lo pregunté a un torero, si no pensaba nunca en la muerte, aunque solo fuera un instante, antes de saltar al ruedo. Respuesta: debería, pero siempre se me olvida.) Luego un estruendo inolvidable y salida. Todos pegados unos a otros, y de inmediato, superan los trescientos cincuenta kilómetros por hora. Como ya he explicado, no hay vía de escape, no hay frenazos, un muro alrededor. Reglas crueles, poco cabe decir. La dramaturgia está bien estudiada y respeta una idea puramente americana de cómo debe desarrollarse el espectáculo del deporte: primero hay una fase en la que nada de lo que ocurre es importante, por lo que tienes tiempo de llegar tarde, de buscarte con tiempo lo que quieres comer, de saludar a los amigos, de llamar por teléfono a casa o a tu asesor fiscal. Mientras tanto, aquellos van sumando puntos o enfilan curvas a trescientos sesenta por hora, pero sin que la cosa tenga grandes consecuencias. A partir de la mitad, se come y se empieza a valorar cómo van las cosas. A los tres cuartos del asunto, se empieza a no responder al teléfono y para uno de atiborrarse. Los últimos diez minutos, por fin, son pura adrenalina, tienen que serlo, y ya puedes ser el profesor Mario Monti que no entiendes nada de nada, gritas y punto. (La insuficiencia absoluta del fútbol para respetar un esquema similar contribuye a explicar por qué en estos lares pasan por completo del deporte más hermoso del mundo.)

Además, las Quinientas Millas de Indianápolis, y todo el automovilismo cuya cumbre representa esta carrera, añaden una variante que no está nada mal: la carrera empieza unas cuantas veces. Dadas las premisas, accidentes no faltan y, en cada ocasión, se levanta la bandera amarilla: todos en fila detrás del coche de seguridad y ventajas anuladas. Estabas a cien metros de distancia y ahora otra vez estás pegado al de delante (tendría que existir algo semejante en las historias de amor. Mejor dicho, ahora que lo pienso, existe). Así que nuevo disparo de salida, nuevo amontonamiento y chutes de adrenalina para todos. Funciona. Cuanto más te acercas a la meta, más disputadas se van haciendo las salidas. El resultado es que después de haber hecho el equivalente de Roma-Turín a la velocidad del Frecciarossa[1] y girando siempre y solo a la izquierda, como víctimas de un hechizo idiota, los mejores acaban jugándoselo todo en las tres vueltas finales, es ahora o nunca. Por estos lares, que cinco minutos antes de alcanzar la meta uno ya pudiera señalar al ganador de la carrera supondría la devolución del dinero de la entrada.

En la fase de las llamadas al asesor fiscal, al no tener problemas con el fisco, me fui a vagar un poco por los boxes, donde bajo un sol jaguar energúmenos de todas las edades, con la cabeza en el microondas del casco y los cuerpos metidos en monos de alta montaña, hacen lo que tienen que hacer, es decir, trastear entre ordenadores, neumáticos y gasolina con un aparente desencanto. De vez en cuando, por sorpresa, apoyado en un compresor, ves un bolso de Vuitton y entonces desplazas la mirada un momento y te encuentras con una figura singular, es decir, con la novia del piloto. O su esposa, su hermana, alguna vez su madre. No parecen estar divirtiéndose. Mirada apagada, gestos mínimos. Están en su propia cabina, que imagino hecha de sensaciones y sentimientos que no se enseñan en la escuela. Qué hará el corazón, menuda gimnasia. Mientras tanto, los energúmenos con casco y mono van cumpliendo con su deber en un caos organizado que es la fotocopia, estoy seguro, del garaje de su casa. Se ven así gestos rotundos aprendidos de memoria: en ese estruendo, ni una palabra, una mirada basta para la ocasión. Me quedé un buen

---

1. El tren de alta velocidad en Italia. *(N. del T.)*

rato por ahí, más que nada para estar cerca del sonido, de ese sonido, el aullido agonizante de un coche disparado en una recta. En los ojos es un relámpago de color, en los oídos es un auténtico aullido, ronco y primitivo, seco pero profundo, cuando te roza algo se quiebra en tu interior y, entonces, se larga repentinamente dejándote vacío, salvándote por los pelos de algo así como el sonido de un peligro pasado. Es una música hecha de dos notas, siempre las mismas, repetidas cientos de veces. Una especie de octava descendente, lo digo para los expertos y para hacer ostentación de cultura. Te entra dentro, como un mantra, y descubres que continúas bailándola un buen rato, cuando ya el asunto ha terminado.

A propósito de asuntos terminados, en cierto punto me di cuenta de que habíamos llegado a lo bueno y me fui a disfrutar del final sentado al lado de una parejita a la que ya hacía un rato que estaba examinando. Los dos sobre los setenta años, pero sin saberlo. Él, evidentemente, motorista: bigote y barba, canosos, cráneo afeitado, nuca transformada en un cuero de vieja butaca tipo Frau,[1] herencia de a saber cuántas millas, bajo el sol, en su Harley. Ella, menuda y guapita, vestidito ligero de flores, gafas de sol con cristales rosados, sonrisa de chiquilla: me la imaginé en los años sesenta y envidié todos sus recuerdos, quizá tontamente. Se cogían de la mano y, en la manaza de él, la de ella era un pañuelo o una carta arrugada, pero bien. Mientras tanto, bandera amarilla y nueva salida. Todo el mundo en pie, los cuatrocientos mil que estábamos en el circuito y todos los demás, en el exterior o delante del televisor. Del amontonamiento salen dos coches rojos en cabeza, Franchitti y Dixon, para la crónica. Detrás —y detrás significa a un escupitajo— el japonés Sato, viejo conocido de la Fórmula 1. Cuarto, pero con la pinta de haber

---

1. La marca de muebles Poltrona Frau, fundada en 1912, está especializada en asientos de cuero. *(N. del T.)*

43

perdido su oportunidad, Tony Kanaan, un tipo al que por aquí adoran porque ha llegado segundo, tercero, cuarto, pero nunca primero y todo sin perder nunca el buen humor. En la penúltima vuelta se asoman a la recta de llegada en un pañuelo, y el aullido agonizante que lanzan al aire parece incluso más hermoso que antes. Todo el mundo grita, alrededor, también el profesor Monti. A tres cuartos de la recta, Sato aprovecha la estela, se cuela entre los dos rojos y pone el morro por delante del de Dixon, vislumbrando la gloria. La ve claramente en un hueco que se ha abierto entre el coche de Franchitti, justo delante de él, y el borde de la pista. Mantiene fija la mirada en ese hueco mientras se lanzan ambos, como en un agujero negro, a la curva. Supongo que uno se hace piloto para vivir semejantes momentos. Quizá también el dinero tenga algo que ver, o algún deseo remoto, pero, al final, debe de ser alumbrar momentos semejantes lo que te lleva a meterte en un habitáculo del tamaño de una cuna y lanzarte al asfalto a una velocidad que no creo que estuviera en los planes del Creador.

Se desliza Sato, porque la gloria no espera. Franchitti se cierra una pizca, por instinto, por profesión y por maldad. Quizá un palmo, quizá algo menos, pero antes había un paso y ahora ya no lo hay. De este modo, en la elegancia melancólica de un trompo polvoriento, se esfuman los sueños de un japonés venido hasta aquí para ganar una carrera que ahora un escocés con nombre de contable de Varese se está llevando para siempre.

29 de mayo de 2012

GABO MUERE

Todo el mundo muere, pero algunos mueren más. Me costó poco entender, el jueves por la noche, que la desaparición de García Márquez no era tan solo una noticia, sino un pequeño desplazamiento del alma que muchas personas no olvidarán. Lo entendí por los mensajes que iban llegando, por la lluvia de frases suyas que empezó a caer y a rebotar por todas partes. También era bastante tarde, esa noche, en esas horas en las que ya no cabe nada más, en tu día, y si se atasca el lavadero lo dejas estar y lo pospones para mañana. Y, sin embargo, fuimos muchos los que nos paramos, un momento, y a quienes el corazón nos dio un vuelco.

Y eso que, digámoslo, habíamos tenido años para hacernos a la idea: Gabo se fue hundiendo en las sombras lentamente, con una cierta timidez y, en el fondo, de la forma más amable posible. Casi absurda, para alguien que había escrito la eterna e hiperbólica muerte de la Mamá Grande. Es como si Proust hubiera muerto practicando esquí acuático. Pero, en fin, él nos había dado tiempo para una despedida indolora. Creo que muchos jóvenes lo han leído, estos años, e incluso les habrá gustado, creyendo que ya estaba muerto (al contrario, jóvenes: a pesar de las apariencias, nunca morirá). De todos modos, en el momento de la verdad, cuando se ha despegado de la vida,

45

silenciosamente como el cromo de un futbolista de álbum viejísimo, nos ha dolido y es así como han ido las cosas. A otros no lo sé, pero a mí me ha dolido porque yo le debo un montón de cosas a García Márquez. Para comenzar, los veinte segundos en los que leí por primera vez las últimas líneas de *El amor en los tiempos del cólera:* tenía unos treinta años y creo que allí dejé, en ese preciso instante, y para siempre, de tener dudas sobre la vida. Le debo a una frase suya, que debió de pasar por la tijera de un editor, la certeza de que, si Dios creó el mundo, los hombres crearon después los adjetivos y los adverbios, con lo que transformaron una empresa en el fondo un poquitín aburrida en una maravilla (no, la frase me la guardo para mí). Aprendí en él que la escritura es cuestión de generosidad, un gesto desvergonzado, un movimiento imprudente y un reflejo desproporcionado: si no es así, lo que estás haciendo, como mucho, es literatura. Descubrí, leyéndolo, que los sentimientos pueden ser repentinos; las pasiones, devastadoras; las mujeres, infinitas; que los olores no son enemigos, las ilusiones no son errores, y el tiempo, si existe, no es lineal: cosas con las que no me habían dotado cuando me mandaron a vivir. Le estoy agradecido por la respuesta que, dándose la vuelta medio dormido en su hamaca, el coronel Buendía dio un día cuando le avisaron de que había llegado una delegación del partido para hablar con él sobre la disyuntiva a la que había llegado la guerra: «Llévenselos de putas.» Y, sobre todo, no lograré olvidarlo porque no he leído ni una sola de sus páginas sin bailar. Incluso en las páginas feas (que las hay) uno nunca deja de bailar. Aquello no tenía que ver conmigo, yo no sé bailar, pero él sí, y no había manera de que dejara de hacerlo. Y cuando se marchan aquellos con quienes has bailado, metafóricamente o no, algo de tu belleza se marcha para siempre.

También he de decir que durante años amé los libros de García Márquez de lejos, sin haber pisado nunca Sudamérica. Luego en cierta ocasión acabé en Colombia. Fue un poco como irse a la cama con una mujer con la que te has escrito cartas durante años. Para entendernos, cuando delante de los colombianos utilizas la expresión «realismo mágico», se caen al suelo muertos de risa. En cualquier caso, no entienden a qué te refieres. Porque lo que nosotros tratamos de definir, ellos lo poseen como la tendencia natural de las cosas, el paisaje atávico de la vida, la ordinaria catalogación de lo creado. Te paras a charlar diez minutos con un camarero y ya estás en Macondo. Es que somos pobres y vivimos en una tierra complicada, me explicó una vez un poeta de aquellas tierras. Así que las noticias no viajan, el saber se desvanece y todo se transmite de la única forma que no conoce obstáculos y que no cuesta nada: el relato. Luego, con una cierta coherencia, me contó esta historia verdadera (pero verdadera, ya me entendéis, por aquellos lares es una palabra bastante evanescente). Un pueblo costero, durante la fiesta mayor, contrata un circo de la capital. El circo se embarca en una nave y pone rumbo hacia el pueblo, pero, ya cerca de la costa, naufraga: el circo entero se hunde y las corrientes lo arrastran. Dos días más tarde, en un pueblo cercano (pero cercano, por aquellos lares, significa poco, porque si no hay ninguna carretera que parta el bosque podrías estar incluso a mil kilómetros), los pescadores salen por la noche para lanzar las redes. No saben nada del otro pueblo, nada del circo, nada del naufragio. Tiran de las redes y dentro encuentran un león. Ni se inmutan. Vuelven a casa. ¿Cómo ha ido hoy?, le habrán preguntado al pescador, en casa, todo el mundo alrededor de la mesa, a la hora de cenar. Bah, nada, hoy hemos pescado leones.

Nosotros llamamos a esto «realismo mágico». Comprenderéis que ellos no lo comprendan.

En resumen, que acabé en Colombia y entonces todo me pareció final y completo. Sobre todo, si uno se acerca a las selvas caribeñas del norte, donde nació García Márquez y donde, invisible y sin fin, se encuentra Macondo. Los cuerpos, los colores, la naturaleza voraz, los olores, el calor, los colores, la febril indolencia, la belleza exagerada, las noches, la soledad, todas las pieles, cualquier palabra. Cuando regresé, tuve que releerlo todo de cabo a rabo y fue como escuchar interpretada por una orquesta una música que había oído a la guitarra. Entonces comprendí que solo hay una forma de bailarla: sudando. Con la camisa empapada, por tanto, seguiré bailando y poco importa si el cromo se ha caído del álbum: son detalles. Tengo los bolsillos llenos de frases de Gabo y, cuando sea necesario, no costará nada encontrar dos luces y un parqué por el que dejarse llevar.

19 de abril de 2014

LAS PRIMARIAS DE 2012

De qué lado estoy, ya se sabe: a la izquierda. Como existe la posibilidad de elegir a nuestro candidato para las próximas elecciones, eso haré el domingo. Saldré de casa, armado con paciencia, e iré a votar a Renzi en las primarias. Por qué voy a hacerlo es algo de escasísimo interés, pero por qué va a hacerlo un montón de personas es un fenómeno interesante, y no estoy muy seguro de que todo el mundo lo haya entendido bien. ¿Puedo prestar, con toda la modestia posible, una ayudita? Yo creo que todo nace del hecho de que él no ha ascendido dentro de un partido, sino que lo ha desafiado. Lo hizo una primera vez en Florencia, ganando, y ahora lo está intentando de nuevo. En cierto sentido, parece haber aprendido la lección de Veltroni:[1] si esperas que el partido te digiera y te

1. A los 34 años, Matteo Renzi ganó las elecciones locales de Florencia con el sesenta por ciento de los votos, lo que impulsó su carrera política y lo animó a presentarse a las elecciones primarias del Partido Democrático en 2012. Considerado la «joven promesa» del centro-izquierda, tuvo que enfrentarse, entre otros, al veterano Pier Luigi Bersani, secretario general del partido desde 2009. Este había sustituido en el puesto a Walter Veltroni, el histórico dirigente que dejó la alcaldía de Roma en 2008 para

deje pasar, cuando te abran las puertas será irremediablemente demasiado tarde. Por tanto, hay que saltarse pasos, acelerar, sortear el aparato y, con coraje, arriesgarse. Hacer un gesto semejante lleva a Renzi a ser, de forma instantánea, la punta de un enorme iceberg: toda esa Italia que, a todos los niveles, desde la pequeña oficina pública al campo abierto del trabajo y de la competencia, ha sido sofocada por el aparato, o que ha logrado surgir no gracias a la rigidez del sistema, sino a pesar de ella. Es una Italia viva, que tiene fuerza e ideas, pero que el sistema consigue bloquear o, de una manera u otra, desactivar. No tiene prácticamente voz dentro del *establishment* que dirige el país.

Esa Italia tiene una idea muy exacta en la cabeza: no hay que reformar el país, hay que refundarlo. Y es necesario hacerlo con gente nueva y con nuevas ideas, desmantelando toda una red de privilegios y poniendo en circulación energías intactas y mentes libres. Es elemental: quieren cambiar, pero cambiar de verdad. ¿Qué momento mejor que este, justo después de la implosión del desastre berlusconiano? Renzi encarna todas las virtudes y todos los defectos de esa Italia. Es síntesis de todo un mundo, como lo son todos los líderes políticos verdaderos. Lo reconduce a una matriz de izquierdas, porque permanece fuertemente ligado a ideas básicas como la protección de los débiles, la lucha contra los privilegios, la centralidad de la educación, la defensa de los derechos, la inalienable exigencia de una auténtica justicia social. Parece menos de izquierdas cuando alinea ideas y soluciones. Pero allí yo me he quedado en una maravillosa pregunta de Chiamparino: ¿privatizar una compañía municipalizada, y con ese dinero, abrir guarderías es de izquierdas o de derechas? Como no

<hr />

presentarse candidato a las generales. Las elecciones las acabó ganando por mayoría absoluta la coalición de Silvio Berlusconi y Veltroni presentó su dimisión un año después. *(N. del T.)*

50

hay una respuesta, me he acostumbrado a pensar que, más allá de las etiquetas, hay soluciones que mejoran la vida de los ciudadanos y otras que no lo hacen: el resto es un lujo poético que ya no podemos permitirnos. Si las cosas están así, entre Renzi y la izquierda no deberían existir todos esos roces, pero no es así. Mirad la lista de quienes apoyan a Renzi y buscad en medio de miles de nombres normales aquellos que forman parte del *establishment* de la izquierda: con suerte encontraréis a cuatro. Resulta rarito, ¿verdad? ¿Qué ocurre? Pues ocurre que, inopinadamente, hemos acabado por ponernos estupendos. Está llena de gente que simpatiza, entiende, respeta, comprende, envía saludos amistosos, pero luego pasa de largo. Siempre hay una buena excusa: los que dicen que Renzi es arrogante, los que dicen que Renzi en la tele suena falso, los que dicen que Giorgio Gori está en su entorno más cercano,[1] los que dicen que quiere romper el partido, los que dicen que ha ido a cenar a Arcore con Berlusconi,[2] los que dicen que es demasiado católico, los que dicen que se codea con los financieros de las Caimán, los que dicen que detrás de la fachada no hay nada, los que dicen que ni siquiera tiene un programa. Vamos a ver, yo lo entiendo todo y, a veces, hasta lo comparto: si queréis añado yo otro par de defectos a esos, en los que a lo mejor no os habéis fijado. Todo me parece bien, pero me pregunto: ¿cómo es que nos hemos vuelto tan estupendos? Asumimos a Rutelli, que se buscó a Franceschini,[3] ¿y

1. Periodista y productor para la pequeña pantalla, Giorgio Gori, hoy alcalde de Bérgamo por el Partido Democrático, también dirigió los canales televisivos Canale 5 e Italia 1. *(N. del T.)*
2. En el municipio de Arcore (Monza, Milán) se encuentra villa San Martino, la residencia personal de Silvio Berlusconi. *(N. del T.)*
3. Francesco Rutelli dejó en 2001 la alcaldía de Roma al ser propuesto candidato a la presidencia al frente de la coalición de centro-izquierda El Olivo, pero perdió las elecciones ante Silvio Berlusconi y su Casa de las

ahora nos paraliza el hecho de que Renzi fuera un jefe de los *scouts?* Si no aceptamos la arrogancia, ¿cómo pudimos sobre-vivir a D'Alema?[1] ¿Cómo es que no nos gustan los financieros pero los capitanes valerosos de Telecom que adquirieron Oli-vetti nos parecían excelentes? Si nos hielan la sangre ciertos compañeros de camino de Renzi, ¿cómo es que en su momen-to coqueteamos con Fini, alguien a quien recuerdo claramen-te en una foto exhibiendo, con ardor juvenil, el saludo fascista? ¿Y qué decir de Casini, no recordamos cuando nos parecía el último baluarte de la democracia?[2] Y, en cuanto a los progra-mas, ¿hay alguien en este preciso momento que, dejando un segundo de hacer lo que esté haciendo, sea capaz de decirme al vuelo un par de puntos del programa de Bersani o de Ven-dola (no pregunto, por compasión, por el de Tabacci) o un solo punto del programa de Obama?[3] ¿Será posible que todavía

---

Libertades. Tras ello lideró el proceso de convergencia entre diversas for-maciones para fusionarse en un nuevo centro llamado La Margarita que dirigió hasta su disolución en 2007 para integrarse en el Partido Democrá-tico. De la mano de Rutelli ingresó en aquella coalición –y fue su vicepre-sidente entre 2007 y 2009– Dario Franceschini, miembro prominente del Partido Popular italiano, representante del ala democristiana. *(N. del T.)*

1. Militante del Partido Comunista y luego del Partido Democrático, Massimo D'Alema fue presidente del gobierno de la República italiana (1998-2000) y ministro de Asuntos Exteriores (2006-2008). Él mismo declaraba que «peco de una cierta arrogancia intelectual, y reconozco que para un político se trata de un defecto desagradable» *(El País,* 25 de octu-bre de 1998). *(N. del T.)*

2. Gianfranco Fini, líder del partido conservador Alianza Nacional hasta su disolución en 2009 y Pier Ferdinando Casini, dirigente del Cen-tro Cristiano Democrático, escindido en 1994 del Partido Popular italiano y que acabó integrado en la coalición berlusconiana Casa de las Libertades (2001). *(N. del T.)*

3. Pier Luigi Bersani, Nicola Vendola y Bruno Tabacci se presen-taban también como candidatos a presidir el partido en estas primarias de 2012. *(N. del T.)*

52

creamos que se vota por el programa? ¿Necesitáis el programa de Alfano para saber que no lo votaréis a él?[1] En resumen, ¿puedo permitirme apuntar que tan repentina susceptibilidad suena un poco exagerada y, por tanto, sospechosa? ¿Qué hay detrás? Puedo equivocarme, pero detrás hay una cosa muy simple. Hay mucha izquierda que no se atreve a decirlo, pero que, en realidad, no tiene de verdad deseos de cambiar. Muchos viven protegidos por el sistema, o se engañan pensando que viven protegidos por el sistema y, por tanto, no les interesa cambiar demasiado las cosas. Muchos encuentran más fácil actuar en el escenario del descontento que en el de la transformación. Muchos están cansados, o asustados, y eso basta. El resultado es que realmente no tienen ganas de darle la vuelta al tablero. No debe de ser fácil admitirlo, porque si eres de izquierdas, siempre te imaginas preparado para la revolución. Pero esta vez debes admitir que estarías dispuesto para algo más blando, digamos que estarías más tranquilo si nos limitáramos a mejorar un poco el mundo, en hacer limpieza, eso es, un poquito de limpieza. No debe de ser fácil, y es entonces cuando empezamos a hacernos los estupendos. Tenemos la antipolítica en la antesala y nos hacemos los estupendos. Tenemos un hombre nuevo que todavía cree que es posible cambiar el país sirviéndose bien de la política y no prescindiendo de ella, y nos demoramos haciéndole pruebas para saber si es bastante de izquierdas. El primer partido de Sicilia está guiado por un hombre que define a nuestra clase política como un batiburrillo de muertos vivientes, y perdemos el tiempo discutiendo si la palabra desmantelamiento no es quizá un poquito demasiado fuertecita. Para utilizar una expresión digna de Bersani (el mejor secre-

1. Angelino Alfano fue la mano derecha de Silvio Berlusconi y secretario de su partido Pueblo de la Libertad. *(N. del T.)*

tario del partido desde los tiempos de Berlinguer,[1] por otro lado), la casa se está incendiando y nosotros estamos discutiendo la temperatura del consomé. No sé. ¿Puedo subrayar tan solo que el espectáculo es bastante surrealista? En este fascinante escenario, el domingo iremos a votar. Por lo que yo entiendo, solo pueden pasar dos cosas: que se tome como un ritual democrático de un partido demócrata, y entonces pasa Bersani y la vida tranquila; o que la Italia que ya no puede más salga de casa y realice una repentina y memorable salida del armario, aclarándose a sí misma y a los demás que tiene las ganas y las fuerzas de darle un vuelco a este país; y entonces vamos a una segunda vuelta entre Vendola y Renzi. Así, a ojo, caemos en cualquier caso de pie y eso ya es una buena noticia. En cuanto a los deseos, al hambre, a la imaginación, bueno, esa ya es otra historia.

24 de noviembre de 2012

---

1. Considerado su líder más popular, Enrico Berlinguer dirigió el Partido Comunista italiano como secretario nacional desde 1972 hasta su muerte en 1984. *(N. del T.)*

SABER PERDER

Pido disculpas, pero quiero empezar con una constatación personal: si echo la vista atrás, en toda mi vida nunca he estado tan bien como cuando he perdido. Quisiera aclarar, por otro lado, que soy un tipo horrorosamente competitivo, me molesta perder incluso a pares o nones, no me divierto si no hay una meta brillante que alcanzar, odio la palabra *empate*, cualquier cosa me resulta más fácil si tengo enfrente un adversario al que aplastar y, en general, me despierto por las mañanas con el discutible objetivo de ganar algo. En resumen, soy uno de esos neuróticos que, en vez de disfrutar de la vida, tienen la tendencia a interpretarla como un duelo. Y aquí radica lo curioso: adoro la derrota. Digamos que la adoro con cautela, sin autolesionarme y con sapientísima medida: la adoro hasta un paso antes de hacerme daño, eso es. Pero está claro que la reconozco como una experiencia deliciosa a su manera y sorprendentemente vital.

No quisiera remontarme demasiado lejos, pero si intento recordar momentos de cristalina felicidad, a menudo los veo asociados a momentos de derrota. No de inmediato, no cuando se verifica la derrota: ahí tengo bien presente el desconcierto, la percepción un tanto empañada del mundo circundante, la pérdida provisional del control de muchas facultades extre-

55

madamente útiles. Ahí hay un shock y punto. Pero durante algunos minutos, algunas horas, días, quizá. Luego aparece ese otro estado de ánimo, del puro goce, de ligereza absoluta y de libertad casi infantil. En cierta ocasión, tuve la oportunidad de subir al escenario de un teatro, al final del estreno de un texto mío y de experimentar la sensación física del fracaso en el estruendo de silbidos que me sepultó. No lo recuerdo como una sensación exactamente agradable: no recuerdo qué hice, ni cómo encontré el camino para volver tras las bambalinas. Pero con muchísima claridad recuerdo un paseo un par de días después, durante el tiempo vacío de una jornada de derrotado (nadie te busca, en esas situaciones...), caminaba con una ligereza deconocida por mí desde hacía años, viendo detalles en los que desde tiempo inmemorial no me fijaba, sumergido en una felicidad que solo puedo describir como una ausencia total de ansiedad, de urgencia y de remordimientos. Un día celestial.

Por otra parte, si se me permite continuar con observaciones autobiográficas, me doy cuenta de que en mis libros he escrito sobre todo historias de perdedores, y esto querrá decir alguna cosa. Si debo ser más exacto, muchos de mis personajes no son, simplemente, perdedores: hay tipos a los que les interesa el duelo, pero no el resultado, la liturgia y no el milagro, el camino y no la meta. Cuanto más extraordinarios (y casi siempre lo son), más desinteresados parecen en sacarle provecho a su propia excepcionalidad. Les gusta jugar la partida, pero no tienen disposición alguna para ganarla. Evidentemente es el tipo de héroe sobre el que me apetece narrar: genios que desaparecen para acabar limpiando váteres en algún rincón, pianistas excepcionales que nunca se bajan de un barco, arquitectos visionarios que no llegan a nada. Incluso en las historias de amor —que, como es bien sabido, son duelos— mis personajes a menudo parecen dedicar todo su talento en acuñar formas adorables para amarse sin conseguir hacerlo. Recuerdo con claridad haber empezado un libro, que luego sería el que me llevó al éxito, con esa precisa intención: lograr escribir una inmensa historia de amor en la que los dos protagonistas no intercambiaban ni una palabra. En fin, no haría de ello una poética consciente, pero seguro que también en mis libros se encuentra la misma aporía que he tenido que aprender a reconocer en mi vida. La describiría así: cuanto más grande es la pasión por la competición, más irresistible es el instinto de interpretar la victoria como algo poco elegante, banal y, en definitiva, poco productivo.

Soy un tipo raro.

Pero luego resulta que tampoco tanto, como descubrí el día en que llegó a mis manos un bellísimo ensayo de Wolfgang Schivelbusch. Se titulaba *The Culture of Defeat* (La cultura de los derrotados). La tesis –que me resulta infinitamente simpática y a la que debo enorme gratitud– era la siguiente: si uno presta un momento de atención a la historia, se aprende que, a menudo, al día siguiente de grandes enfrentamientos militares, los más vitales, fuertes y rápidos en ponerse otra vez en marcha son los pueblos derrotados. Con detalle, el libro estudia tres casos: el Sur de los Estados Unidos después de la Guerra de Secesión, Francia después de Sedán y Alemania después de la derrota en la Primera Guerra Mundial. Pero más aún que esos tres casos (se podrían encontrar otros, no obstante, que demostrarían lo contrario), me fascinó la inteligencia con la que Schivelbusch entraba en determinados patrones mentales, o paisajes sentimentales, típicos del derrotado, al hallar el germen de una fuerza, y hasta de una felicidad, con la que los ganadores siempre han soñado. Juro que era bastante convincente.

Entre sus muchos argumentos, recuerdo uno con toda claridad, porque demuestra hasta qué punto esta predisposición ilógica del ser humano a revolcarse en el fracaso tiene raíces antiquísimas y nobles. Era una observación que, en realidad, no era nada novedosa, para mí, pero, con cierta ceguera, nunca me había dado cuenta de su alcance simbólico. La circunstancia, curiosa, es esta. Si queremos regresar a la madre de todas las guerras, la guerra de Troya, esto es lo que pasó: los ganadores volvieron de la guerra saliendo al encuentro de desgracias de todas las clases (en el fondo, a quien le fue mejor fue a Ulises, que se las apañó con un retorno un tanto complicado). En compensación, y por motivos que francamente parecen incomprensibles, los troyanos aparecen en al menos tres mitos fundacionales de indudable importancia: de Eneas y de su papel en la fundación de la romanidad se hablaba ya antes de Virgilio; según una leyenda popular del siglo VI, Francia debe su fundación a Francio, uno de los hijos de Príamo; para finalizar, según el autorizado testimonio de Godofredo de Monmouth, Inglaterra debe su nacimiento a Bruto, uno de los nietos de Eneas. Se trata de mitos fundacionales, como ya he dicho, pero ¿no resulta curioso que tres potencias mundiales como esas hayan ido a buscar a sus antepasados en la estirpe que mejor encarna la experiencia del fracaso, de la derrota, del desastre?

En resumen, es algo que viene de lejos. Y probablemente es algo mucho más complejo de cuanto alguna bonachona observación autobiográfica pueda sugerir.

29 de junio de 2013

DE NUEVO ITALIA-ALEMANIA: 4 A 3

Cuando Schnellinger marcó, un minuto y cuarenta segundos después de haber acabado el tiempo reglamentario, yo tenía doce años. En una familia como la mía eso significaba que yo estaba en la cama, durmiendo, desde hacía ya un buen rato. En el estadio Azteca se estaba haciendo historia, y yo dormía. Era junio, el mes en el que te enviaban a casa de tus abuelos, al mar, a jugar a las canicas y comer *focaccia*. Me imagino a mi abuelo, solo, delante de la tele, fulminado, como Albertosi, por el pelotazo de Schnellinger. Algo debió de sentir en ese instante: quizá el complejo de culpa por haberme negado para siempre esa emoción; quizá, sin darle más vueltas, se sintió demasiado solo para soportar todo aquello. En fin, se levantó y fue a despertarme. La única otra vez en que alguien fue a despertarme en mitad de la noche para llevarme delante de un televisor fue porque un hombre había puesto un pie en la Luna.

Así que, cuando me senté en el sofá, sabía exactamente que nunca olvidaría aquello. México, junio de 1970, semifinal del Mundial, Italia-Alemania. Para mi generación, ese es *el* partido: y, para gran parte de nosotros, es una emoción en pijama y bata, pies fríos en busca de zapatillas, sabor a sueño en la boca y ojos entrecerrados. Lo más parecido que existe a un sueño.

59

De entrada, lo primero que me cautivó fue una estupidez: en el campo estaba Poletti. Poletti era el único jugador del Torino que lograba ponerse la camiseta de la selección, y eso solo de tanto en tanto, cuando alguien se lesionaba. Jugaba más bien mal, tenía nombre de funcionario y jugaba de lateral, es decir, nada poético: sin embargo, era del Torino, y para mí verlo era como si mi padre entrara en el campo de juego. Allí, en el Azteca, mi padre había entrado para sustituir a Rosado (un grandísimo, dicho sea entre paréntesis). Pasé los primeros minutos buscándolo, incluso cuando no participaba en el juego, me bastaba con que estuviera dentro del televisor. Por tanto, lo vi perfectamente cuando comenzó a cagarla terriblemente delante de Albertosi, en el 94: la pelota se quedó allí en medio, a dos pasos de la portería, como un niño olvidado en el supermercado. Para Müller fue cosa de broma meterla, también porque se trataba de Müller, es decir, ese tipo de hombre con el que más tarde me encontraría infinitas veces, es decir, ese que te está acechando y luego te jode, ese al que nunca ves si no en el preciso instante en el que te está jodiendo, ese al que la naturaleza inventó para equilibrar de nuevo el mundo después de haber inventado a Poletti. Un chute robado y 2 a 1 para los tudescos.

En ese momento, el partido estaba acabado. Riva respiraba como si estuviera sufriendo un enfisema, Boninsegna insultaba a todo aquel que se le ponía a tiro y Domenghini lanzaba unos pases tan surrealistas que para encontrar de nuevo la pelota tenían que recurrir a los perros truferos. Ontológicamente, el partido estaba acabado. Martellini se lo hizo entender, con la muerte en el corazón y en la voz, a todos los abuelos de Italia y, por tanto, también al mío, quien dijo: «a la cama». Burgnich me salvó. Algún día me gustaría preguntarle qué estaba haciendo él en medio del área contraria, en el 98. Probablemente se había perdido. Descargó su plancha en un balón vilmente fallido por Vogts (Poletten) y marcó, increíblemente, y regaló a ese partido una elegancia geométrica sobrenatural, 2 a 2, los delanteros centro abriendo la herida y los laterales suturándola, Boninsegna-Schnellinger, Müller-Burgnich, en una espléndida metáfora de lo que es el fútbol, el encuentro entre unos que intentan hacer que sucedan cosas, los delanteros, y otros que intentan impedir que sucedan cosas, los defensas. Pensándolo bien, era todo tan perfecto que tendrían que haberlo dejado ahí, regresar a sus casas y no jugar a fútbol nunca más.

El 3 a 2 fue fútbol de verdad, del que no necesita al Poletti de turno para llegar al gol. Apertura de Rivera a la izquierda, ni un centímetro demasiado larga, ni un centímetro demasiado corta, pequeña fuga de Domenghini por el ala, pase no surrealista al centro y balón para Riva: parada, finta, saludos vivísimos al defensa alemán, pelota a la izquierda, golpe de billar al poste opuesto, red. Más que una acción, una ecuación. Algún día me gustaría preguntarles a esos tres dónde encontraron la lucidez necesaria para resolverla con esa perfección tras 104 minutos de batalla. Se trataba de fútbol reducido a sus líneas más puras y esenciales. Los alemanes no entendieron nada. Entrevistados, podrían haber dicho lo que Glenn Gould decía sobre el rock: «No logro entender las cosas tan simples.»

A partir de allí, todo es confusión. No recuerdo nada más, a mi alrededor, y esto significa que debía de haber un gran jaleo, dentro y fuera de casa. Es raro que no tenga ni siquiera una imagen en la cabeza de mi abuelo que salta del sillón y, qué sé yo, se vuelve loco en el balcón, disparando terribles «¡A tomar por culo!» a la gente con la que, desde el 8 de septiembre del 45, tenía cuentas pendientes. Nada semejante. Lo siento, también, porque me gustaría conservar una imagen feliz de él, indiscutiblemente feliz, él, que era un hombre tan púdico en sus alegrías. Y, sin embargo, en mi memoria dos únicas imágenes se tragaron y borraron el resto, como dos flashes cegadores apagaron todo, alrededor. Y en las dos está Rivera.

La primera es de él abrazado al poste, un instante después de haber pasado un balón pellizcado por la cabeza de Müller y enviado precisamente donde estaba él, en la línea de la portería, exactamente allí para hacer lo que, sin embargo, al final no había logrado hacer, esto es, interponer cualquier miembro o espinazo entre balón y red, gesto para el que no era necesario ninguna clase, ningún talento, sino tan solo la sencilla voluntad de hacerlo, la determinación de transformarse en cuerpo sólido, el obtuso instinto de permanencia que tienen todas las cosas, todas excepto Rivera en esa línea de portería, donde ver pasar el balón y mirarlo es todo, el resto es un poste abrazado de manera cómica y un Albertosi que te grita preguntas sin respuesta.

La segunda es el icono máximo de ese Italia-Alemania. Rivera, de nuevo él, completamente solo en el centro del área, recibe una asistencia por la izquierda (Boninsegna) y chuta a puerta al vuelo, con el empeine derecho. Maier, el portero alemán, un lunático que iba a lo suyo, está pegado al poste derecho al que había ido para cubrir a Bonimba. Se esperaba al habitual delantero centro que penetra y luego dispara en cuanto ve el hueco; Boninsegna era de hecho el más clásico de los delanteros; solo había una cosa lógica que hacer: chutar. Y, en cambio, había visto de oído a Rivera, allí plantado, olímpico y apolíneo, en un claro de mágica soledad en el centro del área: tiro raso a ese punto, la pelota en el claro y Maier descolocado, expulsado por una inopinada incursión nacida de la fantasía en el tejido de un teorema que creía saberse de memoria. Rivera y Maier. Toda la portería abierta de par en par, vacía. Maier lo sabe y abandona el poste a ciegas y se lanza para cubrir todo el hueco que pueda. Rivera podría haberse limitado a probar suerte, descargando en el balón la imprecisa potencia del empeine y que saliera lo que saliera, pero elige la racionalidad. Abre el tobillo (he visto a mujeres abrir abanicos sin rozar siquiera esa elegancia) y opta por el golpe de interior, científico, geométrico, a lo mejor menos potente, pero nacido para ser exacto: tiene una idea y para llevar a la práctica esa idea no necesita potencia, necesita exactitud. Es una idea que no alcanza siquiera a pensar un portero al que han pillado descolocado y temporalmente debilitado por el esfuerzo bestial de regresar a su guarida antes de que llegue el enemigo. Es una idea malvada y genial: joder al animal a contrapié, yendo a enfilar el balón no en el gran hueco que está delante del animal, sino en el pequeño hueco que le queda detrás, el único punto al que, físicamente, le resulta imposible llegar. En la práctica se trataba de atraer a Maier confiando en que, entretanto, él acabaría en otro lugar. Rivera lo hizo. El balón pasó a cuatro dedos de Maier, pero parecieron kilómetros. Gol. *El* gol. Una buena parte de los varones italianos de mi generación guarda la memoria física de ese toque riveriano pegado en el interior de su propio pie derecho. No bromeo. Nosotros sentimos ese balón, no dejaremos nunca de sentirlo, conocemos sus más íntimas reverberaciones, conocemos perfectamente su ruido. Y cada vez que chutamos con el interior derecho, es ese chute el que emulamos, y no importa si es una playa y el balón es ese blanducho que se le escapó a algún estúpido jugador de vóley playa y cargas con un diablillo que pesa diez kilos, y en la cara el rostro de quien pegó el último chute desde el fondo el siglo pasado: no importa, peso sobre la izquierda, apertura del tobillo, tac, interior derecho; un respeto, niños, ese es un chute que empezó hace treinta años, una noche de junio, pijama y mosquitos.

Para qué sirve todo esto, quién sabe. Quiero decir: por muy hermoso que fuera, se trataba solo de un partido. ¿Qué pasó para que lo mitificáramos tanto? A decir verdad, yo nunca lo he entendido del todo. Se me ocurren solo dos explicaciones. Teníamos la edad justa. Eso es todo. Teníamos la edad en la que las cosas son inolvidables. Y luego: esa noche, ese partido, lo ganamos. Parece una estupidez, ¿pero sabéis lo más absurdo de todo este asunto? Que si vosotros mencionáis a un alemán ese partido, quizá con un aire de complicidad, como para compartir un recuerdo demencial e incluso íntimo, bueno, ese tipo casi no recuerda ese partido. Es decir, lo recuerda, pero nunca se le ha pasado por la cabeza que fuera algo más que un partido. Al contrario, siempre parecen considerarlo un partido extraño, folclórico, ni siquiera muy serio. No es un mito, para ellos. No es un hito en su memoria. No es vida convertida en historia. Es un partido. Como mucho mencionan a Beckenbauer, que juega la prórroga con el hombro vendado y el brazo inmovilizado sobre el pecho. ¿Cómo es posible? ¿Tú les hablas de una cena pantagruélica y ellos te mencionan las patatas hervidas? Poca broma. Total, aunque no fuera vendado, ese jugaba rígido como una escoba, siempre chutando con el exterior, el pijeras, pedidle que os diga algo sobre De Sisti, ni siquiera lo ha visto, durante todo el partido, te lo digo yo, ve a verlo otra vez y luego hablamos de nuevo, ya ves tú, Beckenbauer, ve a verlo otra vez, tac, interior derecho, nada de exterior, de todos modos, yo creo que ese partido empezamos a ganarlo en el minuto 91, hazme caso, no, no tiene nada que ver con Schnellinger, digo en el 91, ahora tú no lo recordarás, pero fue precisamente en ese momento cuando se decidió todo, cambio en el banquillo, fuera Rosado, dentro Poletti, te digo yo que en ese momento el partido cambia por completo, escúchame, ve a verlo otra vez si no me crees... ¿Perdona? Pero anda ya, este ni siquiera sabe quién es Poletti...

10 de junio de 2000

AMÉRICA Y LOS BOLOS

Lakewood. Los bolos son un viejo bolsillo olvidado en el que América conserva viejos dólares de los años cincuenta, que nunca se ha gastado, y no lo sabe. No lo sabía. Luego los hermanos Coen metieron la mano en el bolsillo y sacaron ese pequeño tesoro: de él surgen las escenas más hermosas de *El gran Lebowski*. Puedes olvidarte de la trama, pueden no gustarte los viajes psicodélicos de El Nota, pero no olvidas las escenas de los bolos. No pasa nada si no te importa un carajo ese deporte (¿deporte?), no importa si eres italiano y tienes en mente sitios nublados de la periferia y chiquillas que al lanzar les cae la bola a los pies y se ríen mirándose el esmalte de uñas. No importa. Miras los bolos de los hermanos Coen y es pura maravilla. Son cosas que suceden cuando el cine te presta sus ojos, ojos geniales, ojos imprevisibles: mira él por ti, y es otro mundo. Sabía que sería una decepción, pero lo hice como homenaje fetichista a los Coen (los mejores en circulación, en mi personalísima ficha): he llevado mis ojos, normales, a ver lo que es un torneo de bolos en América. Lakewood, insignificante suburbio de Los Ángeles. El lugar se llama Cal Bowl. Inicio a las 18:45, en estos lares, hora de cenar. El torneo se llama AC Delco Classic. Cosa de profesionales.

En el exterior, un mundo al que aquello no le importa un

65

pimiento; en el interior, veinticuatro jugadores y cientos de espectadores. Para ellos y solo para ellos: velada memorable. Los bolos son el único juego del mundo que es más aburrido de ver que el béisbol. Que ambos sean una pasión típicamente americana es algo sobre lo que se debería reflexionar. En síntesis, los bolos consisten en tirar una bola de dieciséis libras (más o menos el peso de un recién nacido) sobre una pista de madera brillante de una longitud aproximada de dos tranvías y, al final, derribar diez bolos de una altura como las botellas de agua mineral, dispuestos en triángulo, con su vértice apuntando hacia ti. Dicho así parece un juego lleno de variables, pero en la práctica los bolos se resumen en un único, mítico golpe, el que en un solo impacto acaba con los diez bolos a la vez: *strike*. Lo que hace que el juego sea obsesivamente monótono (y, en este sentido, incluso fascinante) es que, científicamente, solo hay un sistema para efectuar el *strike:* un único tiro, siempre el mismo, que ellos se saben de memoria, hasta en el menor de sus detalles, que repiten igual durante toda la vida, y que no es (como podría pensarse) tirar directamente a la cara del bolo central, no, debes darle a la bola un efecto de retorno por el que se desliza sobre la madera hacia la banda, con toda la pinta de ser un tiro fallido, entonces, cuando pierde velocidad, coge el efecto, se cierra de repente hacia el centro y, al final, impacta en el primer bolo, pero de lado, golpea otros tres por detrás y, por una serie de carambolas, científicamente estudiadas, todo se derrumba; la bola golpea cuatro bolos pero hace que caigan diez. Científico. *Strike.*

Parece algo relativamente fácil. Pero, como explica mi manual, con optimismo típicamente californiano: «Resulta extraño cómo los *strikes,* que son bastante fáciles en el béisbol y en la vida [*sic*], son tan difíciles en los bolos.» El hecho es que, de entrada, la bola pesa como un recién nacido y la sujetas con tres dedos (no lo intentéis con un neonato, por favor). Y luego, sobre todo, es un tiro que, en una misma tarde, debes hacer decenas y decenas de veces. Siempre es todo igual, la bola, la pista, los bolos. Pero la variable eres tú. Solo tú. En la práctica, los bolos son un duelo con uno mismo. Lo que puede explicar lo aburrido que resulta de ver, pero lo hermoso que es de jugar. En gran parte, es una tragedia invisible. Lo que puedes ver es lo que sale a flote en las figuras de los jugadores. Aquí son profesionales. Pantalones anchos, polos de manga corta con el nombre bordado en la espalda: todo en perfecto estilo años cincuenta. Parecen un diorama de un museo de historia americana. Los Estados Unidos antes de Kennedy. Abrillantan las bolas con un cuidado obsesivo, algunos llegan incluso a besarlas, antes del tiro. Permanecen inmóviles un instante, mirando esos bolos que siempre son iguales (no hay nada que entender, solo encontrarte a ti mismo en el fondo de ti mismo), luego dan tres pasos y lanzan al recién nacido reluciente, pierden inexorablemente la estabilidad y, con gran esfuerzo, recuperan el equilibrio echando un pie hacia atrás y oblicuamente, como si les diera un repentino arrebato de bailarín de claqué. Y, en cuanto la bola alcanza los bolos, ya están otra vez en posición compuesta, dispuestos a gratificar el posible *strike* cada uno con un gesto suyo, típicamente suyo, e inmutable (no les gustan nada las variables, por estos lares), seguro objeto de posibles análisis psicoanalíticos: el que se sopla en las manos, el que inclina un poco la cabeza como diciendo ah, me parecía, el que agita un puño en el aire, el que se sube el cinturón, el que lanza una tímida mirada a la familia, sentada en la gradería, y Dale Egle, conocido en ese mundillo porque está un poco loco; da un paso de *rock and roll*, se gira hacia el público y espera. Y el público: *Yes*. Todos en coro. Se divierten.

En las gradas, en efecto, la gente se divierte. Increíble. En la habitual menestra interétnica, se cuece un público de espectáculo propio de una estación termal, poquísimos adolescentes y, sorprendentemente, muchas mujeres. Uno solía imaginar los bolos como un asunto exquisitamente masculino, una vía de escape de los pantanos de la vida matrimonial (lección de nuestros antepasados) y, por el contrario, hay decenas las señoras con el pelo blanco o violeta y ellas también gritan, anotan los puntos en un papel y dan un codazo a su marido algo atontado cuando Ricky Ward suma el quinto *strike* consecutivo. El marido se coloca bien la gorrita de los Lakers y comenta: *nice*. Naturalmente, uno se los imagina a los veinte años, ella con las tetas despuntando bajo la camiseta escotada, él con el peine en el bolsillo trasero, en unos bolos en Minnesota, el único lugar para no morirse de aburrimiento en cien millas alrededor, los dos con la música de Elvis en los oídos, los dos con un sueño sobrio en el corazón: una casa, hijos y, luego, de jubilados, a California. Hecho, como se suele decir.

Un cartel dice que jugar, por la tarde, cuesta tres dólares. Y un dólar para alquilar los zapatos, si no tienes. La verdad es que no se me ocurre casi nada que cueste tan poco, que dure toda una velada, que puedas hacer aunque no estés en forma, que practiques la mitad del tiempo sentado y que no sea ver la tele. Sin olvidar ese pacífico ritmo, sentado-de pie-sentado-de pie-comer-beber-tirar-beber-tirar de nuevo-sentado-de pie-es tarde, en casa. Condimentado con unos pocos gestos mínimos (abrillantar la bola, anotar los puntos, poner la mano sobre la salida de aire diseñada expresamente para secar el sudor), sabe a placer tranquilo e inoxidable: como muestra *El gran Lebowski,* producto ideal para charlas sin propósito con las que lubricar el amor propio y viejas amistades. Del esplendor que saben ver los ojos de los Coen, solo se advierte algún matiz. Pero en eso consiste precisamente su genialidad: es necesario tener esos ojos para ver ese mundo. Si lo deseas, puedes intentar sentirlo. Ojos cerrados y funcionas de oído. Música hermosa. Las bolas en la madera, crujido de aplausos y de charlas, el redoble de la máquina de las palomitas de maíz y luego el instrumento solista: los bolos que caen; bonito sonido, ya lo has escuchado en algún lugar, pero a saber dónde, parece algo que rueda, pero no es eso, es algo que cae, eso es, tal vez, cuando te ponen hielo en el vaso de plástico, antes de servirte la Coca-Cola, tan solo algunas decenas de decibelios más arriba. Para la crónica, a fuerza de lanzar hielo al vaso, la ronda de la velada la gana Jeff Rizzi, Sandusky, Ohio. Es joven, toma zumo de naranja y, después de los *strikes,* se gira y dibuja la mueca de un niño un poco tímido que lleva a la casa un boletín de notas que son todas nueves y dieces.

21 de junio de 1998

11 DE SEPTIEMBRE DE 2001

Y todos nos acordaremos de dónde estábamos en ese momento. Sentados en el coche buscando aparcamiento, con la cabeza entre los congelados para buscar la paella, delante del ordenador buscando la frase justa. Luego el sonido del móvil, y el amigo, el familiar, el colega que te sueltan una historia inverosímil sobre aviones y rascacielos, pero anda ya, venga, déjame tranquilo que hoy ya tengo yo un día difícil, pero él no se ríe y dice: te juro que es verdad. Recordaremos ese instante pasado buscando en esa voz un ligero matiz de ironía sin lograr encontrarlo. Te juro que es verdad. Y no olvidaremos a la primera persona a la que llamamos por teléfono, inmediatamente después, ni tampoco ese pensamiento –inmediato, idiota pero increíblemente real–, «¿Dónde está mi hijo?», mis hijos, mi madre, mi novia, una pregunta inútil, incluso cómica, te das cuenta inmediatamente después, pero mientras tanto ha saltado –la historia somos nosotros, es solo un verso de una canción de De Gregori–,[1] pero ahora he entendido qué quería decir despertarse con la historia encima. Qué vértigo.

1. El verso da título al tema «La storia siamo noi» de Francesco de Gregori, uno de los más clásicos exponentes de la canción de autor italiana. (N. del T.)

Ni siquiera sabemos exactamente qué ha pasado. Pero, por supuesto, la sensación es exacta: muchas cosas ya nunca serán como antes. Y muchas cosas ya no serán, simplemente. Envidio la inteligencia y la lucidez de quien es capaz, aquí y ahora, de entender cuáles y de explicárnoslo. Espero confiado. Y, mientras tanto, no soy capaz de no volver a pensar en la frasecita que todo el mundo pronuncia, de una forma obsesiva, sin miedo a ser banales: parece una película. Una frase obvia, pero todo el mundo la repite y esta debe contener algo que nosotros queremos decir pero que no logramos entender, algo que tenemos en la cabeza y que es importante, pero que somos incapaces de exteriorizar. Le doy vueltas en la cabeza, a la frasecita, y logro entender que hay algo, en lo que veo en la televisión, que no cuadra, y no son los muertos, la crueldad, el miedo, es algo diferente, algo más sutil, y mientras veo por enésima vez ese avión que vira e impacta de lleno contra el tótem reluciente a la luz de la mañana, entiendo lo que me parece, de verdad, increíble y, aunque me parezca atroz decirlo, intento decirlo: todo es demasiado bello. Hay una hipertrofia irracional de exactitud simbólica, de pureza del gesto, de espectacularidad, de imaginación. En los dieciocho minutos que separan los dos aviones, en la sucesión de los otros atentados verdaderos y falsos, en la invisibilidad del enemigo, en la imagen de un presidente que se marcha de un colegio de Florida para ir a refugiarse en el cielo, en todo esto hay demasiado dominio dramático, hay demasiado Hollywood, hay demasiada ficción. La historia nunca había sido así. El mundo no tiene tiempo para ser así. La realidad no empieza por el principio, no concuerda los verbos, no escribe frases bonitas. *Nosotros* lo hacemos, cuando explicamos el mundo. Pero el mundo, por su cuenta, comete errores gramaticales, es sucio y puntúa que da asco. Y, entonces, ¿por qué la historia que veo suceder en la tele es tan perfecta? ¿Por qué es perfecta ya antes de que la relaten, en el mismo instante en que ocurre, sin la ayuda de nadie?

71

Entonces me parece entender algo en esa frasecita repetida de una forma obsesiva, *es como una película.* La repetimos porque con ella estamos intentando pronunciar un miedo bien preciso, un miedo inédito, que jamás sentimos hasta ahora: no es el simple estupor de ver la ficción convertida en realidad, es el terror de ver la realidad más grave que existe ocurrir con las maneras propias de la ficción. Te imaginas al hombre que planeó todo eso y quizá puedas soportar la ferocidad de lo que planeó, pero no puedes soportar la exactitud estética con la que lo planeó: cómo lo ha hecho es tan espantoso como lo que ha hecho. Estamos aterrorizados porque es como si alguien, de un modo tan repentino y espectacular, nos hubiera arrebatado la realidad. Es como si nos informara de que ya no existen dos cosas, la realidad y la ficción, sino una, la realidad, que ahora ya solo puede darse con las maneras de la otra, la ficción; y no solo por una broma, en las transmisiones televisivas en las que los hombres verdaderos se convierten en falsos para ser de verdad, sino también en las curvas más reales, atroces, impactantes y solemnes del acontecimiento. Parecía un juego: ahora ya no lo es.

No sé. Quien lo sepa tendrá que explicarme qué pasó ayer, 11 de septiembre de 2001, y qué ha cambiado para siempre. Yo, entre otras cosas, estoy pensando que también ha cortocircuitado el refinado mecanismo con el que nuestra civilización llevaba tiempo jugando con fuego y con el que drogaba la realidad empujándola hacia las *performances* que solo estarían al alcance de la ficción. Nos creíamos capaces de mantener el dominio suficiente sobre ese jueguecito. Pero alguien, en algún sitio, ha perdido el control. En nombre de todos. Ahora es fácil llamarlo loco, pero es obvio que está loco de una locura bastante extendida en la familia. La hemos cultivado alegremente: ahora aquí estamos, con el televisor que despliega delante de nosotros esta historia pulida y perfecta; aquí estamos, con la vaga sospecha de ser el espectáculo del sábado noche de alguien. Aquí estamos, mirando a nuestro alrededor asustados, solo para comprobar que todo esto es vida, tal vez muerte, pero no una película.

12 de septiembre de 2001

AHORA QUE EL CONFLICTO
YA NO TIENE FRONTERAS

Todo el mundo diciendo: estamos en guerra. Pues sí. Pero es una guerra extraña. A mí me choca una cosa: es una guerra sin fronteras. No en el sentido de que está por todas partes, en el sentido de que, físicamente, no hay fronteras que defender o que atacar o adonde enviar a las tropas o que fortificar. Quitadle al concepto de guerra el concepto de frontera y os encontraréis entre las manos poco más que un nombre con apenas o tal vez ningún significado. ¿Han existido alguna vez guerras sin fronteras? Cuando dos enemigos no tenían ni de lejos una frontera en común donde degollarse, la iban a buscar: Vietnam, pongo por caso. ¿Pero dónde están las fronteras de esta guerra, dónde está el frente, dónde se sitúa el enemigo? El hecho de que no exista una respuesta segura debería hacernos pensar: se trata de una anomalía que tiene algo que enseñarnos.

Me gustaría intentar simplificar las cosas. Donde la idea de frontera desaparece, desaparece la idea de que el enemigo es distinto a ti. Si no hay frontera entre tú y él, tú y él sois, de alguna manera, lo mismo. El enemigo está dentro de ti. Psicológicamente, y no solo psicológicamente, es una perspectiva aterradora. Y, de hecho, a pesar de la evidente ausencia de fronteras, también en esta guerra todo el planeta está cediendo

74

al instinto de ir a buscarlas: se empieza identificando al enemigo en Bin Laden, pero, como el terrorismo es nómada por su propia constitución y no ofrece fronteras estables, se va más allá trazando una línea imaginaria entre el mundo islámico y el mundo occidental, que sería una fantástica frontera si no fuera porque, precisamente, es imaginaria. Es una línea que separa dos civilizaciones, de acuerdo, pero hace aguas por todas partes y no es, de ninguna manera, un frente de guerra compacto, lineal. De este modo, de una forma bastante cómica, se acaba mirando a Afganistán y a Paquistán con la esperanza de encontrar al menos allí la nitidez de las fronteras, la limpieza de estados claramente enemigos, la vieja y tranquilizadora realidad de fronteras a las que atacar o más allá de las cuales bombardear algo. Se mira hacia allí porque los indicios llevan hacia allí, pero también porque en esa zona encontramos la guerra como la conocemos, como hemos aprendido a librarla, como podemos soportarla. La alternativa, esa sí, sería vertiginosamente aterradora: no hay fronteras, el enemigo ya no está frente a nosotros, sino dentro. Es esa alternativa la que, con razón, nos negamos siquiera a tomar en consideración. Y resulta paradójico: porque, desde un punto de vista lógico, esa alternativa dibuja la posibilidad más verosímil. Intentaré explicarme.

Puede que sea una observación banal, pero si uno piensa en los años de la Segunda Guerra Mundial hasta hoy y recuerda los diferentes conflictos entre Occidente y el Imperio del mal de turno, advierte cómo, físicamente, los kilómetros de frontera implicados en esas guerras, se van reduciendo cada vez más hasta lo absurdo: de los frentes de la Segunda Guerra Mundial a los pocos kilómetros del frente palestino-israelí, pasando por Corea, Vietnam, Irak y Serbia, asistimos es a un estrechamiento vertiginoso de los espacios físicos en que Occidente ha logrado encontrar una frontera en la que luchar. La cosa no es casual. Deriva de una táctica elegida bien conocida: la practicada durante esas décadas, la de metabolizar al enemigo más que aplastarlo, de comprarlo en vez de destruirlo, de involucrarlo en los propios mercados en lugar de derrotarlo. Décadas de semejante táctica (algunos la llaman globalización), perseguida con genio e inoxidable constancia, han logrado arrebatarle al enemigo la tierra bajo los pies, y han reducido drásticamente las fronteras en disputa. En efecto, hoy la parte del planeta que puede considerarse realmente independiente del dinero de Occidente y que podría permitirse entonces el lujo de convertirse en enemigo, es reveladoramente limitada: si descontamos los países subdesarrollados (sin fuerzas para hacer la guerra) y aquellos en los que la resistencia va unida a la mitomanía de un déspota (Gadafi o Saddam), las partes de planeta realmente hostiles se reducen a su mínima expresión. Resumiendo, Occidente está muy cerca de serlo todo. Y eso significa: fronteras, cero. La guerra que estalla el 11 de septiembre parece, con simbólica y deslumbrante exactitud, la apoteosis de este proceso. Una definitiva puesta a cero de las fronteras y unanimidad casi global en la condena del ataque a los Estados Unidos. Hasta hace unos años, habría sido ciencia ficción, pero ahora es el mundo tal cual es, realmente, en este momento. Un único sistema, indudablemente muy frágil, todavía incompleto, pero inabarcable, que ha reducido casi a cero lo ajeno. Para un sistema semejante, ¿qué podría ser la guerra? ¿El choque con algo que viene de fuera? Difícil. Pues entonces: el hundimiento o la rebelión de una parte de sí mismo. Lo que sería lógico pensar es lo siguiente: el enemigo está dentro del sistema, no fuera. Por muy desagradable que nos parezca, lo más lógico sería pensar: el enemigo está dentro. Buscadlo ahí.

Me parece estar oyendo la pregunta: y, entonces, ¿quién ha sido? ¿Un miembro de un *lobby* republicano, un hombre de negocios asiático que quedó fuera del círculo, un multimillonario sueco afligido por una crisis religiosa? Soy consciente de que, dicho así, suena grotesco. Pero tengo algo que decir. Del modo más simple: ¿estamos realmente seguros de definir a Bin Laden como alguien del todo ajeno a Occidente? ¿De dónde procede su dinero? ¿Por qué es un multimillonario? ¿Con quién ha hecho negocios para llegar a serlo? ¿Encontraba oro en un valle secreto fuera del mundo globalizado? ¿Cuánto dinero le metimos en el bolsillo? ¿Y cuánto dinero nos ha metido en el bolsillo poniéndolo en circulación en el riego sanguíneo de la riqueza occidental durante todos estos años? Intentad un instante olvidar todo e imaginarlo así: un hombre de negocios como tantos que, en un momento dado, se revuelve contra el sistema. No es tan inverosímil, ¿verdad? Nos tranquiliza pensarlo como un enemigo llegado de fuera y ya está. Pero si pensamos en él como una célula del sistema, idéntica a las demás, que en cierto momento enloquece y empieza a devorar el organismo desde el interior, no nos alejamos tanto de la realidad. Claro que no presiona en las fronteras: excava por dentro. Se traga las Torres Gemelas: y puede hacerlo, porque él está aquí, no está allí afuera, está dentro, no al otro lado de fronteras que ya no existen.

Puedo equivocarme, pero a mí el 11 de septiembre me parece el cruel prototipo de lo que puede llegar a ser el futuro. No creo que sea ya posible atribuir ese ataque a alguien o algo del todo ajeno al atacado. Creo que allí se inauguró una nueva época posible, en la que siempre habrá guerra o, con frecuencia, el conflicto entre el sistema y partes de este que, fisiológicamente, degeneran y escapan a su control. Creo que ver a todo el mundo alineado con los americanos no debe inducirnos a pensar que el enemigo es débil o está aislado, sino que el enemigo ya no vendrá por el lado por el que siempre llegaba. Creo que la ambición de ser un planeta unido y pacífico –maravillosa ambición– nunca logrará hacer realidad un mundo perfecto, sino un mundo en el que la palabra guerra significará algo a lo que no estamos acostumbrados. Creo que las fronteras, desaparecidas de la superficie de los atlas, sobrevivirán en el tejido del sistema, como líneas que lo cruzarán verticalmente en vez de dibujar, horizontalmente, sobre la superficie de la tierra, las geometrías de una guerra. Creo que Bin Laden, como el chiquillo del Black Bloc que revienta escaparates con sus Nike en los pies,[1] está más allá de la frontera, pero de una frontera vertical, ya no horizontal, que no tiene nada que ver con las viejas fronteras y que aún no somos capaces de interpretar. Creo que el sueño de convertirnos en un único país global –maravilloso sueño– solo se hará realidad a través de la violencia, del sufrimiento colectivo y de una suspensión sustancial de la defensa de los más débiles y de los vencidos: y creo que todo esto no se borrará, sino que sobrevivirá como una herida destinada a infectar el sistema desde dentro, en una guerra agotadora que aún no somos capaces de librar, pero que será tan inevitable como las viejas guerras que libramos durante siglos. Creo que todo esto se parece muchísimo a una historia de ciencia ficción. Pero he visto un Boeing destripando las murallas de Manhattan. Y sé que, a partir de ese momento, imaginar el futuro se ha convertido en un acto que debemos acometer sin ambages y sin disimulo.

14 de septiembre de 2001

---

1. Black bloc o «bloque negro» identifica a los participantes en una manifestación que se visten con ropa negra para evitar ser identificados por las autoridades. *(N. del T.)*

LA MUERTE DEL PAPA WOJTYŁA

Eran los días del papa. Del anciano. Los días de la muerte del papa. Y yo estaba allí, como todo el mundo, siguiendo la gran puesta en escena. La situación, como ya se sabe, provocaba sentimientos contradictorios. Pero con el paso de las horas empezó a parecerme cada vez más claro que no yo en particular, sino todos, absolutamente todos, estábamos a punto de vernos abrumados por un sentimiento más fuerte que los otros, en modo alguno confesable, pero diamantino: la molestia. Todos estábamos afectados, vagamente conmovidos, pero sobre todo inexorablemente molestos por lo que estaba pasando, y lo que estaba pasando no era que un papa estaba muriéndose, no: lo que estaba pasando era un flujo mediático sin precedentes, una invasión alucinante de la mono-noticia papal, un destructivo tsunami de información, mejor dicho, de una información. Nos guste o no, la auténtica reacción que unió a todo el mundo, aquellos días, creyentes y laicos, buenos y malos, fue pensar que se estaba exagerando. Que, de verdad, todo aquello era demasiado. Cuando pones Sky Sport y te encuentras a Porrà, su jefe de redacción, y Porrà está hablando del papa, ves que es demasiado. La gente después quizá lo dijera a media voz, porque les disgustaba escupir en el pesebre: pero lo pensaba, y sin vacilaciones. Se estaba exagerando.

Cuando oí exponer esta idea al locutor de una de esas radios de la capital en las que solo hablan, las veinticuatro horas, del Roma y del Lacio, comprendí que se estaba formando un colosal atasco intelectual: esa gente puede pasarse tres días hablando y diseccionando una frase de un futbolista como Cassano, pero, aun así, incluso a ellos les parecía demasiado lo que se estaba haciendo con el papa. ¿Qué demonios estaba pasando? ¿De qué lado estaba, a esas alturas, la inteligencia? Y, mientras tanto, el gran relato mediático inundaba todos los espacios y todos los tiempos, pariendo a un ritmo cada vez más rápido preguntas sin respuesta y paradojas lógicas. Cuantas más horas papales de televisión, más se alargaba la cola, desde la plaza de San Pedro, a lo largo del paseo del Tíber: sin duda, una reacción del todo comprensible, porque cada hora televisiva multiplicaba el mito. Y cuanto más larga se hacía la cola, más se alargaban las horas papales en televisión: sin duda, una reacción del todo comprensible, porque cuanto más larga era la cola, más trascendencia adquiría la noticia. Vale, ¿pero cuál era el principio de todo, la tele o la cola? Quiero decir: ¿cuál era la verdad? ¿Qué había sucedido realmente: que mucha gente hacía cola o que los medios de comunicación habían erigido un mito? ¿O las dos cosas? Quién sabe. Y así paseabas por la gran cola, igual que en un zoo, tratando de entender aquello. Con una pregunta en la cabeza: ¿sería una cola tan larga si no fuera una cola tan larga? Me explico: ¿cuántas de esas personas no habrían acudido si esa cola hubiera sido una cola normal? ¿Cuál es el punto en el que la longitud natural de una cola empieza a generar un gigantismo por ser ella misma un acontecimiento? ¿Dónde empezaba la parte artificial de todo cuanto estábamos viviendo? O también: ¿todavía había algo, ahí dentro, que no fuera artificial? O más aún: ¿no sería que en esta locura estaba muriendo la propia distinción entre natural y artificial? No podías salir del embrollo. Cuando empezabas a preguntarte «qué era verdad», acababas empantanado

80

de forma irremediable. Y, pensándolo bien, allí estaba, ese era el meollo de la cuestión: haber perdido de modo tan flagrante la línea de demarcación entre realidad y relato. En sí mismo, podrías haber soportado el aluvión mediático, pero la cuestión era que ese aluvión generaba una embriaguez colectiva donde hasta las más elementales reglas de comparación con la realidad se iban alegremente a que las bendijeran. Y así podían escucharse cosas de todos los colores. «El papa ha sido un revolucionario, ha revolucionado todo lo que ha tocado», dice un muchachote entrevistado en la plaza de San Pedro. De este modo, a la primera tacada, en ese gran almíbar que dura horas, lo escuchas y te parece tan normal. Sensato. Ni prestas atención. Sin embargo, si te paras a pensarlo detenidamente, quizá mientras estás haciendo otra cosa, al día siguiente, de repente, lo que te preguntas es: ¿pero qué puñetas está diciendo? Wojtyla, un revolucionario. ¿Pero en serio? La misión del papa consistía en reinar sobre la Iglesia. Bien. ¿Se puede decir que en esta su tarea peculiar él ha revolucionado algo? Yo tuve tiempo de ver lo que significa revolucionar la Iglesia. Era pequeño, pero me di cuenta cuando giraron los altares, cuando los sacerdotes empezaron a hablar mi lengua, a dar la hostia en la mano y a confesar a la gente mirándola a los ojos. Puedo asegurar que aquella sí fue una revolución. No soy vaticanista, pero si tuviera que decir la impresión que los veintisiete años del papado wojtyliano me han dejado, podría decir muchas cosas, pero una, sin duda alguna, no la diría: que ha sido un revolucionario. Es posible que revolucionaria haya sido la forma en que Wojtyla ha interpretado y comunicado la figura del papa. Está bien. Pero no estaba allí para hacer eso. No era el responsable de las relaciones públicas de la Santa Sede. Era el pastor de una multitud: es por eso por lo que hay que juzgarlo. No estoy enojado con el muchacho de la plaza San Pedro. Estoy enojado con el modo de hacer: si una ocurrencia es coherente con el guión (Karol el Grande) poco importa que sea demencial; se convierte en sensata y legítima. Y adiós muy buenas a la realidad.

Con ese mismo espíritu millones de personas han asistido a la escena madre del emperador que se arrodilla delante del papa. Dos generaciones de Bush –hombres que consideran la guerra un modo de hacer política y que llevan esa idea a la practica de vez en cuando– se arrodillan delante de un hombre que ha dicho sin matices, y en nombre de Dios, que la guerra es el mal absoluto. No algo que hay que evitar, tampoco una travesura desagradable: el mal absoluto. Si en esos días hubiéramos conservado solo una miga del sentido de la realidad, la escena nos habría parecido vertiginosamente absurda. Completamente escindida de la realidad de las cosas. Era una escena imposible. Pero como escena de la Gran Película hasta nos gustó. Estábamos conmovidos. Terrible, si se piensa bien.

Lamento caer en el más manido de los tópicos periodísticos, pero, en fin, durante aquellos días de inundación papal, un día mi hijo, de seis años, me preguntó, sucinto: «¿Pero por qué te emocionas tanto si no crees que Dios exista?» No querría llamar a engaño: los niños son ignorantes y dicen un montón de chorradas. Sin embargo, algunas veces tienen el don de la síntesis. Y ven las cosas desde un ángulo absurdo y, por tanto, privilegiado. Durante días, mi hijo, al que le ha tocado en suerte una familia laica, se debió de estar preguntando por qué era tan importante lo que había dicho y había hecho un hombre que, según su opinión, era alguien que creía en los Reyes Magos. Paso la pregunta a la intelectualidad laica. Yo, de entrada, solo encontré esta respuesta: «¿Qué tiene eso que ver?, ¡tú también te emocionas con Spiderman, pero no crees que exista!» Y, en cuanto lo dije, me di cuenta de que esa respuesta era una señal de rendición, era la admisión de la desidia planetaria, la tardía explicación de todo lo que había pasado a nuestro alrededor durante días: era solo una película, pequeño. Era el gran final de una historia que había durado veintisiete años y se había escrito en todas las lenguas del mundo. En su género, el bestseller del siglo.

No sé, con sinceridad, si las cosas son exactamente así. Es probable que el asunto sea más complejo, pero sigo pensando que, en al menos dos ocasiones, el sistema de equilibrio entre la realidad y la narración de la realidad se ha ido al garete, ha tenido una especie de isquemia: cuando esos dos aviones penetraron en las Torres Gemelas, sobre el fondo de ese azul soleado neoyorquino, y cuando millones de personas han hecho horas de cola para ir a fotografiar, con el teléfono móvil, el cadáver del papa. Una isquemia, como digo: por un instante ya no había nada más, ya no existía diferencia entre realidad y relato, original y copia, contenido y mensaje. No había origen y propósito, sino tan solo acontecimiento. Luego el cuerpo se recupera, y aquí estamos, reflexionando sobre el tema. Pero, en ese momento: todo negro y punto.

Cuando te dan semejantes sacudidas, mientras te tambaleas, sueles aferrarte a algo estable, firme. Mientras el papa moría de esa manera, me entró un deseo ilógico de cosas verdaderas: algo que tuviera la estabilidad pétrea de las cosas verdaderas. Se me ocurrió entrar en una iglesia, cualquiera, una iglesia sobre la que nadie estuviera hablando, y mirarla y comprobar su misma existencia. También pensé que, en cierto modo, había una gran necesidad de que alguien, en nombre de todos, se retirara del Gran Relato y peregrinara a las cosas verdaderas. No se trataba de entender nada: solo por higiene, para enjuagar la mente, para restaurar cierto equilibrio ecológico en el índice del mundo. Quizá fuera una idea tonta y tal vez lo sea: sin embargo, cuando hablé de ello con otros escritores de la editorial Fandango (las personas que tenía al alcance de la mano) me percaté de que lo entendían perfectamente y, más aún, de que a ellos también se les había pasado por la cabeza, y desde hacía un montón de tiempo. Así que decidimos hacerlo. Y así de sencillo: fuimos a siete lugares de la Iglesia, lugares reales, todos ellos hechos de muros y fachadas, lugares que no son noticia, pero que son lugares, y escribimos lo que vimos y sentimos. Repito: no se trataba de explicar la Iglesia, ni de entender nada; y no son ni reportajes ni investigaciones; es como cuando hace días que no oyes al vecino y entonces te preocupas un poco y luego saltas la cerca del jardín y llegas a empujar la puerta de casa y, pidiendo permiso en voz alta, vas a ver. No es para entender nada ni para descubrir vete a saber qué: se trata solo de estar seguro de que aún está ahí. En resumen, salimos de casa y fuimos a ver. Echábamos un poco de menos la realidad. Admitiendo que todavía exista. Quien lo desee podrá leer, a partir de hoy, lo que vimos. En estos tiempos, si eres escritor, quizá lo que puedes ofrecer como resistencia al mundo es poco más que tu mirada. En cualquier caso, tranquilos: solo se había dormido delante de la tele. El vecino, quiero decir.

30 de abril de 2005

HACER CINE

El año pasado filmé una película. Primero escribí el guión y luego la dirigí, tal como se dice. Una extraña experiencia. Después de haber pasado décadas en salas oscuras dejándome hechizar por el cine, tuve la oportunidad de pasar al otro lado y descubrir cómo lo hacen. No pretendo alargarme, pero prácticamente fue cómo ir a la escuela. Aprendí un montón de cosas y, ahora que la película ha terminado –justo ahora que definitivamente la están positivando, haciendo que se convierta en un objeto irreversible, como un retrato, como un clavo torcido–, me apetece celebrarlo reuniendo un breviario de cuanto he entendido sobre el tema o al menos de cuanto me ha parecido entender. En orden alfabético, que no deja de ser un orden.

Actores

Estas son las cosas que hay que saber sobre los actores. 1. La mitad del talento de un director consiste en elegirlos bien. La cosa es dificilísima. Hacer un *casting* es como reconocer un huevo duro en un paquete de doce huevos frescos. O se te da bien mirar a través de la cáscara o necesitas mucha suerte. 2. Cuando en el set, mientras se filma, un actor se conmueve de verdad, se vive un momento bellísimo, pero es precisamente la escena que nunca montarás. En el cine, un actor que se conmueve de verdad es menos convincente que un actor que se conmueve por oficio. Es una cuestión de proximidad de la mirada, de implacabilidad de la cámara. De hecho, en el teatro, en mi opinión, es lo contrario.

3. Contra todo pronóstico, filmar antes el final y después la escena inicial o cortar una escena de amor en dos días de tomas no les complica la vida a los actores. A ti te la complica, pero a ellos, no. Están acostumbrados, en el fondo lo prefieren así. Por eso, la mejor manera de hacer que digan bien «Pero ¿tú eres tonto?» es soltarles la bofetada una semana antes.

4. Quedan mejor las actrices con pómulos altos, siempre y en toda circunstancia.

5. A un buen actor lo reconoces porque en el set, cuando vas a hacerle una indicación concreta o a sugerirle otro modo de hacer la escena, él te escucha y luego dice: gracias.

Cartel

Si la película va mal la culpa es del cartel, incorrecto.

Claqueta

Si eres bueno, al final te la regalan. Como las orejas del toro al torero.

Control

Sin lugar a dudas, lo más difícil de la profesión de director. Mantener el control sobre lo que estás elaborando, saber qué estás haciendo, en todo momento. También escribir libros resulta un asunto complejo, pero la escritura es un gesto compacto, donde colocas todas las diferentes piezas en el mismo momento. Construir una frase es un gesto conciso, como hacer castillos de arena en la playa. En el cine es distinto. La síntesis está al final, tú siempre trabajas partes provisionales. Mantienes guardada alguna pieza y todas las demás tienes que imaginártelas o recordarlas.

Filmas un final sin haber filmado el principio, eliges vestuario sin poder probárselo a los actores, escribes réplicas sin saber quién las dirá, montas la película sin sonido ambiente (alucinante), durante todo el tiempo trabajas viendo pasar la película en pequeñas pantallas donde la luz, los colores y la definición guardan escasa relación con lo que se verá en la pantalla. Cosas así. Como correr manteniendo la cabeza en una bolsa para el pan (intentad hacerlo...). Para poner un ejemplo tonto, a mí me tocó elegir los ruidos que un actor hacía rascando en el hielo con dos instrumentos diferentes, uno en cada mano: por inescrutables motivos técnicos, el ruido de la mano izquierda lo elegí en un laboratorio de Roma Norte; el de la mano derecha, en una oficina en la otra punta de la ciudad. Naturalmente, sin poder escuchar el sonido ambiente ni la música. ¿Se puede trabajar así? Sí, sí, se puede, lo hace todo el mundo, y eso porque entre las decenas de artesanos que trabajan en ese asunto hay uno que siempre, y digo siempre, lo tiene todo en la mente y tiene la película en la cabeza y nunca deja de ver en el reflejo del agua todo el río y, en el vuelo único, toda la bandada, y, en una risa, toda la vida. Y ese eres tú, el director. Como comprenderéis, luego, por la noche, uno no duerme a pierna suelta.

Digital Intermediate

Dicho de forma confidencial, «DiAi». Adquisición bastante reciente. Pocas personas saben exactamente cómo funciona, pero en esencia se coge el montaje, se convierte en material digital, se manipula lo suyo y luego se vuelve a convertir en película: esa que luego da vueltas en el proyector. En teoría, es una pijada demencial, porque, en ese alegre *intermezzo* digital, puedes meter las manos donde quieras y hacerle un *lifting* a tu película. En la práctica, la sensación es muy parecida a cuando te regalan un jamón deshuesado y tú lo metes en el congelador: por más que te juren que luego, cuando lo descongeles, será igual, la duda de que estás haciendo un gilipollez no te la quita nadie.

Doblaje

Como mi película se filmó en inglés (no hay necesidad, ahora, de explicar el porqué), me tocó sufrir el trauma de hacer el doblaje para la versión italiana. La primera vez que, ahí sentado, oyes a tu actor australiano hablando como en los documentales sobre la vida de los castores y hacerlo en una lengua en la que él solo sabe decir «spagheticarbonari», piensas naturalmente en *El exorcista*. Y no es un buen momento. Pero quince días más tarde también puede suceder que veas toda la película doblada y disfrutes de verdad, al confirmar que somos un país de héroes, santos, navegadores y dobladores.

Ejército

No me resulta claro el motivo, pero el cine tiene una organización sutilmente militar. Cuentan mucho las jerarquías. Se diría que todo el mundo las necesita. Nada puede torcer el sistema como un *runner* que pone el ojo en la cámara (sacrilegio) o un director que permite que el peluquero se siente en su silla. Se refleja, en semejante y bobalicona rigidez, la idea, militar, precisamente, de que si cada uno permanece en su sitio nada podrá sorprendernos. Se trata de una creencia errónea, pero a mí me ha cuadrado perfectamente, porque me he pasado toda la vida instalado en ese error.

FAQ

Pregunta: ¿qué diferencia existe entre ser escritor y ser director? Respuesta: la misma que entre tocar el piano y dirigir una orquesta. En cierto sentido, se trata siempre de música. (Hay que añadir, para que conste en la crónica, que en todo el mundo solo debe de haber dos pianistas realmente buenos dirigiendo.)

Clasificaciones

Pregunta: ¿es más difícil escribir un libro o filmar una película? Respuesta: filmar una película, pues sin duda es más difícil estar de pie en un merengue que pintar la Capilla Sixtina.

¿Cuánto falta?

Pregunta recurrente en el set. Se sobreentiende «para la pausa del almuerzo».

Encuadres

Si uno quiere, se puede filmar utilizando todos los encuadres posibles (sobre ella, sobre él, sobre ambos, desde abajo, desde arriba, de lado): luego los eliges durante el montaje. Pero es como hacer el molinillo en el futbolín.

Estreno

Elegir cuándo estrenar una película en las salas es un arte y también el juego de azar preferido de la gente del cine. Como ocurre con la dermatología, se trata de una ciencia inexacta, que fija con tornillos dogmas indiscutibles a la vez que reconoce tranquilamente que nadie entiende nada. En el caso de una película normal, consiste, como en una especie de campo minado, en elegir el fin de semana adecuado evitando Navidad, Pascua, los puentes soleados, las semanas blancas, el estreno de las grandes películas americanas, el estreno de las películas europeas que compiten con ella en la cartelera, posibles elecciones, los meses de verano, el final de la Champions, el Festival de Sanremo y la primera comunión del hijo del director. Mi película, por ejemplo, se lanzará en 2017.

Exteriores

Se va por el mundo buscando el lugar adecuado donde filmar. Encantador. Primero van los especialistas; luego, ya hechas las primeras ojeadas, llega el director. Entonces él se pasea por allí como si fuera un zahorí, buscando la inspiración, y todos lo siguen, hablando en voz baja y sin hacer preguntas. En caso de que se trate de una localización en el exterior, el director en un momento dado puede alejarse silencioso, como arrebatado por una repentina iluminación. Todo el mundo lo sigue. Entonces el director dice que se va a mear. Todo el mundo se aleja.

Hurt, John

Véase *Star*.

Es el título de mi película. Al principio la titulé *Freude,* que es la palabra alemana con la que empieza el *Himno a la alegría* de Schiller musicado por Beethoven en la *Novena sinfonía.* Me sonaba bien. Freude. Al tercero que me preguntó «¿Una película sobre Freud?», decidí cambiar. En cualquier caso, la película habla en efecto de la *Novena* de Beethoven. De la *Novena* y de la vejez: curiosamente, dos cosas sobre las que no tengo una experiencia directa. Ya ves tú. Fin de la pausa publicitaria.

Montador

Solo hay tres figuras, en la vida, con las que es posible alcanzar un nivel de auténtica e incondicional intimidad, sin necesidad de practicar sexo: cuando te rompes la rodilla, tu fisioterapeuta; cuando eres católico, tu confesor; cuando filmas una película, tu montador.

N

Resulta increíble que no haya aprendido nada que comience con la *N.*

Objetivos

Son las lentes que el operador coloca en la cámara. Puedes elegir entre una docena de soluciones diferentes. Los talentos de verdad no se equivocan nunca. También hay que decir que, generalmente, el objetivo que eliges se lo han dejado en el hotel.

Presupuesto

Las películas son caras. Para hacer una película buena, en Italia, se requiere más o menos el mismo dinero que el representante Lele Mora se metió en los bolsillos en vez de dárselo a Hacienda (o al menos eso es lo que sostiene Hacienda).

Productores

Una cosa que comprendí es que el verdadero autor de una película, en el sentido más claro del término, es el productor. Quiero decir que es él quien ve una constelación donde solo hay estrellas: el talento de un director, el oficio de los artesanos, determinada cantidad de dinero, a los grandes actores, a los buenos actores que no son famosos, una historia determinada, un determinado público. En sí mismos, son pecios que van a la deriva, pero con ellos construye una balsa para navegar. Que luego salga una película para Navidad o *La chaqueta metálica* es otro cantar. Pero en esencia su papel no es el propio de un contable que hace cuadrar las cuentas, sino el de un creador que donde unos ven una cantera de piedra él ve las obras de una catedral. Luego nosotros vamos allí para celebrar una misa cantada, en su interior, pero el espacio es hijo suyo, estaba en su mente y es la pesadilla de sus sueños y, a veces, su sueño.

Rugby

En el rugby, dice la sabiduría popular, hay quien toca el piano y quien lo mueve. No es muy diferente en el cine. El director lo toca, el maquinista lo mueve. El director de fotografía lo toca moviéndolo, el ayudante de director lo mueve tocándolo. El montador lo toca cuando todo el mundo se ha marchado ya, y el director de arte cuando todavía no ha llegado nadie. Al final, cansado, el distribuidor lo vende.

Star

Actores aparentemente semejantes a los otros. Lo que ocurre es que en la pantalla dejan su huella aunque solo sea tragando. Contaba con uno, en mi película. Tragaba como Dios.

Tiempos muertos

En los tiempos muertos, en el set, los actores leen libros. Siempre con ese rollo de ser un escritor que ha dirigido una película, solía pensar, al verlos leer, que allí había moraleja, pero nunca he logrado descubrirla.

Visión

Al final cabe explicarlo así: un día tienes una especie de visión y, meses más tarde, quizá años más tarde, te sientas en una salita y te dispones a esperar para encontrarla plasmada en la pantalla, convertida en materia y, por tanto, visible también para los demás. En el paso de la mente a la pantalla han sucedido mil cosas y, en todos y cada uno de los momentos vividos en ese lío inmenso, tu verdadera misión era, en definitiva, no perder el contacto con tu visión: salvarla. No has hecho otra cosa. Durante meses has llevado de la mano a un niño al parque de atracciones atento a no perderlo. También aquí se podría decir que, en el fondo, escribir un libro no es tan diferente. Y es verdad. Pero en el cine esa acrobacia invisible que es permanecer fiel a una propia visión se convierte en un ejercicio físico que llevar a cabo en medio de un gran ir y venir de cosas y personas y con la ayuda de un montón de maestros. En el cine pares en público, como las reinas. Esto genera una especie de progresivo desenfoque de tu visión inicial, un rápido descenso a la oscuridad. Paradójicamente, cuanto más aprendes el oficio y tus ojos se hacen capaces de mirar el set, menos logras mantener una mirada auténtica sobre la visión inicial. Puede parecer absurdo, pero, al final, para hacer cine, debes aceptar que terminarás siendo ciego. Eso no pasa con los libros. Cuando pierdes el contacto con la visión inicial te detienes y esperas. En el cine es más complicado. ¿Sabéis de esas personas que en un determinado momento de sus vidas se han quedado ciegas, debido a un accidente, una enfermedad, una fatalidad? Tratad de imaginar el gesto obstinado, dificilísimo y poético con el que mantienen aferrados en su memoria un paisaje visto de niños y la forma de un campo de fútbol y el rostro de su mejor amigo. Hacer cine me ha parecido algo semejante. Al final de todo, te llevan a una sala oscura, delante de una pantalla, donde por muy increíble que pueda parecer, ves de nuevo el paisaje, el campo y el amigo. Cuando son idénticos a como los recordabas, tienes una sensación imposible de explicar.

Zoo

Como los guionistas ganan menos, se divierten menos y son menos famosos que los directores, se vengan escribiendo escenas en las que aparecen animales. Algunos, los más malvados, escriben escenas con animales y niños. Ocurre raras veces, pero algunas personalidades perturbadas logran escribir escenas en las que animales y niños están rodeados de nieve, bajo un diluvio o en medio de una tormenta de viento. En esos casos, el guionista, prudente, no va al set. En otros casos, va, pero todo el mundo pasa de él. Entonces regresa a casa para escribir una escena en la que siete niños persiguen a un pavo bajo una tormenta de nieve en la playa de Sabaudia. De noche.

10 de febrero de 2008

CORRIDA 1

Barcelona. Cielo gris, marrón la arena, nada que ver con esas deslumbrantes plazas andaluzas, playas amarillas bajo soles jaguares y mujeres flamencas en cielos vergonzosamente azules. En el marrón de la arena, en una esquina, un toro de 485 kilos no quiere ni oír hablar de la muerte. Permanece echado sobre un lado, mugiendo cada vez que lo apuñalan en la nuca con una pequeña daga: todo el cuerpo sufre una sacudida, pero no cae muerto. Algunas filas delante de mí hay un hombrecillo. Unos sesenta años de verdad o cuarenta transfigurados por las decepciones: cuesta acertar. Muy, muy delgado, camisa de nilón, corbata, chaqueta de color sin nombre. Lleva brillantina en el pelo, perfectamente partido por una raya al lado que desde hace años hace el amor con un peine de tortuga falso (puedo imaginármelo, somnoliento, en el bolsillo interior de la chaqueta). El hombrecillo tiene la piel aceitunada y una sonrisa suave, con odontología de los años cincuenta, puentes de metal a la vista y coronas un tanto estropeadas. Lo miras y es la España que está desapareciendo. Sostiene en la mano una carpeta con hojas en blanco y escribe. Mira el toreo y escribe.

La hoja está cuidadosamente dividida en tres partes. Escribe con caligrafía pequeña y exacta, en líneas absurdamente

96

ordenadas y apretadas. Como si también las peinara. O es un loco o es crítico taurino. También cabe la posibilidad de que sea ambas cosas. Está a solo dos filas de mí, pero estamos décadas alejados. No encuentran el punto justo, en la nuca del toro, y el animal sigue agitándose y no cae muerto. Olor de puro pesado como turba quemada, silbidos y sablazos de voces dicen cosas en español que suenan horribles. Y cabría preguntarse: ¿qué hago yo aquí? Respuesta: he venido a ver a El Juli. El Mozart del toreo. El más grande, dicen.

El Juli tiene diecisiete años. Muchos, si nadas estilo braza y vas a las Olimpiadas. Nada, si matas toros. En el panorama un tanto lánguido de las corridas de toros, ha llegado él, y se ha abierto un mundo de par en par. Uno entonces recuerda la historia de Tiger Woods, el campeón de golf: joven, negro, arrogante, espectacular. Era un juego tiquitaca, para gorditos calvos y blancos, y él lo convirtió en un deporte para gente tosca y divertida. Del Juli todos esperan un poco lo mismo: esperan que libere el toreo, lo entregue a las nuevas generaciones y se lo arrebate a mi amigo y su peine. Él lo intenta, improvisando pases y arriesgando su vida. Dicen que es guapísimo. Pero no es verdad. Cara gordinflona de niño criado en barrios residenciales, acné reglamentario, pelo menos rubio de cuanto podría serlo, ojos menos azules de cuanto podrían serlo. Una de esas caras que caen en el olvido. Su padre era torero, también cayó en el olvido, un cuerno le arrancó un ojo y el deseo de continuar. Hoy es el apoderado de su hijo. El que ordeña la vaca, digamos. Para tener a El Juli es necesario soltar, al parecer, doscientos millones. Hay toreros que torean desde hace años, zurcidos por todas partes por debajo de la ropa, que no han visto nunca ni la mitad de esa cifra toda de golpe. El Juli torea ochenta, noventa corridas al año. Más la temporada en Sudamérica. Le han hecho las cuentas. Más de veinte mil millones, el año pasado. ¿Los vale? Nadie lo duda. Los vale. Existen las corridas y luego existen las corridas con El Juli. Son cosas distintas. El chiquillo hace soñar, no hay más que hablar. Y los sueños no tienen precio.

El toro ve poco. Ve, y mal, un pasillo por delante de él. No sabe lo que es el rabillo del ojo. Esto significa que si quieres hacer que un toro te vea existe un único lugar, para ti: exactamente delante, entre los cuernos. No es un buen sitio, ni siquiera estando a veinte metros de distancia. Pero si no vas hasta allí, no empieza nada. Cuando ya ha empezado, luego lo que tienes que hacer es desaparecer. El toro ve mal: ve lo que se mueve. No le importa el rojo, el morado, todo eso son trolas. Ve lo que se mueve. Y lo ataca. Si lo que se mueve es una capa, él cornea la capa. Si lo que se mueve eres tú, él te cornea a ti. El torero perfecto es una estatua casi invisible. Para ser exactos, si los has hecho todo bien, cuando al final te pones delante del toro para darle la estocada final, esa es la primera vez que el toro te ve de cerca. Te ha rozado, tal vez, decenas de veces, pero nunca te ha visto. Ha luchado con un enemigo hecho de aire. O bien: ha bailado con un ángel. Manolete, ángel triste y grandísimo, de vez en cuando se convertía en una estatua con tal perfección que cuando el toro pasaba por su lado no lo seguía con la mirada, sino que inmovilizaba los ojos en la nada por delante de él, el mentón bien alto, el rostro de piedra. He visto esa misma mirada –una mezcla de arrogancia e incurable lejanía– en los ojos de fantásticos bailarines de *rock,* en Los Ángeles. Los he visto en aquellos que bailan entre nosotros en las verbenas del pueblo sin fallar un paso, también en los bailarines de tango argentino, cuyos labios se rozan, pero que logran no mirarse. Hace unos años vi a Wilhelm Kempff interpretar a Bach, era un anciano y final, nunca miraba el teclado, tenía la mirada de Manolete, pero cansada, se deslizaba bajo la tapa del piano y viajaba quién sabe adónde. Y una vez vi a Estiarte, estrella española de waterpolo, lanzando un penalti con los ojos mirando por completo a otra parte, sin volver la cabeza: ahora sé quién soñaba ser. A Manolete se lo llevó un toro miura cuyo nombre era Islero, el 18 de agosto de 1947. Puede que me equivoque, pero el penalti de Estiarte dio en el poste.

La primera vez que fui a ver torear al Juli acabé en un lugar que se llama Brihuega, a unos cien kilómetros de Madrid. Llovía intensamente y por eso no se hizo nada. La cosa me pareció casi mágica. Hay que saber que Brihuega no es un lugar cualquiera: allí, durante la Guerra Civil española, los soldados italianos enviados por Mussolini para ayudar a Franco, sufrieron una paliza histórica. En los libros la llaman la Batalla de Guadalajara, aunque en realidad todo pasó precisamente en Brihuega. Los italianos lo habían estudiado todo a la perfección. En una guerra que, a menudo, era un bárbaro cuerpo a cuerpo, para la ocasión habían estudiado algo moderno, limpio y científico. Columna motorizada apoyada por artillería y aviación. Con la misma técnica, los alemanes, en breve, devorarían Europa. Los italianos contaban con zamparse rápidamente un buen pedazo de la carretera a Madrid. Sin embargo, pasó una cosa. Comenzó a llover. Ya veis cómo la historia, en ocasiones, pende de un hilo. En esa zona la tierra es arcillosa. Meas encima y ya tienes barro. Las pistas de las que tenían que despegar los aviones eran de tierra batida. No lograron despegar del suelo ni uno. La artillería vio una pared de nubes bajas delante y renunció a disparar. La columna motorizada avanzó, pero había barro por todas partes, y la caminata se convirtió en una tortura. Liquidaron unos cuantos puestos avanzados de los republicanos que no llegaron siquiera a entender qué estaba pasando. Luego se empantanaron definitivamente. Los soldados tenían frío, ya no quedaba nada seco y la carretera era un atasco del tipo ronda de circunvalación un domingo por la tarde. El mando italiano decidió que era mejor reemplazar a los hombres por un nuevo contingente descansado y seco.

Imaginaron que era posible hacerlo: los mojados retrocedían y los secos los sustituían más adelante. Todo sin que los republicanos, por su parte, se dieran cuenta de nada. Lo que vino a continuación fue un atasco bíblico, sobre el que los republicanos se lanzaron sin piedad. Derrota. No digo todo esto para dar una clase de historia, sino porque la lluvia de Brihuega, ese día, me recordó una cosa. Que no lograría yo explicarle a nadie qué es una corrida sin hablarle de la Guerra Civil española (hablarle de qué guerra fueron capaces de hacer), del mismo modo que sin haberle mostrado antes una Semana Santa en Andalucía, un cuadro de Velázquez o los pastos de las ganaderías, donde crecen los toros, o el color que tiene la arena del ruedo de Sevilla. No sabría explicar el porqué, pero es así. Son distintas teselas de un único icono. Desmontas el icono y ya no entiendes nada.

Son las seis y media de la tarde, el hombrecito escribe, el tufo del puro incuba blasfemias en español. El Juli viste un traje de luces de color lila y oro. Lo admito, parece guapísimo. Lo parece desde el primer paso que da, desde el primer gesto que esboza. El muñeco fotografiado delante de su hermosa casa, en tejanos y camiseta, ha desaparecido misteriosamente. Es algo distinto lo que mide ahora el ruedo con pasos lentos y se coloca exactamente en el centro. El toro está cerca de la barrera, quieto, estupefacto. Ha entrado hace poco y apenas ha tenido tiempo para comprender tantas cosas. También el torero, en ese momento, tiene ese problema: debe comprender al toro, comprender cómo corre, debe comprender de qué lado prefiere cornear, debe comprender si está loco, si es cobarde o si es valeroso. Comprender si y por dónde es peligroso. Por eso, los primeros movimientos del torero suelen ser prudentes. Hace pasar al toro por delante de sus ojos para estudiarlo. Nada más. Por regla general. El Juli, por su parte, tiene un concepto diferente de esos preliminares. Lo primero que lo veo hacer, en persona, es poner una rodilla en el suelo

100

y clavarse en una posición que no prevé la fuga por ninguna parte y ninguna oportunidad si el toro cambia de dirección. Luego sacude el capote y lanza un grito al toro. El toro se da la vuelta. Ve. Tiene dos cuernos, mucho miedo y media tonelada de fuerza que lanzarse contra lo que ve. Y lo hace.

10 de mayo de 2000

CORRIDA 2

Han llegado a *La Repubblica* numerosas cartas de protesta por mis dos artículos publicados, estos últimos días, sobre la corrida. Quienes han escrito han sido muchos animalistas, pero también lectores que no suelen implicarse en estas batallas. Todos ellos se confiesan atónitos e indignados al haber encontrado, en el periódico, «páginas dedicadas a la exaltación de la corrida». Todos subrayan que la corrida es una «práctica atroz y bárbara», un «espectáculo insulso y arcaico». Los tonos van desde el sinceramente afligido al abiertamente agresivo, con despliegue de insultos y llamadas al boicot. Unánimemente parecen compartir un principio: «Ninguna tradición o diversión puede estar basada en la explotación y en el sufrimiento de otros seres vivos.» A mí me interesan esos pedazos del mundo en los que se entretejen el horror y la maravilla de un modo aparentemente inextricable. Me produce curiosidad la posibilidad de que algo hermoso necesite, para su nacimiento, un terreno nauseabundo: y me atrae reflexionar sobre todo lo espantoso que puede nacer en un terreno que creemos positivo y justo. En fenómenos semejantes, hay algo que se escapa a toda lógica: hay preguntas abiertas e incómodas. Boicotean nuestra propensión general a un higienismo ideológico para la que solo existen cosas limpias y cosas sucias. Nos ayudan a recordar que nosotros somos más complejos que eso y que el mundo que hemos producido no es completamente coherente: en muchas de sus piezas, limpieza y suciedad dependen la una de la otra; se necesitan la una a la otra.

A menudo tengo ocasión de ver de cerca esas piezas y de intentar escribir lo que he visto. Creo que es una de las cosas que dan sentido a mi trabajo. Hace un tiempo, fui a Viena a ver qué efecto producía escuchar a la Filarmónica de Viena en el corazón de un país en buena parte xenófobo y racista. Algo sublime que acaece hombro con hombro con algo que detesto. Habría sido bastante sencillo trazar una hermosa línea y poner de este lado la Austria limpia (la de los conciertos) y del otro la sucia (la de Haider).[1] Nuestro instinto higienista habría estado literalmente encantado con algo semejante. Pero la verdad es que fui allí precisamente porque no creo que sea posible trazar esa línea: porque sé hasta qué punto el aparato ideológico en el que se apoya la música clásica para producir lo sublime es un aparato en buena parte cuestionable, obsoleto y deteriorado, incluso pariente del que ha engendrado a Haider. Lo sé y no quiero olvidarlo, porque es una de las cosas que hacen que la belleza producida por ese mundo sea una belleza sufrida, inteligente y verdadera. La Filarmónica, en ese momento, en esa ciudad, no era algo que tranquilizara: era una pregunta abierta e incómoda. Fui y escribí al respecto.

Con una disposición de ánimo bastante parecida fui a ver la corrida. Hay algo, en ese espectáculo, que evidentemente no cuadra. Y que se trataba de un tema incómodo lo sabía yo y lo sabía el director de este periódico. Pero precisamente por eso nos pareció que valía la pena ir a darle alguna vuelta al tema, al abrigo de la urgencia de la crónica y con el aliento

1. Jörg Haider, presidente del FPO (Partido de la Libertad de Austria) y el BZO (Unión por el Futuro de Austria), ambos de ideología ultraconservadora y nacionalista, considerados de derecha o extrema derecha. *(N. del T.)*

necesario para hacer una reflexión que fuera más allá del eslogan o del tópico. Me ha desconcertado leer, en los mensajes de los lectores, la unánime convicción de que salieron publicados dos artículos «de exaltación de la corrida». Puedo afirmarlo con serenidad: no son dos artículos de exaltación de la corrida. Son el relato de un tipo que va allí, mira, ve el horror y ve también la belleza. Son el relato de alguien que se esfuerza por no esconderse ni de una cosa ni de otra. Porque es en la cohabitación del horror y de la belleza donde ese fenómeno se convierte en una clave que hay que descifrar, en una pregunta abierta y en un indicador de una determinada civilización. Si en esos artículos se habla muchísimo de la valentía de los toreros y menos del sufrimiento de los toros, es porque el horror de la corrida puedes encerrarlo para siempre en una única frase, hasta ese punto es evidente y diáfano: mientras que su belleza es algo menos al alcance de la mano, menos agradable de aprehender, más difícil de aceptar. Pero existe. Por más náuseas que nos pueda provocar, existe. Y negarlo puede ayudar a la causa de la defensa de los animales, pero no a nuestra ambición de entender el mundo que diariamente producimos.

Si puede interesar lo que pienso, pienso lo que escribí: la corrida «es un horror grotesco que algunos toreros transforman en un espectáculo sublime». No creo que baste con eso para querer defenderlo. Sigue pareciéndome absurdo, pongamos, que la Unión Europea encuentre tiempo para perseguir los quesos fundidos o los hornos de leña de las pizzerías y todavía no se haya planteado la cuestión de las corridas. Y, francamente, creo que las corridas tienen las horas contadas: no creo que mi hijo vea ninguna, porque ya no existirán. Pero, ahora, aún existen. Puedes no hacer nada, pero si decides ir y escribir sobre ello, lo que debes hacer es intentar entender, no tratar de amortiguar el shock. No sirve de nada, no has ido allí para eso. Tenía la esperanza de que mis lectores aceptaran emprender conmigo ese pequeño viaje al corazón de algo desagradable y enigmático. Constato que al menos una parte de ellos no sentía realmente ninguna necesidad de viajar hasta allí y no comparte en absoluto mi necesidad. Respeto su postura. Me gustaría que intentaran entender la mía.

14 de mayo de 2000

LOS TOROS DE PAMPLONA

Soy consciente de que existen cosas más urgentes que comprender, pero hacía años que me preguntaba si las Fiestas de San Fermín eran una majadería monumental o una fantástica experiencia que no podía uno perderse. Y, siendo de ese modo, lo único que queda es ir a verlo de cerca. Así, el 6 de julio me presenté, puntual, en Pamplona, para la que se considera la fiesta más hermosa del mundo después del Carnaval de Río de Janeiro y antes del Oktober Fest. No es que tuviera las ideas muy claras, sabía tan solo lo que todo el mundo sabe: de alguna manera, tenía algo que ver con Hemingway y la gente corre delante de los toros. Ahora que he vuelto a casa curiosamente ileso, sé muchas más cosas y soy capaz de exponer algunas, más bien alcohólicas, certezas.

La primera es que san Fermín no es el santo patrón de Pamplona. (Es esa clase de primicia que durante las cenas te puede otorgar una treintena de segundos de atención. También precisar que Frankenstein no es el nombre del monstruo, sino del científico que lo construye, puede funcionar. Como recordar que la Gran Muralla no se ve de ninguna manera desde la Luna.) El santo patrón es otro (san Saturnino), pero, como desgraciadamente su fiesta cae en un mes deplorable (noviembre), en aquellos lares pensaron en elegir mejor un mártir al que celebrar en un mes más inteligente: si tienes que inventarte una de las fiestas más bellas del mundo, los detalles también son importantes. Por tanto, al final, San Fermín, del 6 al 14 de julio. ¡Viva San Fermín!, ¡*Gora* San Fermín! (País Vasco: por allí, si uno no dice todo en dos lenguas se molestan).

La segunda certeza es que cuando llegas a las fiestas sin saber qué son, estás destinado a representar, durante algunas horas, el papel de deficiente mental. Son momentos en los que todavía te importan cosas de las que muy pronto percibirás, con claridad, la insensatez (¿hay buenos museos que visitar?, ¿dónde se puede comer bien?, ¿qué hora es?). El hecho es que no es nada sencillo hacerse a aquel ambiente. Por ejemplo, existe el problema de vestuario. De que no se trataba de una fiesta de etiqueta posiblemente ya eras consciente, al hacer la maleta, y creíste que un par de vaqueros y una camiseta serían un conjunto apropiado. Incorrecto. Allí el uniforme es uno y solo uno. Todos de blanco, con una faja roja atada a la cintura y un pañuelo rojo al cuello que no te quitarás hasta el último instante de las fiestas, ni siquiera cuando duermas, ni siquiera cuando te duches (algo que, por otro lado, no harás por no ser capaz de encontrar la ducha en el baño, pero eso al principio no lo sabes). Así, cuando por tercera vez alguien te pregunta, burlón, «¿Tanto te gusta tu ropa?», te rindes, te encaminas al primer puesto que encuentras y te compras el uniforme. Después de una buena cerveza encuentras el coraje para ponértelo y mirarte en el espejo. Cabe decir que es baratísimo y un par de horas más tarde comprendes por qué: como vas manchado de sangría de los pies a la cabeza, vuelves al puesto y compras tres de todo. Evitando escrupulosamente enviar selfis a casa, sales por fin como toca, para buscar a alguien que lleve tejanos al que poder mirar como en un hospital mirarían a un enfermero vestido de esquiador.

Qué es, realmente, esta fiesta lo entiendes después, muy rápidamente, cuando asistes al chupinazo: las doce del 6 de julio, inicio solemne. En sí misma sería una pequeña e insignificante ceremonia: sale una persona al balcón del ayuntamiento, hace estallar un petardo, grita algún Viva San Fermín y eso es todo. Lo que ocurre es que allí, para ver esa pequeña ceremonia (aunque ver no es la palabra justa, sería necesario decir que la engullen, la trituran, la enfocan) acuden cuarenta mil personas, todas de blanco y rojo, apiñándose de modo inverosímil en la plaza y en las calles que conducen a la plaza. Uno diría que proceden de siglos de infelicidad o de esclavitud o de aburrimiento: se desbordan como una lava humana blanca y roja, escupidos por una erupción sobre la que no sabías nada. Comienzan a gritar cuando todavía falta media hora para el petardo: si alguna vez he percibido lo que es la locura del último instante antes de que estalle la felicidad, la he sentido en ese lugar. Rugen, dan miedo. Mientras rugen, se multiplican, sigilosamente, hasta que ya no queda más espacio, vía de escape ni aire. Estás en un rugido y no puedes hacer nada: en comparación, permanecer encerrado en un ascensor de dos plazas con una puerta metálica sin cristal, es una broma de niños. El rugido se ahoga cuando las agujas del reloj llegan al mediodía. Cuarenta mil personas contienen la respiración, se quitan el pañuelo rojo y lo levantan hacia el cielo, en una especie de pañolada de estadio de fútbol: le cantan himnos a un santo, pero ese santo no es la Juve. Obviamente ese es el momento en que te percatas de que te has metido en una locura. Miras asombrado a la familia en la que has quedado incrustado (niños de tres años a hombros, recién nacidos en brazos y la abuela, una anciana de ciento tres años, que evidentemente no tiene fémur por romperse), intentas distraer la mente dándote la vuelta hacia un montón de jovencitas de una belleza ilegal, intentas alejarte de los muchachotes americanos que han atravesado el océano para huir de sus universidades y ahora se mueren de ganas de convertirse, alegremente, en animales. Si levantas la mirada, solo ves balcones rebosantes de gente, como si la lava roja y blanca hubiera entrado en las casas, se hubiera extendido por las escaleras y luego hubiera salido afuera, bien densa y candente, por cada ventana que encontraba. ¿Dónde demonios me he metido?, piensas. Entonces oyes el ruido seco, puntual, del petardo. No se imaginen un estruendo bestial. Solo un bum, casi discreto. Y, luego, el infierno.

Es decir, si los escuchas a ellos, una especie de paraíso. En un grito colectivo de liberación, la gran argamasa blanca y roja empieza a dar bandazos, los recién nacidos se revuelcan en la cresta de la ola, la anciana sin fémur apunta hacia su boca el chorro de una bota llena de sangría (dándote a ti de lleno), los muchachotes americanos empiezan a bailar como rinocerontes, las jovencitas ilegales desaparecen en la nada porque eran un sueño. Tú tienes el último pensamiento vagamente lógico: ¿voy a poder regresar al hotel? El resto es algo que dura varios días, de los que teóricamente has de guardar escasa memoria, ya que la regla es pasarse las fiestas completamente borracho, a todas horas. No lo digo por decir: todo el mundo está realmente borracho, a todas horas. En un determinado momento, en una esquina, vi a un mendigo, uno de esos que en la vida normal consumen su destino en la penumbra de los puentes y en una burbuja constante con olor a alcohol y a suciedad. No iba vestido de blanco y rojo: seguía siendo un mendigo, es decir, libre y diferente, a su manera. Pero miraba a su alrededor; con una sonrisa fantástica constataba la curiosa circunstancia por la que ahora, allí, por alguna razón, todos se tambaleaban como él, apestaban, se reían, saltaban como él, dormían en el suelo como él, carecían de pasado como él y, aparentemente, de futuro: ya ves tú, al final lo han entendido, se habrá dicho.

Pero como yo estaba allí para trabajar, no me permití más que alguna cervecita (aparte del alcohol pasivo que se respira caminado por las calles), de manera que soy capaz de contar algunas cositas sobre aquella locura. Por ejemplo, esa historia sobre Hemingway. Será que estoy obsesionado, pero es un bellísimo ejemplo de la importancia del *storytelling*. Hay que decir que España está llena de fiestas semejantes, desde hace siglos, y en muchas se corre delante de los toros, igual que en Pamplona, y a menudo están en sitios más agradables, accesibles o adaptados. Pero entonces, ¿por qué precisamente Pamplona?, te preguntas. ¿Por qué aquí se ha convertido en una leyenda y otros pueblos celebran su fiestecita y amén? Cuando lo preguntas, la respuesta siempre es la misma: Hemingway. El escritor americano vivió por primera vez esta fiesta en 1923: tenía veinticuatro años, la Fiesta tenía algo así como cuatro siglos. Le gustaban los toros, le gustaban los españoles, le gustaba el alcohol: sí, se encontró bien. Escribió algo para su periódico, el *Toronto Star,* pero lo más importante es que volvió al año siguiente y, cuando tuvo que escribir su primera novela, situó una buena parte en Pamplona, durante sus fiestas. Se titulaba *The sun also rises (Fiesta,* en su traducción italiana y en la española) y hablaba de americanos que huían de sí mismos y de Nortemérica. Lo hojeas y encuentras diálogos de este tipo:

«No puedo soportar la idea de que mi vida se vaya con tanta rapidez y yo no la viva realmente.»

«Nadie vive su vida hasta apurarla, excepto los toreros.»[1]

Parece increíble, pero uno puede llegar lejos, a fuerza de frases como estas. Sea como sea, de aquel libro nació la leyenda de una fiesta donde todo el mundo llega a ser terriblemente verdadero e imprudente y definitivo. Sobre todo, si eran americanos. Un cebo irresistible. Con el paso del tiempo, llegar hasta Pamplona y correr delante de los toros se ha convertido, para muchos yanquis, en una especie de rito de iniciación: siendo los dueños del mundo, tras su estela también han llegado los demás. Resultado: en esos siete días, una pequeña ciudad de ciento cincuenta mil habitantes se llena hasta apre-

1. Ernest Hemingway, *Fiesta,* trad. esp. de M. Solá, Barcelona, Seix Barral, 1985. *(N. del T.)*

tujar a un millón y medio. Y traducido en litros de sangría, debe de resultar una cifra desorbitada. Moraleja: si un premio Nobel no se hubiera puesto a explicarla, la fiesta habría seguido siendo como tantas y esas gentes todavía estarían allí emborrachándose sin visitantes, a mi parecer. Milagros del *storytelling*.

Naturalmente, en Fiesta hay muchas páginas dedicadas al encierro: es el tema sobre el que todos te preguntan cuando regresas. Corren delante de los toros, eso ya se sabe. Es algo que viene de lejos: mantenían a los toros en los campos de alrededor de la ciudad y la mañana de la corrida debían llevarlos a la plaza de toros. No había camiones, así que los empujaban por las callejuelas de la ciudad: para hacer que fueran adonde querían, corrían detrás de ellos, gritando y montando follón. Luego a algún tarado se le pasó por la cabeza que ir a correr *delante* de ellos no estaría nada mal. Dicho y hecho: queda inventado el encierro. Naturalmente, si quieres inventar la mejor fiesta del mundo, debes cuidar todos los detalles, de manera que ahora el encierro es una especie de ritual completamente demencial, pero muy ordenado. Se comienza a las ocho en punto y al cabo de dos, tres minutos, todo ha terminado. El recorrido es de 848,6 metros y cruza la pequeña ciudad según un esquema fijo, que todos saben de memoria, curva tras curva, ni que fuera el circuito de Montecarlo. Todo son callejuelas, eso hay que decirlo, nada de avenidas ni de plazas. Un tubo. El juego consiste en meterse en un determinado punto del tubo y, cuando llegan los toros (seis, los que lucharán y morirán en la corrida de la tarde), comenzar a correr y a esperar lo mejor. Lo de esperar lo mejor deriva del hecho de que los toros corren a una media de veinticinco kilómetros por hora y lo hacen durante ochocientos metros: tú, no. Así que en cierto punto aflojas y el problema es dónde detenerte. Tendría que haber vías de escape laterales, pero a los pamplonicas el asunto les debe de haber parecido una desafortunada inexactitud que no merece la pena corregir, de manera que las cierran con vallas. (Conozco a diligentes funcionarios de comisiones italianas de seguridad a los que me muero de ganas de pagarles el viaje a estas fiestas.) Hay que añadir, para que la información sea más completa, que los toros pesan quinientos kilos y tú, incluyendo la barriga, no llegas a los cien. Además, disponen de una cornamenta espectacular, mientras que tú solo exhibes nalgas y espalda. En fin, ellos corren en un grupo de seis (más algún cabestro que los acompaña) y, en cambio, tú corres con otros dos mil (¡dos mil!) zoquetes como tú, muchos de los cuales tropezarán, harán tonterías, no entenderán ni un carajo. Por favor, existen cosas más complicadas, en la vida (incluso entender los informes tributarios de Equitalia,[1] pongamos por caso), pero, por supuesto, si tenías en mente pasar una mañana tranquila no te conviene que te sorprendan en el tubo entre las ocho y las ocho cero dos. En tal caso, corre.

(En semejante locura, hay que recordarlo, muere gente. No con muchísima frecuencia, pero muere gente. Y eso mismo nos conduce a lo que, en el fondo, es el meollo del asunto. No es casualidad que esta fiesta, en cuanto fiesta religiosa, orbite de una forma obsesiva alrededor de los toros, un encierro y una corrida al día: todo lo demás es casi una guarnición. Como Hemingway comprendió, donde hay toro, hay muerte. La propia fascinación de la corrida, sea lo que sea que uno piense al respecto, deriva del hecho de que la muerte esté en el centro de la liturgia: la muerte del animal, pero también la del hombre, una muerte que constantemente se roza y a menudo se busca. También hay gente que muere en la montaña o en un circuito y, probablemente, si miramos las estadísticas, mueren más motociclistas que toreros, pero en el deporte se lucha contra la muerte, se evita y siempre se considera una desgracia.

1. Sociedad pública encargada del cobro de impuestos en territorio italiano, a excepción de Sicilia. *(N. del T.)*

En cambio, la corrida es algo que forma parte del rito: bastan dos centímetros de más entre hombre y toro y todo desaparece, la gente lo sabe, silba. Si no hay muerte, aquello ya no tiene sentido. Lo digo porque de lo contrario es imposible entender la furia con la que en aquellos lares viven el espíritu de la fiesta: has de tener la muerte al alcance de la mano, para ser capaz de celebrar la vida con esa furibunda avidez).

Al final los toros llegan, y es como ver a tiburones metiéndose en un banco de anchoas. Es todo muy líquido, extrañamente silencioso y mágicamente fluido. La suma de las locuras produce un espectáculo casi lógico, como un pedregal en la montaña o una bandada en el aire. Bellísimo de ver, si tu estás tan tranquilo en un balcón. Allí abajo, en el tubo, no sé. Se me ocurren al menos veinticinco maneras más elegantes de morir.

18 de julio de 2014

SE LLAMABA VIVIAN MAIER

Se llamaba Vivian Maier y, si el nombre no os dice nada, la cosa es bastante normal. En la vida trabajaba de niñera, el mismo trabajo de su madre y de su abuela: lo hacía para familias de clase alta de Chicago, y lo hacía bien, con limitado entusiasmo, por lo que parece, pero con inflexible diligencia. Y trabajó de niñera durante décadas, desde los primeros años cincuenta: sus niños de entonces ahora son adultos que, bastante incrédulos, ven cómo se les acercan periodistas o investigadores que quieren saberlo todo sobre ella. Un poco descolocados, señalan que no hay que pensar en Mary Poppins: era una persona obsesivamente reservada, un poco misteriosa, bastante sigilosa. Cumplía con su deber y, en vacaciones, desaparecía. No hay rastro de su vida sentimental, no parece que tuviera amigos, era solitaria e independiente. No escribía diarios y, que yo sepa, no ha dejado ni una sola frase digna de recuerdo. Le gustaba viajar, sola naturalmente: una vez dio la vuelta al mundo, así, porque le apetecía hacerlo. También resulta difícil entender con qué dinero. Una cosa que todo el mundo recuerda de ella era que acumulaba objetos, papeles, periódicos, y su habitación era una especie de granero de la memoria, imaginado a saber para qué inviernos del olvido. Coleccionaba mundo, se diría. Otra cosa que todos ellos admiten es que sí, en efecto, siempre iba por ahí con una cámara fotográfica, le gustaba tomar fotos, era casi una obsesión: pero, por supuesto, de ahí a imaginar lo que iba a pasar...

Lo que pasó es esto: al llegar a cierta edad, la tata Maier se jubiló, se varó en un suburbio de Chicago y fue tirando con el poco dinero que había ahorrado. Como había acumulado tantas cosas, ya lo hemos comentado, alquiló un almacén, uno de esos sitios en los que se meten los muebles que ya no caben en ninguna parte o la moto con la que ya no sabes qué hacer: metió un buen montón de cosas y luego se le acabó el dinero, no pudo seguir pagando el alquiler y la cosa acabó como tenía que acabar. Esa gente de los almacenes, si no pagas, al cabo de un tiempo, lo saca todo a subasta. Ni siquiera miran lo que hay en el interior: abren la puerta, los compradores llegan, echan un vistazo desde fuera y, si algo los motiva, se lo llevan todo por un puñado de dólares; supongo que es una forma sofisticada de juego de azar. El hombre que se llevó el almacén de la tata Maier se llamaba John Maloof. Era 2007. Más que nada, se llevó cajas grandes, pero cuando comenzó a mirar su contenido descubrió algo que luego cambió su vida e, imagino, engordó su cuenta bancaria: un mesurado número de fotos positivadas en pequeño formato, un montón de negativos y una montaña de rollos sin revelar. Sumándolo todo se llegaba a más de cien mil fotografías: la tata Maier, en toda su vida, había visto quizá el diez por ciento (parece que no tenía el dinero para revelarlas o tal vez tampoco le importara mucho) y no publicó ni una. Pero Maloof, en cambio, se puso a mirarlas atentamente, a revelarlas, a imprimirlas: y un día se dijo que o estaba loco o aquella era una de las más grandes fotógrafas del siglo XX. Optó por la segunda hipótesis. Si hemos de creerle, también empezó a buscar a esa misteriosa Vivian Maier, sobre la que no sabía nada: la encontró, un día de 2009, en las necrológicas de un periódico de Chicago. Tata Maier se había marchado en silencio, probablemente en soledad y sin asombro, a los ochenta y tres años, sin saber que era, de hecho, como ya está claro, una de las fotógrafas más grandes del siglo XX.

La primera vez que me topé con esta historia, por supuesto, creí que era demasiado bonita para ser verdad. Sin embargo, las fotos eran realmente extraordinarias, casi todas en blanco y negro: extraordinarias. Así que busqué un poco en la red, para descubrir que en efecto el mito de Maier ya había crecido bastante, sin mi conocimiento ni el de la mayoría: exposiciones, libros, incluso dos películas, una producida por la BBC. En resumen, si se trataba de una falsificación, estaba hecha condenadamente bien. Así que la curiosidad seguía rondándome por dentro hasta que descubrí que en Tours, una pequeña y encantadora ciudad francesa de provincias, que tampoco me quedaba demasiado lejos, había una exposición dedicada a la tata Maier. No sé, pensé que quería ir a ver de cerca, tocar con la mano, descubrir algo. En fin, que al final fui allí. Después de todo, Tours es también el lugar en el que nació Balzac, cuando se puede, nunca hay que negarse a una peregrinación literaria. (Balzac, lo digo entre paréntesis, es una lectura muy particular. Lo que he visto es que para apreciarlo realmente es necesario leerlo en algunos momentos muy concretos de la vida: aquellos en los que se vive con un hilo de gas. No sabría definirlo de otra forma, así que tendréis que conformaros con esta descripción. Pero lo cierto es que, si uno es feliz, Balzac es aburrido; si uno está realmente mal, Balzac es inútil. Cuando estáis ahí, suspendidos entre una cosa y la otra, leerlo es un placer. Ah, otra cosa sobre Balzac, si puedo aprovechar el paréntesis: estoy convencido de que, cuando hablamos de literatura, nos referimos a algo que nació en el paso de Balzac a Flaubert y que murió en la última página de la *Recherche:* el resto es un genial y grandioso epílogo, en cierto sentido incluso más interesante. Fin de la digresión.)

Tours, antaño, era una ciudad admirable: para los franceses era la capital de reserva, la que estaba en el banquillo y entraba en el campo cuando París se retiraba. Ahora apenas queda nada de aquello, y esto porque unos alegres muchachotes americanos, en sus bombarderos, la arrasaron intentando hundir el puente sobre el Loira y, presumiblemente, haciéndolo con generosidad de medios o deficiencia de puntería, no lo sé. Al final apenas quedó nada. En ese apenas nada, una deslumbrante catedral, una de esas que ofrecen el privilegio de pronunciar la elegantísima frase: Entré en la catedral para admirar las vidrieras (azules y rojos magníficos, una emoción, si puedo dar mi opinión). Y luego un castillo, al menos una parte del castillo, justo a la orilla del río: y precisamente allí tenían a la tata Maier. Entrada gratis, he de señalar. Franceses.

En resumen, subí a la primera planta y ella estaba allí. Fotos que, cuando le iba bien, ella había visto en un formato que cabía en la cartera, brillaban bien grandes en las paredes blancas: formato cuadrado, revelado impecable. Como ya he dicho, se trata de fotos robadas por la calle: generalmente, gente, pero también simetrías urbanas, patios, paredes, esquinas. Un caballo muerto en la acera, los muelles de un colchón abandonado. En todas las circunstancias, todo es perfecto: la luz, el encuadre, la profundidad. Y, siempre, una especie de equilibrio, de armonía, de exactitud final. Cómo lo hacía, no se sabe. Quiero decir que para conseguir el retrato de un transeúnte y obtener algo de esa intensidad y esa fuerza y esa impecable belleza, era necesario tener un enorme talento. Lo tenía. Tenía doce disparos, en su Rolleiflex, en cada rollo. Como luego tenía esos rollos pudriéndose en un almacén, ahora podemos ver cómo disparaba: nunca dos disparos a un mismo objetivo. Se permitía uno, le era del todo ajena la idea de que con la repetición era posible mejorar. El único sujeto al que dedicó repetidos retratos, inesperadamente, es ella: se fotografiaba reflejada en los escaparates, en los espejos, en las ventanas. La expresión es trágicamente idéntica, incluso con diferencia de años: rasgos duros, masculinos, mirada de soldado triste, una única vez una sonrisa, el resto es un pliegue en el lugar de la boca. Impenetrable, también para sí misma. Le gustaban las caras, los ancianos, la gente que dormía, las mujeres elegantes, las escaleras, los niños, las sombras, los reflejos, los zapatos, las simetrías, la gente de espaldas, la ruina y los instantes. Se ve de lejos que adoraba el mundo, a su manera, adoraba el carácter irrepetible de cada fragmento. Probablemente, le apetecía producir lo que toda fotografía ambiciona producir: eternidad. Pero no la frágil de las fotos de los mediocres: ella obtenía la absoluta, la eternidad de los clásicos.

No sé, a lo mejor me equivoco. Pero debo señalar que, en tal caso, empezamos a ser muchos los que nos equivocamos. Así que yo daría por bueno el hecho de que, en efecto, hay un gran fotógrafo más en el siglo XX. Naturalmente, me encanta la idea de que no haya dicho ni una sola frase sobre su trabajo, ni haya ganado un dólar con sus fotos, ni haya buscado nunca alguna forma de reconocimiento. Pero la historia aún no ha terminado y, quizá, con el tiempo, aparezca algo que turbe tanta pureza irreal. Pero las fotos permanecerán, sobre esto es difícil tener dudas. Además, desafío a quien sea a mirarlas sin percibir, en un momento de lucidez, la desmesurada cobardía de la fotografía digital: debo a tata Maier mi definitivo desprecio hacia el Photoshop.

También se lo debo al hecho de que al salir, como soplaba un viento helado y llovía horizontalmente, a rachas, me refugié en la catedral de antes, lo justo para no empaparme y, mientras esperaba a que escampara, levanté la vista hacia las vidrieras y, en las vidrieras, apagadas por el cielo negro del temporal, las historias de los santos tenían esa belleza muerta que tantas veces veo en los seres humanos, siempre intentando encontrarle un nombre, sin encontrarlo.

9 de marzo de 2014

MAESTRO VATTIMO

Querido Vattimo, demasiado tarde he descubierto que hoy subirás a la cátedra para dar tu última clase en la universidad. Demasiado tarde para desmontarlo todo y poder ir hasta allí, como me habría gustado hacer. Lástima. Después de todo, uno no se cruza con muchos maestros verdaderos, en una vida, y tú para mí lo has sido, un maestro verdadero, y de un modo que nunca he olvidado. En mi opinión, si tienes veinte años y te gusta el espectáculo de la inteligencia, acabar en un aula para escuchar a un auténtico filósofo es lo máximo. A mí me sucedió durante cuatro años, en tus clases, y allí contraje la convicción de que la filosofía sigue siendo el ejercicio más elevado, si lo que buscas es el orden de las ideas, el rigor de las percepciones, el virtuosismo de la inteligencia: es un deporte extremo, de elevadísimas cumbres, y quien ha pasado por ahí sabe que no existe nada comparable a la vista que hay desde allí arriba. Todo lo demás es llanura. Colinas, de tanto en tanto.

Me has enseñado muchas cosas, pero ahora se me viene a la cabeza la claridad. Tú explicabas, y nosotros entendíamos, no había vuelta de hoja. Creo que hasta entendí a Schelling, explicado por ti (no quisiera exagerar, pero alguna cosita lograbas hacer entender hasta de Fichte). Eras elegante en la exposición de argumentos y claro en el nombrar las cosas.

Cuando el juego se ponía duro, no temías tirar de *exempla,* y no le hacías ascos a ir a sacarlos de cualquier parte. Creo que entendí la ética kantiana cuando muy seriamente nos señalaste que, a las tres de la madrugada, en una ciudad desierta, delante de un semáforo en rojo, solo te paras si eres tonto: o si eres Kant. Nosotros escuchábamos y, mientras tanto, sin percatarnos, entendíamos que la claridad, en la filosofía, no era la razón, sino el punto de partida, la condición previa sin la que el pensamiento no se ponía en marcha. Era como colocar las piezas sobre el tablero de ajedrez. La partida de verdad era el lío que venía a continuación.

Nos reíamos mucho, en tus clases, y eso también era una enseñanza. Bueno, quizá no mucho, pero considerando que el tema era el vivir para la muerte de Heidegger o ese tipo tan divertido que era Adorno, tú insertabas un humor que no estábamos seguros de que estuviera planeado. Parecías creer que cada repunte de la inteligencia tenía que ir acompañado por el antídoto de la ironía: es algo que nunca me he quitado de encima. Incluso ahora soy incapaz de dar una clase sin meter alguna ocurrencia y no puedo escribir un libro que no haga, también, reír. Si era solo un capricho, un legado de tu vanidad de *showman,* me importa un pimiento: a mí me parecía un modo de estar en el mundo o, al menos, en el mundo del pensamiento; ese parecía ser un modo apropiado.

Por aquellos años, trabajabas en la fundación del pensamiento débil (oxímoron, lo sé, lo sé). Tú creías en ello, por tanto, nosotros también creíamos en ello. Luego, en todo el tiempo que ha pasado después, en numerosas ocasiones he tenido la oportunidad de escuchar o leer a gente que recordaba esa empresa teórica con suficiencia o con ironía, incluso con inmotivado rencor. Tenían el tono de esos a quienes les han machado la alfombra de champán. Yo no sé, ya no tengo los instrumentos para juzgar: pero querría decirte que para muchos de nosotros el pensamiento débil y la práctica del hermenéutica han sido una escuela en la que hemos aprendido a pensar con vehemencia flexible y nos hemos acostumbrado a la idea de que leer el mundo era un modo, quizá el único, de escribirlo. Esto nos ha vuelto diferentes, de alguna manera, y, creo, enormemente más adecuados para recibir las mutaciones que el planeta nos tenía reservadas.

Yo creo que ahora te marcharás por ahí a dar clases por los cuatro rincones del mundo, a explicar a Schelling a sudamericanos o japoneses que, como nosotros, de Schelling nunca han entendido un carajo. Qué afortunados ellos, qué afortunado tú. Recuerdo que tenías un gesto muy tuyo, cuando empezabas la clase: mientras hablabas, te metías una mano en el bolsillo de la chaqueta y removías un poco su interior, mientras despegaba la explicación. Entonces había un momento en el que sacabas la mano del bolsillo y siempre aparecía una ficha telefónica, unas monedas, cosas así: las depositabas sobre la mesa, ordenadas. Tal vez era tu modo de explicar incluso al más deficiente de nosotros lo que realmente hacías en ese momento. Estabas poniendo en orden por nosotros la pequeña paga intelectual que más tarde nos gastaríamos durante una vida. Hoy es el día apropiado para decirte que con esas monedas me compré un montón de cosas y que eran valiosas y ligeras. Incluso la ficha telefónica lo era: valiosa, ligera. Así que *Stay Hard, Stay Hungry, Stay Alive,* como dice el Boss (que sería Springsteen: nunca me quedó claro hasta dónde llegaba tu cultura musical). Y toda la suerte del mundo para ti, maestro.

14 de octubre de 2008

Entr'acte 1

Los cinco mejores lugares del mundo donde pensar y tener ideas inteligentes sobre uno mismo y sobre los demás.

MUMBAI

La India es un montón de cosas y una de ellas es Mumbai, que en mis libros de cuando era pequeño se llamaba Bombay y era un asunto de marajás y de veleros holandeses. Nunca me habría imaginado este mar marrón, Fiat 1100 con los interiores tapizados con flores y familias que por la noche duermen acostadas en las aceras, con un sueño tan seráfico, y tan delgadas en su derrota física, que parecen haber sido litografiadas allí mismo por un excelente artista. Yo, en lugar de eso, imaginaba elefantes. Pero también, con un instinto inexplicable, que las mujeres caminarían de ese modo, con esa elegancia ilógica, incluidas las más ancianas o las menos bellas, todas ellas dedicadas, sin saberlo, a convertir la India en un aparente refugio gigantesco para *top model retirées*. Y con turbantes, soñaba yo. Pero de eso hace bastante tiempo.

Mumbai es un montón de cosas y una de ellas es esta biblioteca por la que he atravesado una cuarta parte del mundo para volver a verla y para asegurarme de que aún está ahí. Si pensáis en una biblioteca como las nuestras andáis desencaminados y me costará muchísimo quitaros esa idea. Acabaremos antes si os imagináis el palacio de algún imperialista inglés, consagrado a sus propiedades, sustentado por su riqueza y enamorado de los libros. Hasta el punto de hacerse construir una enorme sala de lectura, recubrirla con volúmenes, dotarla de ordenadas mesitas de madera trabajada: añadid unas espléndidas puertas ventana que conducen, desde la sala, a una terraza cubierta, que la presencia tranquilizadora de una *chaise longue* de madera y mimbre convierte en sublime. Si habéis logrado llegar hasta aquí, imaginaos ahora todo ello en un estilo neogótico victoriano, sí, soy consciente de la dificultad: es un estilo arquitectónico por el que los ingleses deberían pedir disculpas, pero en fin... Pero, volviendo a lo que íbamos: si habéis conseguido enfocar la biblioteca del hipotético imperialista inglés (metafóricamente, claro está), que sepáis que tan solo habéis hecho la mitad del trabajo. Ahora añadid a esa biblioteca una revolución, la caída del Imperio, la India de Gandhi, una década de socialismo, muchas décadas de humedad y de temperaturas imposibles, el paso de infinitos estudiosos y de gente ociosa; para finalizar, considerad una civilización para la que el término *mantenimiento* tiene un significado claramente sublime, pero distinto del nuestro, y cuya idea del gusto es el resultado de variables a cuya altura no estamos nosotros. Eso es. Bienvenidos a la Sassoon Library, Mahatma Gandhi Road, n.º 152, Mumbai.

Que, además, ni siquiera se trataba de una biblioteca, al principio, es decir, a mediados del siglo XIX, cuando los ingleses la construyeron. Si lo he entendido bien, era una especie de club para los empleados de la fábrica de moneda inglesa, estudiosos de mecánica. El nombre –que yo encuentro espléndidamente dickensiano– procede de un individuo que se llamaba David Sassoon: era un judío de Bagdad que, en la mesa de juego asiática, movió con tal habilidad algodón, opio y petróleo que terminó acumulando una riqueza para la que, me imagino, serían necesarias esas unidades de medida que tanto me deleitan cuando leo las historias del Tío Gilito (fantasti-

126

llardos, incredibillones, me refiero a esas). Ganaban dinero a espuertas y luego alguna cosa restituían: esa biblioteca, por ejemplo, fue construida también con un pedazo de cheque de la familia Sassoon. Ahora en el vestíbulo de la entrada reina la estatua a tamaño natural del gran David, que, vestido con ropas orientales y larga barba de gurú, parece el comendador de *Don Giovanni,* aunque mil veces más tranquilo. Rodeas la estatua, entras en el despacho de dirección (una acogedora sala de espera de de consulta de odontólogo de los años cincuenta), mantienes una agradable charla con el responsable de turno, preguntas si puedes trabajar un par de días en la biblioteca y, sin importar lo que te haya respondido, te despides cordialmente, luego subes la escalinata en forma de tijera, no dejas que te distraiga esa extraña sensación de que te está siguiendo el odontólogo, que en realidad te había contestado que *No,* y entras triunfalmente en la sala de lectura. Estás haciendo algo que no vas a olvidar y lo que hace que te des cuenta de ello inmediatamente es *el ruido.*

De hecho, la Sassoon Library da a una de las calles más anchas y transitadas de Mumbai, una especie de río en avenida que, desde la bicicleta al autocar, desde el motocarro hasta la hormigonera, arrastra consigo de todo, en un gran concierto de tubos de escape, bocinas, frenadas, chirridos siniestros y conmovedores silbatos (hay guardias, al parecer, aunque no resulta clara su función). Teniendo en cuenta que el calor es asfixiante e implacable, en la biblioteca tienen todas las ventanas abiertas y, es más, eso se hace con orgullosa e impávida naturalidad. Por tanto, la Sassoon Library es, que yo sepa, la biblioteca más bulliciosa del mundo. El asunto no parece molestar a los usuarios, muchos de los cuales, contra toda lógica, salen a estudiar a la terraza, donde más o menos uno tiene la sensación de estar encima de un semáforo. Podrían poner aire acondicionado e instalar cristales dobles: me gustaría darle las gracias personalmente a quien no ha encontrado nunca el dinero para ello, sea quien sea. Yo crecí en bibliotecas en las que, cuando abrías el estuche, se oía el ruido de la cremallera. Aquí, si tienes que intercambiar dos palabras con el vecino de al lado, tienes que gritar como en una fiesta. El vecino, por otro lado, suele estar dormitando, tendido tan pancho en una *chaise longue:* no es raro que se haya quitado los zapatos para estar más cómodo. Ante tanta serenidad, te das cuenta de que solo es cuestión de relajarse y, en efecto, en un tiempo razonable, los tubos de escape de allí abajo empiezan a transmutarse en un inmenso batir de alas y las bocinas se convierten en pájaros tropicales que se intercambian mensajes ilegibles, pero sin duda urgentes. Comprendes entonces que estás en una inmensa pajarera, con un *sound* único: repentinamente rodeado por un parque que te ha ahorrado la miseria del silencio, te sorprendes, de repente, a tus anchas. Empiezas a estudiar o a pensar. Sale solo, sin esfuerzo. Estás en tus pensamientos antes incluso de que tengas tiempo de preguntarte si los tienes. Es el efecto de la pajarera. La inteligencia es un artefacto extraño, tiene sus sofisticados sistemas de encendido, pero también un buen puntapié la pone en marcha. La pajarera es el puntapié.

Al rato, indolentemente, miras a tu alrededor, donde todo es tan torcido o inexacto o absurdo que no hay forma de que se te ocurra ni un solo pensamiento recto, ni pagando: lo que, a veces, te acaba llevando lejos. El fluorescente que cuelga y tal vez se caiga, una montaña de sillas en un rincón, todas rotas, cables eléctricos sueltos, un cristal que falta aquí, un enchufe que cuelga allá. Qué maravilla. En el techo giran, con una velocidad neurótica, las aspas del ventilador, y lo hacen en el corazón de una inmovilidad total, esa que tan solo las bibliotecas poseen. Los libros no se mueven, la gente lo hace con pequeños gestos lentos, mínimos. Todo está quieto, excepto esa rotación indefensa, allí arriba. Miraba y acudieron a mi cabeza esas películas sobre los condenados a muerte, frente al pelotón de fusilamiento. Los cuerpos inmóviles (¿y qué otra cosa puede uno hacer, por otra parte, llegado a ese punto?). Qué hará el corazón, me he preguntado siempre. Desde fuera no se puede ver, pero allí adentro, en el pecho, ¿qué estará haciendo el corazón, en ese momento? ¿Cómo hay que imaginárselo? Como un ventilador hindú en la inmovilidad de una biblioteca, ahora lo sé. Me imagino que es lo máximo que puede saberse al respecto, cuando tiene uno tan escasas posibilidades de ser fusilado.

Y, por otra parte, debido a ese latido, en la Sassoon todo tiende cómicamente a salir volando –hojas, apuntes, páginas– y esto no me habría sugerido *per se* nada más que tal vez una sonrisa. Pero estaban allí esos pájaros tropicales y toda la pajarera al completo, en su encantadora decrepitud, de manera que era imposible no tener pensamientos sesgados, hasta el punto que empecé a fijarme en que la gente, allí, con gran paciencia y cuidado, deposita sobre sus hojas, apuntes, fotocopias, para impedir que salgan volando, objetos ordinarios, pero pesados, objetos de la vida cotidiana: el móvil, el reloj de pulsera, el casco, y allí me acordé de que eso *es lo que hacemos, siempre, todos nosotros, cada día.* Quiero decir que se tienen visiones, deseos, locuras, o tal vez solo ilusiones, a lo mejor proyectos, y en resumen todo lo que hacemos mientras los estudiamos o los compilamos o los escribimos en nuestra fantasía, es mantenerlos sujetos con la vida ordinaria –los deberes, las tareas, las responsabilidades, el casco– y todo esto para que el ventilador de la suerte no haga que salgan volando. No hay que creer que uno se llena la vida de cosas por hacer, aburridas incluso, de gran responsabilidad, para sustituir con ellas los sueños: se las utiliza para mantener sujetos los sueños, para que no salgan volando. Si tenéis veinte años no podréis comprenderlo: es una técnica refinadísima de supervivencia que se aprende con la experiencia. No tiene nada que ver con el hecho de hacer los sueños realidad: tiene que ver con tenerlos. Lo que, que se sepa, es lo único que resulta auténtico e importante: hacerlos realidad, al final, es una especie de corolario no siempre del todo elegante.

Estudié un poco, me había llevado conmigo a Conrad y unos sonetos italianos, para una cosa que estoy preparando. En la gran pajarera, Conrad sonaba impreciso y fuerte como siempre; Petrarca, rotundo como no me lo había parecido en mi vida. Resulta curioso ver cómo el primero escribía mal y lo contaba todo; el segundo escribía divinamente y no contaba casi nada. En cualquier caso, el resultado es el mismo: la belleza. La de Conrad se encontraba precisamente en su casa, en medio de ese gran puchero de sudor, ruidos, olores, calores; un hechizo parecía la de Petrarca, tan limpia, despejada y transparente, que hasta habría despertado al tipo de allí, en calcetines, sobre la *chaise longue,* para que la viera. Son tan amables, por estos lares, que ese hombre lo habría valorado, estoy seguro al respecto. Pero, en realidad, lo que hice fue quedarme un buen rato allí y luego volver a meter todo en la mochila y levantarme: me apetecía marcharme al Victoria Terminal para ver partir los trenes, otro espectáculo letal, otra invención inglesa integrada ahora en esa Babel hindú. Lo más bonito es subirse a los trenes y saltar de ellos cuando parten: no cierran nunca las puertas, saltas de los vagones todas las veces que quieras sin llegar nunca a ningún sitio (es algo que encuentro delicioso también en la vida). De manera que coloqué bien la silla (poner orden en el caos, mi pasión, que practico sin especial talento) y lancé un último vistazo a esa sala que seguro que nunca dejaré de amar. Además, por razones que no son comprensibles, la primera gran mesa estaba cubierta por un metro de libros apilados al azar (alrededor, estanterías vacías: racionalidad hindú, bastante menos aburrida que la nuestra). También la segunda gran mesa (hablo de mesas de seis, siete metros) estaba sepultada bajo un metro de legajos varios. En la tercera, cubierta hasta la mitad de libros, solo la otra mitad volvía a ser de nuevo mesa, había dos individuos sentados, justo donde terminaban los libros, estudiando. Por el efecto perverso de la pajarera, que ya debo de haber explicado, me pareció claro que esos dos tipos tenían las horas contadas y que, probablemente por las noches, el avance de los libros acabaría tragándoselos. Es probable que lo sepan, me dije, y, es más, que ese sea su verdadero objetivo. En efecto, si uno se fija bien, hacemos montones así para luego acabar convertidos en libros, nosotros, los que escribimos o estudiamos: debe de ser nuestra forma de aspirar a cierta forma de eternidad o a un instante de auténtica autoridad. O, más probablemente, tal vez sea tan solo una forma muy digna de desaparecer.

Afuera, la pajarera era una parrilla de olores, destinos, pies, manos y contrasentidos, y, sin percatarme, se apoderó de mí y me arrastró. Me llevé a mí mismo, a Conrad y a Petrarca primero a los trenes y después al mercado de alimentos cubierto de Mumbai, uno de esos lugares donde el término *higiene* pierde todo significado y la palabra *belleza* adquiere otros sorprendentes. Eran cosas que Conrad sabía. Petrarca, menos: a duras penas seguía existiendo aún, agazapado en sus endecasílabos, casi transparente, cuando al llegar a casa intenté explicarle que ya estaba a salvo, lejos de esa forja de caos y recluido en mi alegre melancolía.

7 de junio de 2013

TÁNGER

Por lo que yo sé, nacemos en madrigueras, crecemos allí y luego todo lo demás es viaje hacia un confín que solo de tanto en tanto estamos destinados a superar: a menudo llegar hasta allí ya lo es todo. Por eso solo se me da bien pensar donde encuentro un refugio absoluto o donde camino en vilo sobre los bordes. Otros lugares, sitios intermedios, claro que los he visto, y he habitado en ellos, pero precisamente, lo único que puedo es permanecer en ellos, no es allí donde me resulta fácil pensar. Puedo vivir, que es otra cosa, decididamente menos intrigante.

Quedándome en los confines, tengo toda una colección propia y, sobrevolando los del ánimo, que resultan invisibles, me gusta hacer las maletas e ir a poner los pies y los ojos sobre ellos, en cuanto puedo, especialmente donde la geografía o la historia los ha dibujado con mano particularmente feliz, donde le han quedado muy bien. Entre todos ellos hay uno que geografía e historia decidieron dibujar juntas y tal vez por eso a mí siempre me ha parecido uno de los más exactos y elegantes y hermosos. Es un punto delimitado en el que se cruzan de verdad tres confines: el primero separa Europa y África; el segundo, el Mediterráneo y el océano Atlántico. Irresistible es el tercero, que nos llega de un remoto recuerdo; allí se acaba el mundo y empieza lo desconocido. En rigor, se trata de una porción de mar que ni siquiera es muy grande. Nunca he estado allí, físicamente, a remojo en el agua, pero sé cuál es el lugar más hermoso desde donde verlo, sumergido en la tierra. Me parece delicioso que se trate de un bar.

Como algunos antiinflamatorios, Tánger es una ciudad de absorción lenta: cuando uno llega a ella, es hermosa, y punto. Pero si le das tiempo, te va vaciando poco a poco y, entonces, te liberas y te encuentras en alguna lejana región de ti mismo de la que no sueles recibir despachos: una provincia lejana. El punto de no retorno, en mi opinión, es cuando te das cuenta de que sales de casa por la mañana, y no tienes nada que hacer, quiero decir, te parece absolutamente sensato empezar una jornada sin ninguna tarea concreta, sin ningún resultado que obtener, nada. En ese momento, te conviertes en un tipo de ser viviente cuyos únicos propósitos son saciar la sed, calmar el hambre y cambiar de ubicación de vez en cuando, sin motivo aparente, como desplazarse desde el bar del Continental al Café Tingis; del mismo modo que, como se habrá advertido, los pájaros cambian de rama y los perros, más allá, pasan de un lado al otro de la plaza, para tumbarse. Llegados a este punto, es mejor darse prisa para sacarse un billete de regreso. Pero también, hay que decirlo, ya estáis preparados para acercaros hasta el lugar donde estoy aquí para explicaros: se llama Café Hafa.

Hafa quiere decir borde del precipicio y, creo, por extensión, miedo. Y, en efecto, el Café Hafa está justo al borde del precipicio, es decir, donde el acantilado cae en picado y se lanza al mar, no lejos de la Medina, en la zona del estadio viejo. Más que un café como podéis imaginároslo, es una sucesión de terrazas que van bajando, con siete, ocho escalones, parecidas a los olivares de Liguria. Lo único es que en vez de olivos hay mesitas y sillas y, lo más importante, delante no está

133

el charco del mar de Liguria sino un brazo de mar que es una categoría del espíritu, un lugar totémico, una frontera de la mente: las Columnas de Hércules. Allí termina el Mediterráneo y empieza el océano y, allí, durante milenios, los seres humanos fijaron la frontera donde terminaba el mundo y empezaba lo desconocido. Por esa puerta salió Ulises y nadie volvió a verlo nunca más, dice la leyenda dantesca: en su destino hemos enseñado, durante siglos, que el hombre ha nacido para buscar y, por tanto, para perderse.

Sentados a las mesitas del Hafa, todo el asunto adquiere, hay que decirlo, una imprevisible dulzura. Por una suma que no llega al euro, te ofrecen un té con menta que ha sido tomado al asalto por enjambres de avispas y claramente demasiado azucarado: el hecho de que te parezca el mejor té con menta de tu vida me confirma la idea, que me hace impopular entre los del Slow Food, de que el placer de la comida (bebidas incluidas) depende casi por completo del estado de ánimo con que la afrontas, de dónde estás, de quién está contigo, de qué luz hay, de los ruidos de alrededor. (No es así con los libros, por ejemplo, y esto tal vez quiera decir algo, y sé de qué se trata, pero este no es el momento de hablar de ello, pues, si no, empiezo a divagar...) (Añado únicamente que tarde o temprano tendrán que darse cuenta, por ejemplo, de lo inútil que resulta hacer la mejor fritura del mundo si luego tengo que comérmela con el *Bolero* de Ravel en mis oídos.) (Pido disculpas, soy incapaz de contenerme.) Como iba diciendo. Estás a horcajadas en la frontera simbólica más fuerte de nuestra civilización y tomas sorbos de tu té con menta intentando no tragarte las avispas. Hay que decir que el Hafa está ahí desde 1921 y, milagrosamente, a nadie se le ha pasado por la cabeza vendérselo a un ricachón ni montar ahí un local *cool:* por tanto, es necesario imaginárselo más bien decrépito, sillas de plástico, servicio descuidado, precios populares e higiene bajo mínimos. En el Estrecho, allí donde empezaba lo desconocido –y empezará para siempre, en nuestra fantasía–, el mar fluye lento y burlón: indeciso entre si ser mar u océano, acaba pareciendo un río obeso; bajo una luz cegadora, lo bajan o lo remontan sórdidos cargueros, románticos pesqueros y gaviotas despreocupadas de todo. Todas las cosas se mueven con lentitud, excepto el viento, y tal vez sea también por eso que este confín, que tendría que imponer ansiedad y desaliento, te encuentras observándolo con una extraña paz plena, entre personas que hablan con calma, miran y no hacen nada, de tanto en tanto juegan a los dados, casi no fuman, casi no hablan: todos en un claro del espíritu que tiene que ver con la contemplación. Nadie parece notar el bofetón de lo desconocido, que te golpea en cuanto giras la mirada hacia la izquierda. Con los ojos clavados delante, todos yacen en un estado de ánimo vagamente femenino, mucho más de Penélope que de Ulises: donde el talento del *estar* hace que parezca la maravilla del *caminar* una debilidad infantil.

Pero, de todas formas, hay en Tánger una especie de exactitud geométrica que lo convierte en un confín perfecto, es decir, un lugar que simultáneamente es refugio y desorientación. Para mí, el Café Hafa es la encarnación del confín como refugio: la otra cara de la moneda Tánger te la ofrece en la Medina, el lugar por excelencia de la desorientación. Vamos a ver: yo fui *boy-scout* y eso me dejó una hipertrófica capacidad de orientación (además de una docena de barreras morales que me complican la vida desde que dejé ese mortificante uniforme). Bueno, pues yo podría entrar mil veces en la Medina de Tánger y mil veces me perdería. En particular, si acabas ahí de noche o con el sol en su cenit y ya no hay sombras o ya no te dice nada la bella disposición de los puntos cardinales, en otros lugares salvadora, se deshace que da gusto. Das vueltas y más vueltas, enfilas minúsculas callejuelas, que luego no tienen salida, vuelves atrás, vas hacia el otro lado, y tarde o temprano llegas al fatídico momento en que piensas: yo de aquí no voy a poder salir jamás. A algunos privilegiados el asunto les procura un estremecimiento de ridículo miedo, que no deja de ser miedo, por ridículo que sea. Este completa maravillosamente la experiencia de encontrarse en un confín, experiencia que es heraldo de pensamientos más que cualquier otra. (De todas maneras, no hay razón por la que preocuparse: por un mecanismo que no he llegado a entender, la Medina de Tánger acaba indefectiblemente por echarte fuera, tarde o temprano, más o menos como esos niños que siempre terminan sacando fuera, de alguna forma, la piececita de Lego que se han tragado.)

Y en un momento dado llegó un viejecito, allí, al Café Hafa, aunque digo viejecito por decir algo, por estos lares nunca se sabe qué edad tienen, bien podría haber nacido el mismo año que yo. Con una cesta, ese viejecito, en los huesos, la piel tostada por el sol, el sombrerito de lana en la cabeza, una hermosa sonrisa. Mete en la cesta las manos, abre un saquito, coge algo, luego lo vuelve a cerrar, abre otro saquito, coge algo también de allí, luego lo vuelve a cerrar, lo mete todo en la mano, mezcla un poco y me enseña: cacahuetes. Unos cuantos pequeños, con piel roja, y otros cuantos grandes, sin piel. Los ha mezclado un poco porque el efecto cromático es muy bonito, me digo. Le pregunto cuánto cuesta y él me lo dice con los dedos. Le hago un gesto para decirle: Está bien. Entonces él, con un cuidado *infinito,* vuelve a hacerlo todo desde el principio y luego pone todos los cacahuetes en un papel que ha cortado previamente –lleva toda una resma, en el cesto, todos de las mismas dimensiones, los corta por la noche, estoy convencido– en una hoja que mantiene un poco doblada, con gesto habilísimo, para que los cacahuetes no se caigan. Luego mezcla un poco más los cacahuetes y, cuando

136

se queda satisfecho, coloca la hoja sobre mi mesa. Podría haber terminado todo ahí, pero no ha terminado. Ante mis ojos se inclina ligeramente hacia la mesa y se pone a doblar los cuatro bordes del papel, de forma que hace algo así como una especie de pequeño billar blanco para los cacahuetes, y lo hace con gestos que repite cientos de veces al día, me imagino que desde hace años, por lo que son de una exactitud divina. Solo cuando ha terminado su rudimentario origami, se levanta de nuevo y sonríe, un poco. Le digo algo, responde con un gesto. Pago, se despide de mí, se marcha hacia otra mesita, pero siempre sin decir ni una palabra: le debe de resultar claro que no hay nada que decir.

Miro el pequeño billar para cacahuetes, luego pruebo uno: caliente, recién tostado. Se me ha pasado por la cabeza que, si la tarea de uno es vender cacahuetes a la gente, ese hombre había hecho todos los gestos necesarios y ninguno de más: y todos con un cuidado y una exactitud infinita.

No, lo que quería decir es que estaba en el Café Hafa y alguien me envió una metáfora viviente de lo que tendría que ser el oficio al que me dedico —escribir libros— si fuéramos lo bastante nobles y humildes y justos.

Luego pasé el resto del tiempo perdiéndome por Tánger, esperando que el azar se ocupara de ello, de hacerme vivir: algo que tan solo puedes hacer en el sur del mundo, si lo haces en el norte regresas a casa, por la noche, sin que te haya sucedido literalmente nada. En efecto, me sucedió de todo, entre otras cosas, encontrar un majestuoso teatro abandonado y entrar en él (me ayudó un tal Aziz) y ver algo único, me refiero a un teatro prácticamente bombardeado, pero por dentro, se diría, pues el techo se sostenía perfectamente, y dar bajo el sol de mediodía con un cementerio judío increíble, donde los sepulcros, de una blancura cegadora, todos iguales, parecían colocados por una mano obsesiva sobre la tierra, idénticos a fichas de dominó dejadas allí, para una partida espectacular que alguien debió de olvidar jugar. Todo en adobo en una ciudad hormigueante, imprevisible, sucia lo justo, frenética y perezosa, maravillosamente alegre. Una de esas ciudades a las que debo la convicción de que felices son solo los hombres que se lavan poco y no ordenan las cosas: y lo escribo aquí con la esperanza de que mi hijo de catorce años no lo lea.

Por la noche, más tarde, con el viento que no amaina, fuerte del este, lo desconocido, allí en occidente, en el océano abierto, se transforma en una lengua de fuego apoyada sobre el horizonte, irresistible, luz extrema que queda para hacer justicia a Ulises, a su sed y a su locura.

11 de julio de 2013

LAS VEGAS

La primera vez que vine a Las Vegas, hace años, acabé
parado delante de un semáforo y, mientras estoy mirando a
mi alrededor, bastante aturdido ya, un volcán, al otro lado de
la calzada, *empieza a hacer erupción:* ni siquiera lo había visto
y ahora estaba allí, en plena erupción. No fue en ese momento cuando empecé a entender dónde estaba: lo entendí cuando,
al ponerse verde, en plena erupción, el de atrás pegó un boci-
nazo porque no me movía. Fue entonces cuando lo entendí.
Sí, lo sé, el volcán era de mentira, pero, por otra parte, en
Estrómboli tampoco hay semáforos. No se puede tener todo.

Y es que, además, a mí no es que me guste demasiado jugar,
vamos, está bien para media hora, pero, precisamente, soy consciente del paso del tiempo (cuando haciendo algo eres consciente del paso del tiempo, eso no está hecho para ti: yo, por ejemplo,
no tengo ni idea de desde cuándo estoy aquí escribiendo). Por
eso me toca ahora explicar por qué me gusta este lugar situado
en medio del desierto y, especialmente, tendría que ser capaz de
explicar por qué, en definitiva, me parece uno de los cinco mejores lugares del mundo donde pensar y tener ideas inteligentes:
lo que, sobre el papel, es como creer que Asís se encuentra entre
los *top five* del turismo sexual. Pero no se trata de una cuestión

de esnobismo, esto quiero que quede claro. Las Vegas es *verdaderamente* un lugar en el que el cerebro funciona pasado de vueltas y, si pienso en cómo es posible que suceda esto –a pesar de que todo allí esté construido para hacer que juegues, comas, te olvides de todo y te aparees pagando–, lo que se me viene a la cabeza es cuando alguien se va a hacer unas pruebas (médicas) y sale con esta frase: todos los valores están alterados. Eso es, en Las Vegas, el mundo tiene todos los valores alterados. Bello-feo, alto-bajo, verdadero-falso, causa-efecto: si existen modos *sanos* de entender parejas conceptuales de este tipo, en Las Vegas saltan todos. Por tanto, poner en remojo un cerebro en la Strip de Las Vegas es como quitarle a alguien la silla de debajo del culo, es como inscribir a un ajedrecista en un torneo de boxeo. En el fondo, los elementos de base son los mismos, pero hay que aprenderlo todo desde el principio y tienes que rendir cuentas con algo a lo que solo puedes llamar miedo.

Como se habrá podido entender, yo encuentro que el cerebro trabaja bien cuando lo metes en un aprieto, lo arrancas de su hábitat natural, lo empujas más allá de sí mismo y le das miedo. Existen muchas formas de hacerlo. Convendréis conmigo que llevarlo a Las Vegas no es una de las peores.

Que hay algo que no acaba de funcionar lo empiezas a percibir por los detalles. A mí, por ejemplo, me sorprende la historia de la temperatura. Fuera, en la calle, 110 grados Fahrenheit; dentro, en el casino, 70 (para entendernos, hay una veintena de grados centígrados de diferencia). El extraño fenómeno es que los seres humanos entran y salen de la tostadora a la nevera, continuamente, y ni siquiera se les pasa por la cabeza la idea de cambiar de ropa: camiseta y nada más. Es gente que en la vida normal se abotona el cárdigan cuando nota un poco de airecillo: hace dos días que estoy aquí y una vez, repito, una vez, he visto a dos conmovedores italianos que, al entrar en el casino, se pusieron una chaquetita (probablemente eran de Turín, por esos lares la gestión de los jerséis es un arte marcial). ¿Qué lógica absurda entra en acción en semejante asunto? La misma, me imagino, por la que las camareras, vestidas con medias de rejilla y corpiños de conejitas de *Playboy,* parecen ser el fruto de una durísima selección que deja pasar tan solo a las que tienen el mismo físico que mi profesora de matemáticas del instituto. No parece haber una adecuación entre los medios y los fines, y aquí hay un valor que va alegremente a tropezarse contra la realidad. ¿Realidad? Otro valor equivocado. ¿Qué hay, por aquí, que sea real? Nada, pero también todo: es una cuestión muy fascinante. Su mejor expresión –una expresión que me parece tan nítida como una tesis de Wittgenstein– es el Paris Hotel and Casino. Me explico.

Aquí, como ya sabéis, todos los hoteles son casinos y la mayoría de las veces son temáticos. Algo que les gusta es reconstruir pedazos de mundo. Está Luxor, está la Roma de César, hasta está Venecia, con góndolas y todo. Si no habéis estado nunca, no os imaginéis una fruslería: aquí van en serio. Las góndolas van por los canales, con gondoleros que cantan y todo. Estás en la plaza Navona y en una media hora la luz cambia desde el amanecer hasta la puesta de sol, pasas todo un día en treinta minutos. Bien. En cierto momento a alguien se le pasó por la cabeza construir París. Ahora París está ahí, en el 3655 de la Strip, y yo la primera vez que lo pude ver vi un mecanismo mental que tenemos, que utilizamos mucho, que despreciamos y que juramos no tener. Funciona de esta manera: para guardar la verdad de algo ensamblamos un número limitado de cosas falsas perfectamente detalladas y las fundimos en una síntesis que, en efecto, nos guste o no, muestra el meollo de ese asunto. El Paris Hotel es la realización arquitectónico-escenográfica de este procedimiento. Está la Torre Eiffel, pero ensancha sus patas sobre la ópera, roza la estación Saint-Lazare, patea el Louvre, roza el Arco de Triunfo y mantiene bajo sus alas farolas, ventanas, cortinas, tejados, claraboyas, estatuas, enseñas, aceras y alcantarillas que es a lo que vosotros llamáis *París*. Un condensado espectacular. Quitadle a una ciudad los espacios en blanco, haced de ella una única frase y ahí la tenéis. *Haced de ella un único objeto* que podáis captar con una sola mirada. Estáis haciendo una grandísima chorrada, es obvio, pero también os estáis moviendo como se mueven vuestro cerebro, vuestro corazón y vuestra memoria: para quienes París es una idea, una sensación, una abstracción, pero muy concreta, funcional, sintética, útil, que podéis despertar en un instante. Es un punto que en alguna parte está dentro de vosotros y que en caso necesario podéis hacer que suba a la superficie en un instante. Algo utilísimo, incluso agradable, en el fondo, genial. Para que funcione es necesario creérselo y tolerar una cantidad impresionante de microfalsedades. El París que vosotros hacéis que aparezca desde vuestro corazón, cuando lo necesitáis, no es el real, como es obvio. Exactamente como el de Las Vegas. Tabalead cualquier superficie y oiréis plástico o cartón piedra. Es todo enorme, pero de una enormidad falsa y habilísima, porque de hecho la Torre Eiffel es más baja que la de verdad, pero en Las Vegas es una de las cosas más altas y te ves pagando veinte dólares para subir arriba, con una fascinación que resulta difícil de explicar y que se basa en ese asunto de todos los valores alterados (qué es alto y qué es bajo es algo de comprensión no inmediata en un sitio como este, en el que el coche que te adelanta tiene los neumáticos más altos que el tuyo). En resumen, sobre el papel todo está alterado, cosa que da vergüenza, pero la verdad es que París está ahí y yo creo que con la misma mezcla de falsedad y refinadísima artesanía nosotros recreamos en la Strip de nuestra vida, sintetizando, haciendo trampas y trabajando divinamente, los pedazos del mundo que más queremos. Quizá esté exagerando, pero si amáis a alguien, por ejemplo, me gustaría aclararos que lo veis de la misma manera que yo, esta mañana, estaba mirando París, con un calor de perros, en medio del tráfico de la Strip, rodeado de gente absurda, en un lugar situado a miles de kilómetros de París. Seguimos estando a esa distancia, hacemos síntesis geniales, diseñamos salas en las que jugar, trabajamos con el cartón piedra, hacemos trampas con las proporciones, cortamos y pegamos, gastamos miles de millones en fantasía y, al final, como un día estuvimos allí, efectivamente, en París, la de verdad, y la entendimos y amamos, la entenderemos y la amaremos para siempre, desde esa Las Vegas adonde la deriva de la vida nos lleva continuamente, tan resbaladiza como es y poco atenta a nuestros encantos.

Como París les quedó bien, se animaron a hacer Francia, todo hay que decirlo. O sea, hicieron un restaurante en el que entras y ahí están unas cuantas regiones francesas, todas puestas de igual modo con el corta y pega, Normandía al lado de Provenza, Borgoña justo un poco más allá, y naturalmente también lo que comes ha sido dispuesto con el mismo criterio, desde el *confit de canard* a las ostras y el *croissant;* tú vas por ahí con tu plato en la mano y vas paseando por Francia, entras en una casita alsaciana, vas a tomar el postre a Bretaña, pierdes al niño en Córcega. Todo ello por 28 dólares. La comida es bastante asquerosa y el vino, imbebible, lo digo con serenidad, tampoco es que eso me importara en exceso. Podría quedarme media hora en la casita alsaciana estudiando esta técnica genial que consiste en crear algo con el menor número posible de elementos decisivos, deteniéndose uno en cuanto percibe Alsacia, pero nunca un momento antes y, obteniendo este resultado a pesar del plástico, los camareros mejicanos, los sabores insignificantes. No soy capaz de imaginarme nada que nos lleve más cerca del meollo de esa acrobacia que llamamos *teatro:* conocer algo de verdad, recrearlo con el menor número posible de detalles falsos y, de esta forma, restituir ese corazón que, en la vida real, suele resultar inalcanzable, la mayor parte de las veces. Cargar con la verdad a cuestas: un gesto magnífico.

Así paseo, aturullado por las variaciones térmicas; de tanto en tanto golpeo con los nudillos las paredes que pertenecen a una pirámide, a un templo romano o a un galeón, y oigo un reconfortante retumbar de plástico vacío. Son escasas las decepciones: en los lavabos de la última construcción, un casino que se llama Aria, tamborileé las paredes y eran de piedra auténtica: Las Vegas ya no son lo que eran. De librerías es mejor no hablar, para tratar mi abstinencia acabé entrando en un anticuario (otra palabra que tiene los valores alterados: encuentras allí números de *Playboy* de los años sesenta y Colt de pistolero del Oeste) para hojear lo único que tenía una vaga forma de libro, es decir, manuales de instrucciones de los coches de los años cincuenta: una lectura, por otra parte, deliciosa. Como en todo el mundo, las nuevas estrellas son los cocineros, y Gordon Ramsey es la mayor estrella de todas: para entendernos, en el Arc de Triomphe, en el Paris Hotel, hay una gigantografía suya. Desde los últimos pisos de los hoteles puedes ver el desierto alrededor, en los garajes miras atónito coches montados por chiflados y, entre las máquinas tragaperras, te encuentras con una pululante humanidad ensamblada por las variables de la vida con esa acostumbrada e infinita fantasía que creo que al final reduce todos nuestros libros en geniales reconstrucciones de cartón piedra (pero también allí, sin menospreciar la maravilla de lograr, de tanto en tanto, cargar con la verdad a cuestas). Gracias al *jet lag,* también mañana por la mañana saldré prontísimo del hotel, para hacer lo más bonito que puedes hacer en Las Vegas, es decir, recorrerla a pie cuando se acaba de ir a dormir o está a punto de despertar. La luz es extraña, limpia, el calor es clemente, la gente en las tragaperras, solitaria y final. Pocos coches, tiendas cerradas, algún restaurante sirve desayunos, los mexicanos barren. Todo ha terminado y está a punto de empezar. Dura una horita y es poesía.

16 de julio de 2013

144

HANÓI

Y luego las estaciones de tren. Se piensa bien en las estaciones de tren. Obviamente, no es necesario tener que tomar ningún tren. También puede funcionar yendo con mucha anticipación a esperar a alguien. Pero está claro que la situación ideal es ir allí y punto, sin ninguna razón, bajo la luz de un tiempo vacío robado a las obligaciones del vivir. Ir allí, sentarse en el lugar apropiado y hundirse lentamente igual que una piedrecilla en un lago, donde el lago es la bulliciosa vida de la estación y la piedrecilla eres tú. El fondo del lago es donde han ido a meterse tus mejores pensamientos.

La belleza de la estación importa. Como la partida y la llegada de los trenes, que debe ser constante pero no agobiante, ordenada pero no previsible. Hay que evitar por todos los medios las estaciones demasiado modernas y tecnológicas. Las estructuras de hierro y las locomotoras de trenecitos eléctricos lo hacen todo más fácil. Mejor evitar andenes en los que se vivieran despedidas o reencuentros memorables: acaba uno decantándose demasiado hacia lo sentimental. Lo que es necesario es una estación un poco apartada, con una luz apropiada y con destinos, dispuestos en los paneles, algo atractivos, capaces de hacer soñar un poco: un genérico *trenes hacia el sur* puede bastar, para entendernos.

Al final, después de varios intentos, encontré mi estación preferida por casualidad, después de haberme perdido en los meandros de una ciudad que no conocía y que conocía de siempre. Es una estación pequeña, con un único andén, de vía estrecha: pasan por ahí una decena de trenes al día, aunque larguísimos, cada ocasión es una solemnidad y un mundo, como cuando llega el barco a las islas, una vez por semana, en algunas novelas de historias orientales. La primera vez que pasé por allí –ya lo he dicho, por casualidad– ni siquiera me di cuenta de inmediato de que se trataba de una estación; parecía simplemente una casa, había hasta pantalones tendidos dando a la fachada: tres pares de pantalones y una especie de trapo. Pero es que había llegado yo por el lado de *Llegadas* y no se veía el andén. Esta vez regresé y la estudié a fondo. Me apetecía hacer de esa estación un sitio mío, no sé si entendéis lo que quiero decir. Se llama Ga Long Biên. Está situada sobre un puente memorable, a orillas del río Rojo, al final del barrio comercial de mi ciudad oriental preferida: Hanói.

Beirut era el infierno; Hanói, la madriguera del malo; Houston, el trampolín para la Luna y la Liguria, medio sueño: era turinés, era pequeño, las vacaciones eran las que eran y el telediario era sagrado: mi geografía mental estaba toda ahí, en esos cuatro nombres. Aparte de la Liguria, no había estado nunca en ningún otro punto de esa geografía, pero el sonido de esos nombres me resultaba hasta tal punto familiar y cotidiano que parecía haber nacido allí. No creo que cenara nunca sin que, en aquella pantalla encendida, en blanco y negro, en algún momento apareciera el mapa de Vietnam y un señor muy serio me informara de cómo iba la guerra, en un rosario de nombres en el que Hanói era el grano que se repetía obsesivamente, con tintes de horror. Ni que decir tiene que nosotros íbamos con los americanos, portadores de civilización y

146

democracia: eran, entre otras cosas, enormemente más guapos, con los dientes sanos y con unas espaldas que no veas. Los soldados del Vietcong, unos insectos. No sé si os habéis fijado, pero las mentiras más gordas, cuando eres pequeño, te las sueltan a propósito de la historia: es increíble lo que te ves obligado a tragar. Tal vez tan solo esa historia del papá que hace entrega de una semillita a la mamá resiste la comparación.

Pero, en fin, que Hanói era la guarida del malo. Y era para mí el nombre de la guerra. Así que, viajar allí, una vez que estallara la paz, fue uno de los deseos que durante años llevé en los bolsillos. Más tarde tuve la ocasión de cumplirlo y ahora puedo decir que he vivido lo bastante como para poder pasear por la guarida del malo con inmenso placer o para ver vietnamitas luciendo contentos unas Ray Ban: esas cosas te convencen, si es que acaso resultara necesario, de la ilimitada estupidez de cualquier guerra.

Hay que decir que Hanói no tiene nada que ver con las megápolis asiáticas sobre las que fantaseamos. Es un caso aparte. Puedes atravesarla casi caminando y, si de verdad estás cansado, miras un momento a tu alrededor y encuentras a alguien que te lleva con su ciclomotor. Es caótica, pero de una forma controlada, silenciosamente ruidosa, tranquilamente febril. Es orgullosamente puritana, un tanto retro, nunca tan rica como para irritar, raramente tan pobre como para escandalizar. En cuanto a la gente, yo diría que son desconcertantes, pero de una forma muy alegre y amable. Hacen gimnasia por la calle, no gritan casi nunca, comercian con todo (es su vicio) y son capaces de cargar en el portapaquetes de una escúter a familias enteras o, si se tercia, a un búfalo (de acuerdo, estaba muerto, pero juro que lo vi, hasta tengo la foto). (Por otro lado, más tarde descubrí que es una especie de deporte nacional: existen postales con gente en ciclomotor que transporta seis, repito, *seis* cerdos.) (Los italianos, dicho sea de paso, no pasaron por alto el asunto: al ver tanta pasión, la Piaggio se estableció aquí, con el hermoso resultado de que por estos lares tener una Vespa representa más o menos lo que en California es tener un Ferrari.) (Termino los paréntesis de divagación escuterística.) Y existe, además, el pasado, y no parecen tener un interés particular por el futuro: esto, en Extremo Oriente, es un milagro. Quiero decir que en Hanói no existe esa parte a lo *Blade Runner* que ya solo puedes encontrar en Ho Chi Minh City (la ex Saigón): esa aceleración hacia un futuro algo apocalíptico y babélico que a nosotros los occidentales nos produce ese extraño escalofrío de libido y de asco. En Hanói, en cambio, está el pasado, mucho pasado, como si fueran las estratificaciones de la Troya de Schliemann:[1] en vez de excavar, vas en ciclomotor y emprendes un viaje por el tiempo (si quieres, como ya he comentado, puedes aprovechar para transportar una nevera o un gran armario ropero, no hay problema). Durante siglos han pasado por aquí chinos y mongoles, Francia construyó una capital, la Unión Soviética dejó su inconfundible marca de fábrica. Atraviesas una pagoda, das la vuelta alrededor de un teatro de la ópera, planeas sobre un mausoleo estalinista, vas a descansar a un templo budista, te plantas por azar delante de una catedral gótica: entre el desayuno y el almuerzo ya has consumido un buen trozo de historia. Detrás de cada huella del pasado hay, obviamente, una violenta historia de dominación, de guerra, de heroísmos, de prevaricaciones: es un libro de texto utilísimo. Paseas un poco por aquí con tu hijo, y la mitad de las cosas que hay que entender, sobre la violencia humana y sobre la belleza, él las entiende. Bueno, si no la mitad, una buena porción, eso sí. Tras lo cual, como he dicho, se lo dejas a su madre y te vas a

---

1. Entre 1870 y 1874, en Hisarlik (Turquía) Heinrich Schliemann, un millonario prusiano y arqueólogo aficionado, sacó a luz las ruinas de Troya. *(N. del T.)*

Ga Long Biên, la pequeña estación. Que, por otra parte, se me había olvidado, es la razón por la que estoy escribiendo estas líneas. Enseguida pongo remedio.

La manera ideal de llegar hasta allí es atravesar a pie la ciudad vieja, que es la ciudad de los comercios, la auténtica y última alma de la ciudad. No hay ni una casa siquiera que no tenga en su planta baja una tienda, un taller, una bodega, un lugar donde comer. Siempre hay alguien vendiendo alguna cosa. Bueno, vender no sé: digamos que está ahí con su mercancía, porque no entiendo quién va a comprar tantísimas cosas. Me senté en una especie de bar y delante había una tienda de ventiladores, solo ventiladores, cientos: no vi entrar a nadie. Se me ocurrió ir a informarme sobre los precios, solo para dar sentido a ese estar imperturbable del propietario, sentado en una sillita de plástico, como un pájaro en una rama. No sé, creí que debía averiguarlo, pero, la verdad, quién sabe, quizá le gustara estar así: ese permanecer sentados, eternos, delante de su propio negocio. En fin, que atraviesas la ciudad vieja y en cierto punto subes una especie de terraplén y allí está el ferrocarril. Un único andén, ya lo he dicho. Y la estación. Pobre, algo así como una pequeña estación de pueblo. El bar es una señora sentada en el suelo con algunas latas y algo de fruta; jaulas con pájaros colgadas aquí y allá, faroles rojos, una televisión en la pared, sillas de plástico. Es un agujero, la verdad, pero está colgado de la ciudad, justo donde la ciudad está en vilo sobre el gran río, el río Rojo, que pasa solemne e inmenso y, por tanto, la pequeña estación es una especie de muelle o de límite o de trampolín: por delante, el misterioso Norte, más allá del río, y ese andén, único y estrecho, que se lanza hacia allí, en un gesto acrobático y solemne, gracias a que los franceses, decididos a hacerse con el dominio, construyeron un fantástico puente de hierro, de casi dos kilómetros de largo, puro estilo Eiffel, el primer puente sobre el río Rojo, que hace pasar el tren por en medio y dos calles a los lados, una para ir y la otra para volver. Increíblemente, aún sigue allí. Durante toda la guerra los americanos lo convirtieron en objetivo, obviamente, sin conseguir nunca derruirlo: ahora corre el peligro de caer hecho pedazos porque los indigentes le desatornillan los tornillos de acero para revenderlos. De manera que todavía sigue allí, magnífico, aunque un poco cariado, con las traviesas de las vías enmohecidas y los arcos de hierro que ya no se sostienen demasiado. Recorrerlo a pie forma parte del placer de esa pequeña estación, basta con caminar lentamente entre el enjambre de ciclomotores y el discurrir inigualable del río, ahí abajo, marrón, denso y sacerdotal. Me han contado que los ancianos van a nadar, allí abajo: se lanzan al agua y nadan contracorriente, por lo que permanecen fundamentalmente quietos y, cuando regresan a la orilla, cuando están cansados, salen por el mismo lugar por el que se metieron. Supongo que constituye una lección de la que tendríamos que aprender algo.

Si no, uno permanece sentado en la pequeña estación, cargando con esa indefinible sensación que se experimenta cuando eres el único occidental en un lugar en el que todos los demás son orientales. De ellos aprendes, rápidamente, un sentido del tiempo del que no disponemos y que tiene algo que ver con la lentitud implacable y sorda del gran río que discurre allá abajo. Alguna vaga certeza hay allí, esto es, el horario del próximo tren, pero no es que el asunto parezca ser, en el fondo, muy importante. Uno está allí, eso es todo. Tú los miras con curiosidad, ellos te miran con curiosidad. Tarde o temprano alguien saca algo (ellos, una gallina; yo, un móvil, cosas semejantes: aunque, a veces, sea al contrario) y entonces empiezan las primeras sonrisas, surgen las primeras palabras, les dejas ver lo que has sacado del bolsillo, ellos te dejan ver lo que han sacado de su bolsa. Luego, ya sé que nadie me cree, pero surge la conversación. Yo qué sé, es un asunto de fonemas, de gestos, de cosas con los ojos, de risas, de muecas: se entabla conversación. No digo que nazcan amistades, pero, en fin, se pasa el tiempo. Cuando tienes ganas de pensar, te dejan tranquilo. De vez en cuando levantas la vista de la libreta, cruzas la mirada con la de alguien, sonríes y él sonríe. Luego vuelves a escribir. No es que en la vida, en definitiva, existan muchas cosas más hermosas que esa.

Hasta que, en determinado momento, llega el tren, que, como ya he dicho, es tan solemne, larguísimo, obsoleto y épico que cada vez parece que vaya a ser el último, por siempre. Entonces todo empieza a moverse a tu alrededor y solo tú permaneces inmóvil, tú y otros dos o tres, como guijarros quietos en la corriente de un riachuelo. Los demás cargan, descargan, suben, bajan, llevan de la mano, saludan, abren puertas, pierden cosas, reencuentran cosas, como en todas las estaciones del mundo, pero aquí por grupos y según lógicas que a nosotros nos resultan vedadas, a un ritmo que en nuestro mundo sería considerado lento y que aquí debe de ser el máximo de la agitación. Es inútil decir que la mejor parte del espectáculo es la concentración ante las puertas de los vagones de mercancías: esa gente es capaz de cargar seis cerdos en un escúter, tú dales un tren para cargar y no te decepcionarán.

Luego algún silbato o un ladrido mecánico y el tren fatigadamente parte de nuevo, se lo traga el puente y el gran río y el misterioso norte y, un minuto más, y ya es una manchita en el horizonte. En la pequeña estación nos miramos, ya somos pocos a estas alturas y en un silencio recién engendrado: cada uno con su secreta razón para no haberse subido a ese tren. Hay una nueva espera que inaugurar y se hace con serenidad, porque el no haber partido da a cada uno un aura de tranquilidad y de misterio. Entonces el tiempo se marcha y, si tienes ganas, muchos pensamientos retornan desde los trasteros de la mente donde tiempo atrás los habías amontonado para que no obstaculizaran tu andar cotidiano. Recuperarlos suele ser un privilegio; raras veces, un engorro; siempre, una extraña sensación.

Lo que viene después son lámparas que se encienden,

oscuridad que va cayendo alrededor, tú que te levantas y te despides, sus sonrisas, la ciudad vieja que te espera envuelta en luces y olores. El tipo que vende ventiladores sigue estando ahí, pero ahora algo verdoso bajo un neón tembloroso. Tiene más o menos mi misma edad. A saber dónde estaría mientras yo cenaba con la esperanza de que un marine de veinte años lo dejara frito en nombre de la libertad. A saber cuántas patrañas habrá tenido que tragarse él también. A saber cómo sería su Liguria. Casi, casi, ahora mismo iría a preguntárselo, de verdad y, mientras sopeso esta idea, es él por el contrario quien me reconoce, me saluda y me pregunta algo, en un inglés extinto. Hago que me repita la pregunta y entiendo que quiere saber qué estoy haciendo en Hanói. He venido a pensar, le digo. Él me mira un poco y luego hace un gesto con la cabeza que podría significar: Lo entiendo. Pero también: No sé de qué me estás hablando. Como resulta que elijo la primera, nos sonreímos y es esa la última vez que nos vemos en la vida. Ahora, en este preciso momento, estará allí, como un pájaro en una rama, felizmente ignorante del hecho de ser el único vendedor de ventiladores del mundo que ha acabado, esta semana, en el *Vanity Fair*.

17 de octubre de 2013

BOCA

Como ya debo de haber explicado, hay sitios en los que se piensa mejor y no son esos que ahora se os vienen a la cabeza (bosques en plena montaña, claustros de conventos, etcétera). Quien haya leído las entregas precedentes de este pequeño viaje ya se habrá hecho una idea de cuál es mi opinión al respecto: el último capítulo, pongamos por caso, era sobre Hanói. El primero, sobre la biblioteca más ruidosa del mundo. Como ya debo de haber explicado, no se trata de esnobismo, es que yo pienso de verdad con más facilidad en lugares como esos. Nadie se sorprenderá, por tanto, si ahora introduzco el quinto lugar donde puedo decir con toda franqueza que me he encontrado divinamente y donde he pasado tres inolvidables horas pensando y he producido más ideas que las que podría haber producido en un mes clavado en el escritorio. Tiene nombre de pastelería: La Bombonera. Es un estadio, probablemente el más hermoso del mundo. Aquel día, estaba vacío.

Hay que decir que, siempre, estar en soledad en los bordes de un campo de juego desierto, en el que no está sucediendo absolutamente nada, es una experiencia fascinante (¿o acaso estoy loco?). Con el tiempo, me he ido haciendo una buena colección en la memoria: el pequeño campo de béisbol de un pueblecito de Nevada, un futbolín abandonado en un refugio de montaña, siete tableros de ajedrez en un parque de Pekín, innumerables campos de petancas en hoteles junto al mar fuera de temporada. Una vez, en Rusia, en medio de la campiña, bastante cerca de la casa de Tolstói, sucedió que me topé con un campo de baloncesto abandonado, con tableros y cestas de reglamento, completamente cubierto de espigas de trigo maduro. Lo importante, en cualquier caso, es que todo esté en su sitio, que no haya nadie que esté jugando y, a ser posible, que alrededor no haya nadie. Entonces hay algo que se dispara en tu interior, una especie de calma febril, que he intentado entender muchas veces y que ahora, al tener que intentar explicarme, tan solo soy capaz de describir como algo muy parecido a cuando tiene uno la suerte de ver a las personas a las que amamos *mientras duermen;* si no eres tan desgraciado como para pillarlas mientras baben sobre la almohada o sierran troncos, ahí delante de ti tienes algo tan espléndidamente inofensivo, limpio, tranquilo, auténtico y sin tiempo: son como contenedores de cristal donde, en ese momento, podemos verter todo recuerdo que nos sea agradable y toda la vida que, en ese momento, podamos imaginar. De la misma manera, ante una pista de tenis desierta, mientras la red flamea en el silencio y las líneas de fondo blanquean en la luz atestiguando la saludable existencia de un sistema de reglas, tú podrías estar allí durante horas viendo los fantasmas de vida, de juego, de desafíos, que allí han tenido lugar o que lo tendrán: o, por lo menos, yo soy capaz de estar así durante horas. Respiro el orden, valoro la exactitud de las geometrías, imagino el infinito, disfruto del eclipse de cualquier forma de tiempo (adoro todo cronómetro parado) y viajo felizmente por el mar de las posibilidades (adoro todo tablero con un resultado clavado en el cero a cero). Allí está todo y no hay nada. Entonces estás tú, pero de un modo muy fuerte y libre y calmado: a eso yo lo llamo *pensar.*

Por eso, vaya donde vaya, permanezco atento. Si existe la

posibilidad de colarse en algún campo de juego desierto, no me la pierdo. Ahora puedo afirmar, con cierta competencia, que, por solemnidad y misterio, los mejores lugares donde pensar de esa forma son dos: las plazas de toros y los estadios de fútbol. Aunque, en el primer caso, no se trata exactamente de un deporte. Por tanto, los estadios de fútbol. Disfruté mucho del Maracaná vacío, me dejé acunar por la dulce pendiente de las tribunas del Old Trafford, me emocioné en el viejo Wembley, pero, al final, lo que me veo en condiciones de poder afirmar con absoluta certeza es que no hay nada como la Bombonera desierta, un martes por la mañana, al sol.

Es el estadio del Boca Juniors. Y está, precisamente, en la Boca, un épico barrio de Buenos Aires: lugar de emigrantes y pobretones, tiendas y robos, mitos y leyendas. Para pasear, como barrio, resulta bastante extraño. Uno suele salir del Caminito,[1] donde la molesta impresión de encontrarse en un lugar falso hecho para turistas resulta indiscutible. Pero basta con que te distraigas un instante para encontrarte en calles más bien desiertas, entre casas ruinosas, donde la gente hace barbacoas en bidones de gasolina y te mira raro. Ese tipo de lugares donde te sorprendes a ti mismo apretando el paso, perdiendo la orientación y cambiando de acera al ver a esos tres tipos que allí de pie parecen estar esperándote precisamente a ti. En el corazón de este mundo anómalo, sin vías intermedias, tarde o temprano te topas con la Bombonera. Altísima, colorida, aplastada entre las casas, igual que un meteorito que hubiera caído allí por azar. Y, de hecho, había tan poco espacio, cuando lo construyeron (1938), que lados, para las gradas, construyeron solo tres. El cuarto no cabía y se las apañaron con un obelisco ornamental. Ahora el cuarto lado es una especie de muro delgado

1. En el barrio de Boca, este pintoresco callejón peatonal ha adquirido un gran valor cultural y es su gran atractivo turístico. *(N. del T.)*

casi transparente donde han colocado palcos para los vip (Maradona tenía el suyo, el Boca era su equipo del alma). El asunto da al estadio una forma torcida, irracional e irresistible. Desde lo alto, en las fotografías aéreas de la ciudad, parece un televisor de los años cincuenta, colocado como una pieza de Lego entre las casas, con la pantalla hacia arriba, evidentemente para el disfrute de Dios. Transmisión ofrece una sola: el Boca jugando. De tanto en tanto va a cantar allí alguna estrella, pero, en fin, no es lo mismo. Hay que añadir que no hay, naturalmente, ninguna pista de atletismo alrededor del campo y que las escaleras ascienden en vertical que dan miedo y discurren por tres anillos. El resultado es que si vas a jugar allí, lo vas a hacer en una especie de horno. Cuando los chiflados de turno se pusieron a hacer la clasificación de los estadios en los que era más duro ir a jugar, no hubo discusión: es cierto que ir a jugar en casa del Galatasaray o del Peñarol no es agradable, pero en primer lugar estaba la Bombonera, porque jugar allí, si no estás sudando la camiseta del Boca, es una pesadilla. Para que se vea hasta qué clase de hinchas son, las entradas de los partidos ni siquiera salen a la venta: todos son socios, son cincuenta mil y muy raras veces son licenciados en Eton.

La primera vez que pensé en ir allí acababa de leer otra clasificación hecha por lobotomizados, esta vez elaborada por los ingleses, que ponía uno tras otro los diez acontecimientos deportivos que había que ver por lo menos una vez antes de morir. No hace falta decirlo: ¿qué había en primer lugar? El superclásico, es decir, el Boca Junior contra el River Plate, pobres contra ricos. Luego las cosas se fueron enredando y, en fin, que acabé en Buenos Aires por otras razones aparentemente más refinadas (Feria del Libro). En cuanto tuve un rato libre, sin embargo, salí disparado hacia la Bombonera: como ya he dicho, el hecho de que no hubiera ningún partido era, para mí, razón de más para ir allí. Hacía sol, era una mañana cualquiera, pagué una entrada, fui por un pasillo, atravesé un portón y, de repente, ya estaba allí adentro. Con una luz exagerada, el estadio era cegador, las gradas estaban pintadas de amarillo y azul, el césped era verde. Un silencio irreal. Algún ser humano, pero poca cosa. Me senté. Tres horas después aún seguía allí y pensaba que tarde o temprano tendría que decirle a alguien hasta qué punto aquel era un lugar tan absurdo como apropiado para sacar de su escondrijo ciertas respuestas que en la vida diaria no hay forma alguna ni siquiera de aproximarse a ellas.

Hecho.

Tengo que decir que, al año siguiente, volví allí otra vez, esta vez cuando el horno estaba encendido y esta vez porque iba en busca de una voz. No como Juana de Arco, no se trataba de algo místico, iba en busca de una voz de verdad. Es una historia curiosa, si os apetece os la cuento.

El hecho es que la primera vez, aquel martes de sol, me pasé también por el Museo del Boca, que está situado en la zona adyacente al estadio, y allí me sorprendió mucho un enorme póster de Maradona, joven y con la camiseta del Boca, que cubría una pared por completo. Lo que me sorprendió es que, abajo, estaba impreso una especie de verso que decía así: «Barrilete cósmico, ¿de qué planeta viniste?» También había una firma, pero en ese momento no le presté atención. Más tarde, por la noche, estaba cenando con un periodista y traductor argentino de quien he aprendido muchas cosas, Guillermo Piro, y se me ocurrió preguntarle qué era aquel escrito, le pregunté si se trataba de un verso de un poema. No, es decir, sí; y se puso a recitar de memoria todo aquel poema: «Barrilete cósmico... ¿De qué planeta viniste para dejar en el camino a tanto inglés, para que el país sea un puño apretado, gritando por Argentina? Argentina 2-Inglaterra 0... Diegol, Diegol, Diego Armando Maradona... Gracias, Dios, por el fútbol, por Maradona, por estas lágrimas, por este Argentina

157

2- Inglaterra 0...» «Caramba», dije, «te lo sabes de memoria.» *«Todos* lo sabemos de memoria», dijo. Y luego me explicó lo que era: eran las palabras que dijo el cronista deportivo de la tele argentina, en directo, entre lágrimas, al ver acaecer ante sus ojos el gol más bonito de la historia del fútbol (Maradona se lo tenía guardado a los ingleses, Mundial de 1986). En la actualidad ya son un clásico, me dijo Piro. Luego me dijo el nombre del cronista de televisión y fue entonces cuando empecé a volver a la Bombonera, porque se llamaba Víctor Hugo y en ese momento pensé: tengo que conocerlo.

Ya lo he dicho, a Piro le debo muchas cosas y la más valiosa es que, un año después, me presentó a Víctor Hugo. Fui a verlo a la radio donde trabaja. Es una especie de estrella. Culto, refinado, fascinante, un caballero sudamericano a lo Vargas Llosa. Adora la ópera, una vez al año va a Italia y se chuta en vena las más hermosas obras en los más hermosos teatros. Trabaja rodeado por una especie de corte en la que todos lo ayudan con una devoción que yo pensaba que tan solo existía en las novelas de capa y espada. No puedo olvidar al hombre bajito, de largos bigotes y cara de narcotraficante de película, que se movía a su alrededor con una dulzura sublime y que a un ritmo propio de una danza hacía lo que probablemente lleva haciendo desde hace años con inigualable perfección: preparaba el mate y se lo pasaba a Víctor Hugo.

En resumen, un bonito encuentro y, como las gentes de allí son generosas, acabaron invitándome a la Bombonera, para seguir el partido desde la cabina de la retransmisión televisiva, junto a Víctor Hugo. Prácticamente es como si Abbado te subiera al podio junto a él mientras dirige en el Musikverein de Viena. Allí que fui y lo que vi y sentí en aquella cabina me lo guardo para mí: de todas formas, sería incapaz de explicarlo. Aquí, no obstante, quiero explicar que en un momento dado salí de la cabina y me fui sin rumbo fijo a cocerme en ese horno que era el estadio en ese momento. Lo recordaba adormecido, cristalino, sin tiempo, y ahora estaba allí, bajo una noche iluminada por los focos, lleno hasta la bandera y retumbando con un barullo que en mi vida había yo oído. El estruendo era tan fuerte que parecía que estuvieran hablando por teléfono, llamada a larga distancia, con los hombres con pantalones cortos que corrían allí abajo, en el césped, casi unos fantasmas. Se movían igual que estrellitas de pasta en el fondo de un cuenco lleno de caldo hirviendo (hay algunas comparaciones que tan solo se te ocurren cuando estás en Sudamérica). Lo que no puedo olvidar es que la grada en la que se sitúan los más exaltados (si juegas de portero durante cuarenta y cinco minutos, justo ahí abajo, es toda una hazaña acordarte siquiera de tu posición), la grada curva no deja *nunca* de tocar tambores y cantar. Cuando digo nunca, quiero decir literalmente nunca: incluso cuando le marcan un gol al Boca (a ellos también les marcan), esa gente ni se inmuta y sigue como si no hubiera pasado nada, golpeando los tambores y desgañitándose como águilas. No sé cuándo marcó el Boca, porque estaba ese instante distraído, me estalló el horno alrededor y tampoco es que entendiera mucho qué pasaba, pero sí sé que, sin saber por qué, yo también estaba gritando.

17 de enero de 2014

Acrobacias

EL ÚLTIMO BAILE DE MICHAEL JORDAN 1

Chicago. Aquí ni siquiera saben decirte si hay un equipo de fútbol de la ciudad (la respuesta sería sí). Los mundiales de fútbol resultan lejanos: como gaviotas en la montaña, llegan desde lejos las voces de los comentaristas televisivos hispanos, de vez en cuando, para recordar mares de hierba verde y redes para pescar balones. Aquí y ahora el deporte, todo el deporte, es baloncesto, máquina del millón de músculos y rebotes adobada en esquemas pitagóricos. Los más fuertes del planeta juegan aquí, esta noche, y se llaman Bulls. Cinco veces campeones del mundo en los últimos siete años.

Un equipo letal se agrupa en torno a tres fenómenos. Scottie (pronúnciese «Scadi») Pippen, que con ese nombre en Italia estaría acabado:[1] negro, con ojos de dibujos animados, párpados siempre a media asta, sonrisa de gigante bonachón. Defensa y ataque, da lecciones en todas partes. Dennis Rodman, conocido como «el Gusano»: el de los tatuajes, pelo teñido, *pearcing,* cuero y clavos por todas partes. Negro, malo, arrogante: salta poco, marca poco, pero si le pagas puede parar hasta un tren rápido. Y, para finalizar, con la camiseta núme-

1. En italiano *scadere* significa «expirar, caducar»; *scadi* equivaldría a «estás caducado, estás acabado». *(N. del T.)*

ro 23: Michael Jordan. Mister Air, jamás ha existido nadie como él, un mito planetario, alguien por quien Coppi y Alí se diluyen como vips de provincias;[1] un milagro que bascula entre una cesta y otra para maravilla de todo el mundo: el más grande. Esos tres, más otros nueve, más un entrenador que parece un armario vestido por Armani, más veintitrés mil espectadores, más media América delante del televisor, más un equipo al que derrotar, constituyen el instante que está a punto de suceder. Un instante histórico, dentro de lo que cabe. Es un partido, pero ya lo han rebautizado: el último baile. El hecho es que todo acaba y también los Bulls están a punto de acabar. El próximo año habrá cambios y empezará otro ciclo. Los grandes Bulls juegan por última vez, esta noche, en el parqué de casa, en el United Center. Último tango en Chicago. Michael Jordan desaparecerá, tal vez, porque tiene ganas de dejarlo y de estar sentado en su sillón para ver quién tendrá el valor de elegir, en cualquier rincón, la camiseta número 23. La noche de los adioses. Y como el guión del deporte siempre está escrito por los dioses, todo ocurre en el *game five* de la final de la NBA, con un 3 a 1. Traducido: si los Bulls ganan, se convierten en campeones del mundo y entonan una despedida que nadie olvidará jamás. Si pierden se lo jugarán todo en campo contrario, en Salt Lake City. Chicago quiere la victoria aquí y ahora. Policías a caballo rodean el centro para salvar al menos una parte de la ciudad de los tradicionales saqueos posteriores a la victoria. Los medios de comunicación sueñan con un Michael Jordan que anuncia su retirada con la copa en la mano, lágrimas en los ojos y Chicago a sus pies. Una noche especial: adrenalina para todo el mundo. Son las ocho. Esto arranca.

1. Fausto-Angelo Coppi, considerado uno de los más grandes ciclistas de todos los tiempos, y Muhammad Alí, nacido Cassius Clay, el famoso boxeador de gran influencia en los años sesenta. *(N. del T.)*

El primer Michael Jordan que veo en persona sonríe y hace un globo con el chicle. Calienta, rodeado por el barullo general, como si estuviera encendiendo los fogones antes de ponerse a cocinar. Seráfico. Suspendido en el aire, será uno de los iconos del siglo, siempre que los historiadores tengan un poco de sentido común. La humanidad pesaba más, antes de que existiera él. Generaciones de consumidores han volado, con ese icono y, sin duda alguna, han perdido, mentalmente, algunos kilos, sintiéndose más ligeros. Un brillante directivo de una compañía lo entendió y, concentrando todo ese efecto en las zapatillas, levantó un imperio. Si hubieran vendido panceta, habría funcionado igualmente: comeríamos panceta y soñaríamos con volar. Hasta ese punto el icono marca el camino. Jordan en el aire es tiempo detenido. Salta, como todo el mundo, pero luego se detiene allá arriba y es algo incomprensible, pero él vive en ese aire, encuentra en su interior el tiempo de hacer sus razonamientos, de ver cómo poco a poco van bajando los demás, de cambiar de idea, de mano, de equilibrio, de permanecer él solo, él, el balón, la canasta, con los otros ya abajo, los ojos hacia arriba. Cuando aterriza, el balón todavía está allí en lo alto, haciendo crujir la red de la canasta, como recompensando al aire por semejante agravio. Una locura. Tú miras y eres más ligero, será una estupidez, pero es así. Lo eres aunque lleves alpargatas en los pies y no esas máquinas neumáticas que lleva él. Lo eres aunque no lo seas. Milagro. Mister Air. Señor Aire. Como dijo Larry Bird en cierta ocasión, uno de los grandes del baloncesto americano: «Eh, gente, esta tarde en el campo estaba Dios. Era ese que iba disfrazado de Michael Jordan.»

El último baile los Bulls lo empiezan con la cabeza en otra parte. Los mantiene a flote Toni Kukoč, un croata que encesta desde cualquier posición. Un francotirador. Y gracias por habernos devuelto, limpia, una palabra terrible. Enfrente, los Bulls tienen a los Jazz Utah, un equipo que suma puntos girando alrededor de sus dos fuera de serie, Stockton y Malone. El primero es blanco, pequeño, cara del contable bien organizado, parece salido de un televisor en blanco y negro: él es la mente. El brazo es Malone, un negro inmenso, apodado «el Cartero» que mete balones en la canasta como cartas en el buzón: tranquilo y por puñados. Los Bulls han puesto en la pista, para pararlo, a Luc Longley, uno que está a su altura, pero solo en cuanto a centímetros. En cuanto al resto, sufre y se queda mirando. El cartero da las gracias y reparte correo para todo el mundo. Entonces del banquillo de los Bulls se levanta Rodman, el Gusano. El único que puede hacer sufrir a Malone realmente. Rodman le pega sus tatuajes encima y se produce una continua colisión, un espectáculo. Los Bulls van delante dos puntos en el primer cuarto y seis a medio partido. Parece el principio de la apoteosis final. Pero Pippen trota un poco distraído y Jordan va a chocar contra la artillería antiaérea de los Jazz. Los Bulls se atascan. Malone ve la canasta más allá del pelo verde del Gusano. La ve y la pilla con una regularidad desconcertante. Stockton mueve la pelota como una pastilla de jabón, Kukoč ya no es suficiente. Los Bulls vacilan. Coge la pelota Jordan. Los veintitrés mil espectadores del United Center saben lo que debe hacer. Hipnotizar el partido y ganarlo, aunque sea él solo. Lo sabe perfectamente también él. Y lo intenta. El mecanismo es sencillo. Al diablo los esquemas y directo en vuelo a la canasta. Especialidad del local. Cuando decide salir, suele sacar la lengua de una forma que se ha vuelto mítica. Quien defiende frente a él, lo sabe. Cuando ve asomar la lengua, maldice el momento en el que empezó a jugar al baloncesto. «Es estúpido, pero te entran ganas de pararte a mirar y ya está», dijo una vez Michael Cooper. Esta vez, sin embargo, los Jazz han decidido que el espectáculo ya ha durado bastante. Se ciernen sobre él formando un dique de camisetas moradas y las alas de Jordan baten cometiendo errores. Tercer cuarto desastroso. Los Bulls cuatro puntos por debajo. En Italia, en un estadio de fútbol, todo se sumiría en un silencio propio de tragedia. Pero aquí el hincha es una cosa extraña. Gritan, enloquecen, pero es diferente. El partido es una bola de carne que se pierde en una hamburguesa hecha de mil cosas más: los jueguecitos de los patrocinadores, las cámaras de televisión que encuadran a la gente y envían la imagen a pantallas gigantes (esto los vuelve literalmente locos), si contestas las preguntas del Trivial ganas algo, los Bulls Brothers llegando en moto al campo en los descansos y venga todo el mundo a cantar, las muchachas del pompón que cada minuto vacío invaden la cancha haciendo bailar sus curvas en coreografías de *Domenica in*,[1] todo un gran lío de fiesta continua. Y, hundido allí adentro, el partido. Un ultra, aquí, no podría ni siquiera existir. De entrada tendría las manos ocupadas por una cerveza y por un *hot dog*. ¿Y luego cómo te pones a cambiar por una guerra un lugar donde en el momento más bonito todo el mundo empieza a bailar como si jugara al limbo y quien lo hace mejor acaba directamente en las megapantallas? Te apetece enviarlo todo al carajo. Por sorpresa, surgen de la fiesta los dos equipos y se desafían en la recta final. Unos cuantos minutos que duran una eternidad. Es lo hermoso del baloncesto. Cuanto más te acercas al final, más se dilata el tiempo. En unos segundos puede pasar de todo. Cosa para corazones fuertes. A tres minutos del final, los Bulls están cinco puntos abajo. Vuela Jordan, abatido. Vuela otra vez, abatido de nuevo. Un minuto y trece segundos. Bulls, cuatro abajo. Jordan se carga al equipo a hombros y despega. Para pararlo, esta vez, deben recurrir a las personales. Dos tiros libres. Mastica el chicle, Jordan, mira el vacío y luego tira. Dentro. Tira el segundo.

1. Programa dominical de entretenimiento que pervive en la televisión italiana desde 1976, actualmente con una duración de alrededor de seis horas. *(N. del T.)*

Dentro. Los Bulls dos puntos abajo. Todo el mundo en pie. Malone en el área. Rodman le gruñe encima todo lo que le queda. Malone levanta su enorme quintal, azota la pelota con la muñeca, detiene la respiración a millones de americanos y encesta. Los Bulls cuatro puntos abajo. Cincuenta y tres segundos de juego. Todos saben que todavía puede pasar de todo. El último tango en Chicago termina cuando el cronómetro señala tres décimas para el final. Pelota para los Bulls, dos puntos abajo. Una migaja de tiempo para resucitar. Tres décimas para crear un relámpago. Alguien tiene que hacerlo. ¿Quién, si no él? Pelota en las manos de Jordan. A kilómetros de la canasta. Lanzamiento desesperado. Pelota que vuela. Bocina que suena. Pelota que desaparece en la nada. Apoteosis pospuesta. Mister Air se marcha lentamente, con la mirada baja. No levanta los ojos ni siquiera un instante. No parece la salida de alguien que, allí, con la camiseta número 23, no volverá a entrar nunca más.

14 de junio de 1998

EL ÚLTIMO BAILE DE MICHAEL JORDAN 2

El deporte ofrece espectáculo y de vez en cuando parece que entre bambalinas hay un guionista genial escribiendo los destinos. Último minuto, en Salt Lake City. Último minuto del último baile. Para quienes aman las fronteras, qué lugar... Los Bulls van por detrás desde el principio del partido. Pippen está más en el vestuario que en la cancha, derrotado por el dolor de espalda. Malone sigue metiendo cartas en el buzón con regularidad de servicio postal suizo. Jordan es el Jordan verdadero, no el torpe del partido de Chicago: mantiene a su equipo pegado a los adversarios, pero nunca consigue adelantarlos. Se llega al último minuto, todo un deporte entra en apnea. Entre bambalinas, el guionista saca lo mejor del repertorio. Conoce su profesión: fuera los comparsas, las últimas jugadas deben ser de las estrellas. Stockton, el contable en blanco y negro, lanza desde el exterior, con mano de hielo, y los Jazz se ponen tres puntos arriba. Cuarenta y un segundos para el final. Medio mundo da a los Bulls por liquidados. El otro medio, mira la camiseta número 23. Jordan. Se desplaza un poquito delante de la defensa de los Jazz y, después, como si hubiera sufrido una sacudida eléctrica, se cuela entre las camisetas moradas y encesta tras apoyarse en el tablero.

Los Bulls a un punto, pelota para los Jazz. Stockton hace

lo que todo el mundo haría en ese momento: pelota para Malone, apostado en su posición favorita, a tres metros de la canasta, a la izquierda. Es como meter la pelota en la caja fuerte, piensan todos. Sobre Malone gruñe Dennis Rodman, que le arrebata todo el oxígeno. Malone busca una rendija para respirar. La busca a la derecha, luego a la izquierda. Apnea. Rodman no lo suelta. Los segundos pasan. Cuando Malone decide qué hacer, ya es demasiado tarde. Por detrás, de la nada, llega Jordan y le roba la pelota, se la quita de las manos, como en los campos de la periferia, un manotazo a la pelota y Malone que se queda mirando con estupor un balón que ya no está: se lo están llevando al ataque los Bulls. Siete segundos para el final. Balón a Jordan. Sale Russell a marcarlo, uno que ha logrado hacerlo sudar durante seis partidos. Un instante para mirarse a los ojos. Entonces Mister Air sale hacia la derecha. Russell responde. Jordan se clava y parte de nuevo del otro lado. Inhumano. A Russell, que es humano, el cambio de sentido no le sale. Ya no hay nada entre Jordan y la canasta. Hay cinco segundos y medio entre ese instante y el final. Jordan se detiene, flexiona las piernas, asciende en el aire, lleva hacia arriba el balón en la palma de la mano y luego se despide de él enviándolo a volar. Ruido de la red, como un aleteo, es el ruido de dos puntos pesadísimos. 87 a 86 para los Bulls. A los Jazz les quedan todavía cinco segundos y dos décimas de esperanza. En el baloncesto pueden ser una eternidad. El guionista, entre bambalinas, da el golpe de gracia. Nada de Malone, esta vez. Stockton, el contable en blanco y negro. El último compás es para él. Lo interpreta a un segundo y tres décimas de la bocina. Un triple, que en caso de entrar, entraría en la historia de la NBA. Rueda por el aire, aparentemente perfecto, pero encuentra el hierro, y no la red, a pocos centímetros de la gloria. *The end.* Los Bulls campeones, Jordan en la leyenda. Buscad a ese guionista: es un genio.

16 de junio de 1998

ESCOCIA, AQUÍ LA HISTORIA LA ESCRIBE EL RUGBY

Ráfagas de fritura con nervios al curri, rodillas respetables y peludas que asoman bajo los elegantísimos kilts, pubs que desbordan humanos con pintas de cerveza en la mano, miles de personas que gotean ciudad abajo hacia la periferia, mejillas que revientan tocando gaitas, cielo gris sobre todas las cosas, en el regazo de un domingo que sería como cualquier otro. Sin embargo, ese gran animal de sonidos, olores y personas se desplaza y, cuando se detiene, hay un estadio para succionarlo. Se llama Murrayfield. No es un estadio: es un templo. Dentro hay setenta mil localidades y una extensión de césped. Líneas de yeso y extraños postes. Es una gran máquina que respira rugby. Está conteniendo la respiración.

No es un domingo cualquiera: dentro de media hora, Escocia-Inglaterra. Un Escocia-Inglaterra es más que un partido. Hace más de un siglo que se disputa, todos los años, salvo cuando había guerras. Y, antes, la historia del rugby no recuerda otros desafíos. No es por casualidad, los ingleses aquí tienen un apodo que resiste: el viejo enemigo. Tiene que ver con el rugby, pero no solo con este. Los escoceses y los ingleses se las han visto durante siglos con una violencia y una constancia sin apenas parangón en la historia. Ahora aquello es como un vals, con Blair que ha nacido en Edimburgo y un referéndum que hace poco tiempo ha devuelto a Escocia su propio Parlamento. Pero la historia deja algo bajo la piel. También por debajo de esa piel dura de los jugadores de rugby. No por nada la mitología del rugby transmite la siguiente diatriba atribuida a un tal Phil Bennett: «Mirad lo que estos ingleses bastardos le han hecho a Gales. Nos han arrebatado nuestro acero, nuestra agua, nuestro hierro. Compran nuestros caballos para divertirse cuatro días cada doce meses. ¿Qué nos han dado a cambio? Absolutamente nada. Los ingleses nos han expropiado, robado, controlado y castigado. Y jugamos contra ellos esta tarde.» Resulta difícil imaginarse a los escoceses más conciliadores que los galeses. Está claro que a ese «viejo enemigo» apenas lo soportan. Y cuando hablan del desafío contra el inglés, que dura desde hace ciento veintisiete años y no terminará nunca, utilizan una hermosa expresión: la caza del pavo real.

La caza del pavo real se celebra cada año con ocasión del Torneo de las Cinco Naciones. Y aquí es necesaria una explicación. En Europa se juega mucho al rugby. Pero cuando se trata de determinar, una vez al año, quién juega mejor, el asunto se resuelve en diez partidos. Cinco naciones. Inglaterra, Gales, Escocia, Irlanda y Francia. No se entretienen con partidos de ida y vuelta: un encuentro y punto. Durante décadas ni siquiera se tomaron la molestia de ofrecer una copa, un trofeo cualquiera, ni una mera placa. Nada. Cuatro partidos cada uno y, al final, una clasificación que entra en la historia. El Cinco Naciones es eso. En Italia, desde siempre, el Cinco Naciones es el sueño de nuestros jugadores de rugby. Que, evidentemente, es gente tosca. Han estado en la sala de espera durante años, recibiendo golpes y aprendiendo. Luego pidieron entrar en el club, como la sexta nación. Los otros dejaron de reírse cuando empezaron a recibir sus buenas zurras. Entonces, desesperados, se resignaron. En el año 2000, el Cinco Naciones se convertirá en el Seis Naciones. Y para ganar tendrán que jugar en sitios como Rovigo o Padua. Menuda satisfacción. Por otra parte, para superar el examen, los italianos tuvieron que ganar a los escoceses: 25-21, en Treviso. Al día siguiente, en esta tierra, ya se hablaba de «la debacle». Les quemaba hasta tal punto que enviaron de vuelta a casa al entrenador y eligieron uno nuevo. Se llama Jim Telfer, una vieja gloria, con el nombre de guerra de Old Grey Fox. Ayer le preguntaron cómo se sentía a pocas horas del encuentro con los ingleses. «Asustado», respondió, ingenuo. Añadió que si los suyos no tenían un buen día iban a recibir una sonora paliza («*right hammering*», para ser exactos). Los corredores de apuestas comparten ese pronóstico: si apuestas al triunfo de Escocia, te expones a ganar una fortuna. Por otra parte, los resultados hablan claro: desastre ante Francia, derrota ante los galeses, victoria por un punto con los irlandeses, que no logran un ensayo ni aunque reces. Con los ingleses, los escoceses pierden, con regularidad, desde hace ocho años. Les quedan ochenta minutos para asombrar a todo el mundo, ellos incluidos. Dicho así, parece retórica de bar: pero el estadio se ha incendiado y en el reloj está escrito que esos ochenta minutos están aquí y ahora.

Vistos tan de cerca parecen minutos capaces de dar de sí cualquier cosa. Bandas, viejas glorias, coros y gaitas, los setenta mil espectadores todos sentados en sus sitios, a saber en qué cifra se traducirán en litros de cerveza. Ingleses de blanco, escoceses de azul marino. El balón que vuela bajo el cielo gris: ya ha empezado. Los escoceses son los primeros en intentarlo, fallan un lanzamiento bien dirigido, arrancan de nuevo, chocan contra la defensa inglesa. El juego oscila entre las dos líneas de meta como una inundación indecisa sobre por dónde avanzar. Los diques aguantan, de un lado y del otro, y llegan a rozar el orgasmo del ensayo, pero a tocarlo, nunca. El marcador va sumando con ese sucedáneo de alcanzar la meta que son los penaltis, puntos hechos con los pies, un sustituto. Tres a cero para los ingleses. Tres a tres. Los ingleses aún tres puntos por delante. Los escoceses aún no se rinden y empatan. Parece la

agotadora espera de alguna explosión. Enciende la mecha De-
rrick Lee, el extremo escocés, metiéndose entre los pliegues de
la defensa inglesa. Lo sepultan a tres metros de la línea de meta.
Pitido del árbitro. Melé. Todos al borde del abismo, toneladas
de jugadores disputándose unos centímetros. Los jugadores
escoceses se dan la vuelta hacia el público y con un gesto in-
equívoco piden que les echen una mano. Empieza un aullido
aterrador. Cabeza abajo y a empujar, el balón oval que desaparece, luego salta de la nada como una pastilla de jabón en disputa entre dos bandas de exaltados que la persiguen como si les
fuera la vida en ello. Eran solo tres metros. Basta con que la
pastilla de jabón se le escape a una mano escocesa, y para los
ingleses se convierten en diez y luego campo abierto y luego
partido que se abre nuevamente. El tablero indica empate a
seis, cuando el árbitro silba y el primer tiempo finaliza.

Intermedio. Pensamientos. Rugby, juego de psique cubista –deliberadamente eligieron un balón oval, que es imprevisible (rebota en la hierba como una frase de Joyce en la
sintaxis) para introducir el caos en él, de lo contrario, geométrico encuentro entre dos bandas hambrientas de terreno–,
juego elemental porque es lucha primordial para hacer ampliar
las fronteras, el cercado, el límite de tu ambición: guerra, pues,
de una manera u otra, como cualquier deporte, pero ahí casi de
manera literal, con el choque físico deseado, programado, guerra paradójica porque va unida a una astuta regla que permite
que los equipos avancen bajo la cláusula de que el balón vue-
le solo hacia atrás, movimiento y contramovimiento, adelante
y atrás –solo algunos peces, también la fantasía, se mueven
así–. Una partida de ajedrez jugada con velocidad, dicen. Nacido hace más de un siglo de la locura extemporánea de un
jugador de fútbol: cogió la pelota en la mano, exasperado por
ese tic-tic y tic-toc de los pies, y cruzó todo el campo corriendo como un poseso. Cuando llegó a la otra punta del campo,
dejó el balón en el suelo y a su alrededor estalló un apoteosis,

público y compañeros, todo el mundo gritando, como si hubiera recibido una repentina iluminación. Habían inventado el rugby. Cualquier partido de rugby es un partido de fútbol que ha perdido la cabeza. Con una ordenada y feroz locura.

Este empieza de nuevo con los ingleses furiosos. Cortan el campo con sablazos que duelen y aplastan a los escoceses en los fatídicos últimos cinco metros. Una melé. Luego otra. Y luego una tercera. Siempre al borde del abismo. El estadio grita un Scotland, Scotland que resucitaría a un muerto. Los escoceses resisten. Cuarta melé. Dice un dicho francés: en el rugby hay quien toca el piano y quien lo mueve. Ahora es el momento de los que lo mueven. El balón ya no vuelve a salir de allí abajo, a estas alturas es una guerra de fuerza, todos con la cabeza agachada, un bulto de melé contra el otro. Los escoceses pierden un paso, se clavan allí, tienen la tira de yeso detrás de sus talones, y los ingleses no la ven, pero la sienten, cabeza agachada, botas que muerden la hierba, otro paso adelante, la línea de yeso desaparece bajo la melé, algo invisible cruje y se rompe. Los ingleses llevan a la meta todo: balón, adversario, ellos mismos. Es como si se derrumbara un dique. Se derrumba Escocia. Un sablazo detrás de otro el pavo real sube a 34 puntos, dando espectáculo y haciendo la rueda. Dos minutos para final, se respira el desastre. Pero el rugby es un juego extraño, el pavo real tal vez esté cansado, los escoceses sin duda alguna están cabreados. En dos minutos encuentran dos ensayos, los buscan dando martillazos en medio del campo y los encuentran con dos sacudidas eléctricas en las alas, dos golpes de honda que el estadio se bebe como una cerveza después de haber atravesado un desierto. Así pues, mañana los periódicos podrán escribir 34-20, honores de guerra a los vencidos, en el Murrayfield, en el capítulo ciento tres de una historia que nunca terminará.

23 de marzo de 1998

BEETHOVEN, ABBADO Y LA ORQUESTA FILARMÓNICA DE BERLÍN 1

Veo el gran ruido que hay en los medios de comunicación por este maratón beethoveniano de Abbado y la orquesta filarmónica de Berlín e imagino que a la gente normal les causa la misma impresión que a mí me causa encontrar en las primeras páginas de los periódicos las crónicas de los desfiles de moda milaneses o parisienses: se preguntarán ¿pero quiénes son estos marcianos? Y, también, ¿pero qué tiene esto que ver conmigo? Y, para terminar, ¿pero acaso no hay nada más importante de lo que hablar?

Para mí el asunto de la moda sigue siendo un misterio insondable. Pero en cuanto a la música clásica, tengo alguna idea. Por ejemplo: páginas y más páginas sobre el do de pecho no alcanzado en el *Trovatore* de Verona es pura miseria intelectual. Páginas y más páginas sobre los *Berliner* y Abbado y Beethoven, no. He pasado dos noches en el Auditorium di Santa Cecilia y eso me ayudó a borrar las dudas restantes. No estamos locos. No somos marcianos. A ver si soy capaz de explicar el porqué.

El viernes por la noche, la *Primera sinfonía*. Beethoven al principio de su carrera. Aparentemente, una cosa bastante insignificante, una especie de número cero. Como uno tiene en la cabeza la *Tercera,* la *Quinta* y la *Novena,* esa cosita pasa por delante tan indolora que uno acaba dedicándose al agradable pasatiempo de leer en el programa de mano qué se ha inventado el musicólogo de turno para demostrar, sin venir a cuento, que se trata por el contrario de una obra maestra. Juro que logran decir cosas increíbles. Que te provocan ganas de levantarte y aplaudir. De todos modos, mejor no levantarse ni aplaudir. Aconsejo encarecidamente que no. Bueno, decía. Yo me serví de otro truquito, que en resumidas cuentas me parece más productivo. Te sientas, esperas a que entre la orquesta, aplaudes y luego empiezas a escuchar, pero fingiendo que estás escuchando una sinfonía de Mozart. Convencido de que en el programa hay una sinfonía de Mozart. (Para los más cultos, una variante aún más útil es imaginar que es de Haydn: pero, en todo caso, con Mozart también funciona.) Lo que ocurre, inmediatamente, desde las primeras notas, y de un modo que te desconcierta y te desorienta, lo que ocurre es que piensas: oye, oye, ¿qué demonios está pasando?, ¿qué le sucede? Más o menos todo lo que escuchas es algo que Mozart podría haber escrito, a menudo incluso es algo que él ya había escrito. Pero hay algo que no cuadra. Es como si todo se hubiera vuelto de repente muy serio y adulto e importante. No lo era, hasta hace apenas unos minutos, lo podrías jurar. No lo era. Y ahora lo es. Es como cuando te encuentras a esa chiquilla que durante todos los años de instituto habías deseado, «lamásmonadelaclase» y, ahora, al cabo de mucho tiempo, la ves por la calle y tiene treinta años y lleva a un mocoso de la mano y las facciones de la cara son las mismas, es ella de verdad, no hay duda, pero entre tanto se ha hecho una mujer y tú esto nunca te lo habrías imaginado, nunca te habrías imaginado que esa chiquilla podía contener dentro de sí a una mujer, que esa belleza de entonces podría albergar esta belleza de hoy, una belleza que ahora te dice bueno, hasta otra, y se marcha. La *Primera sinfonía* de Beethoven es una sinfonía de Mozart ya casada. Voy a intentar decirlo en términos algo más técnicos: en la

Primera sinfonía tú ves el mismo material con el que construían Mozart y Haydn, pero el arquitecto está loco; piensa, con ese material, en construir rascacielos, en vez de un cenador para el jardín.

Prestad atención, porque no se trata de un punto de inflexión cualquiera. Es *el* punto de inflexión. Todo un patrimonio de técnica, de saber, de gusto, toda una vieja civilización de más de un siglo es tomada de la mano por un hombre que la mira y piensa: con esta fuerza podemos explicar al hombre, podemos explicarles a los hombres qué son ellos mismos. Ahora parece algo obvio, pero entonces no lo era: entonces era una locura de megalómano. Durante décadas esa música había sido fundamentalmente deleite, elegante decoración, agradable entretenimiento, como mucho emocionante *performance,* la frontera entre un esbozo de la naturaleza y algún edulcorado reflejo sentimental, pero ese hombre intuyó que, en tantos años de perfeccionamiento, esa música se había convertido en una máquina poderosísima, capaz de hacer mucho más: la utilizaban para cortar el césped, pero si querían no costaba nada hacer una locomotora con ella. Para entender a Beethoven es necesario saber esto: él intuyó a la mujer en los gestos y en los rasgos de la chiquilla. Pensó que esa música, ese lenguaje y esa civilización del gusto podían explicar el corazón de la experiencia humana, el dolor, la esperanza, la muerte, la utopía. En el momento en que lo pensó, en ese preciso momento, inventó la música clásica. Beethoven no es un compositor de música clásica. Es el inventor de la música clásica que es, incluso a día de hoy, la idea de atribuir a un determinado lenguaje (el musical de los siglos XVIII y XIX) la capacidad efectiva de transmitir el corazón de la experiencia humana, e incluso el verdadero corazón, no el simulado de la ópera del siglo XVIII, no: exactamente el agujero negro que está en el fondo, si seguís excavando, sin cautelas, el corazón extraviado, el ilegible, el que late ritmos que no sabemos bailar. Cuando escuchas la *Primera sinfonía* y finges que es de Mozart, lo primero que se te echa encima es precisamente eso: el ritmo. Hay demasiado y es violento y está mutilado. Es como si Mozart hubiera asistido a clases de batería de jazz. Ahí tenéis al corazón bastardo que empieza a latir, se siente de lejos, pero ahí está, ya no lo escondes. Habían inventado la música clásica, y ya no había remedio. Ya conozco bien la objeción: ¿y Mozart, Bach, Händel y todo eso, qué era, si la música clásica la inventó Beethoven? ¿Acaso ellos no tenían ambiciones espirituales, acaso no eran artistas? Conozco la objeción. Sé que al público de la música clásica le gusta pensar que todo, de Gesualdo da Venosa a Ligeti, es espiritualmente elevado, es arte, es tensión hacia la verdad.[1] Pero yo no me lo creo. Quizá me equivoque, pero no creo. Sé que algunos destellos proféticos adivinaron lo que iba a pasar, eso sí: algunas páginas del teatro mozartiano, algunos fragmentos de las *Pasiones* de Bach... ¿Quién puede negar que allí crepitaba la misma ambición que Beethoven asumió para sí? ¿Pero qué son esas pocas páginas con respecto a la ilimitada literatura musical de la época? ¿Y, puestos a ser drásticos, hasta qué punto eran conscientes de ello? ¿Y por qué luego, al final, siempre se echaban para atrás y, después de haber compuesto *Don Giovanni,* creían que todavía tenía sentido escribir *La clemencia de Tito?* Como decía Borges: no existen los precursores; hay grandes que crean, de forma retrospectiva, la grandeza de sus predecesores. Dicho en plata: si no hubiera existido Beethoven, ¿estamos seguros de que nos gustaría *Don Giovanni?* Si no hubiera pasado la idea de que el lenguaje musical debía arrancarle el corazón al hombre, si la música del

---

1. Carlo Gesualdo, príncipe de Venosa, compositor de madrigales y piezas sacras a finales del Renacimiento, parece efectivamente alejado de la música contemporánea de György Ligeti, utilizada por Stanley Kubrick en algunas de sus películas *(2001: Una odisea en el espacio* o *El resplandor). (N. del T.)*

siglo XVIII hubiera seguido siendo una mera ostentación de una civilización, de un gusto, de un manual de buenas costumbres y moral, ¿estamos seguros de que no encontraríamos esa obra un poco exagerada, cómo decir..., fuera de lugar, inoportuna? En el fondo, ¿no habríamos valorado más a Salieri y su mesura? No puedo estar seguro al respecto, pero quiero explicarme: si no hubiera existido Beethoven, *Las bodas de Fígaro* habría sido una obra excéntrica, algo fuera de lugar, y la auténtica obra maestra de la ópera bufa sería *El matrimonio secreto* de Cimarosa.

En fin. Lo que quería decir es que hay una razón por la que este artículo ocupa la primera página, el maratón beethoveniano con Abbado y los *Berliner* suele tratarse como un acontecimiento casi sagrado. Sí, hay muchos motivos, pero uno es el siguiente: allí se celebran los orígenes de la música clásica. Y lo que llamamos música clásica es una de esas raras, esas grandes ocasiones en las que la humanidad ha intentado hacer saltar la banca: ha acuñado un lenguaje fortísimo y, con él, ha ido a apoderarse de su propio corazón. Ahora esa aventura parece una prerrogativa de una pequeña élite de ancianos adinerados. Pero no es así. Es una ilusión óptica. La memoria de esa aventura se ha convertido en un rito de una minoría, eso sí, pero esa aventura concernía, y concierne, a todos: cuando Beethoven apuntaba directamente al corazón, no hacía distinciones. Era un hombre ilustrado y estaba acostumbrado a pensar en el hombre, no en destinatarios diferentes. Y su música, como toda la que le siguió, dice algo del hombre entendido en ese sentido, nos dice algo a todos, habla del héroe que todos nosotros somos, no solo de Napoleón, habla de la tragedia que somos, todos, y de la fantástica fuerza que somos, todos; no penséis que no os concierne, ese genio huraño también os tenía a vosotros en mente, apuntaba a un filósofo como Bobbio y a un actor como Taricone, simultáneamente, ¿qué ambición, verdad?, ya no somos capaces de pensar tan a lo grande, ese sí que era un desafío, qué desafío, qué espectáculo. De primera página.

Luego hay otras razones, también interesantes: Abbado, los *Berliner,* Brendel, Argerich. También vale la pena explicarlo, pero lo haré en el próximo artículo. (Olvidaba: ¿sabéis una cosa que me gusta de Beethoven? En el colegio era un desastre. De niño, en el colegio, no había forma de hacer que aprendiera nada. Sobre todo, aritmética: un negado crónico. ¿Queréis saberlo realmente todo? Durante toda su vida, Beethoven no logró ir más allá de la suma. Quiero decir con ello que no sabía multiplicar ni dividir. Fuera de su alcance. ¿No es grande? ¿No es algo que si lo piensas te arregla el día? Eso en caso de que tengas días que arreglar, *of course.)*

11 de febrero de 2001

BEETHOVEN, ABBADO Y LA ORQUESTA FILARMÓNICA DE BERLÍN 2

Naturalmente, todo el mundo te pregunta por Abbado y los *Berliner,* si realmente son esa maravilla que se comenta, y tú respondes sí, son esa maravilla que se comenta y, entonces, ellos preguntan: ¿en qué sentido? Ya, ¿en qué sentido? Se me ocurren tres cosas. La primera es la fuerza. La música beethoveniana es una máquina que produce fuerza. Lo hace a menudo, con una frecuencia casi obsesiva, y lo hace porque detrás hay una idea exacta: los hombres son héroes, si queremos hablar sobre los hombres, debemos hablar de los héroes. La vida es un desafío épico, si queremos hablar de la vida, debemos contar una epopeya. Exponer la fuerza era una forma de decir el nombre del hombre. Beethoven sabía hacerlo divinamente. El truco era este: nada de fuerza gratuita, de lemas vacíos, de explosiones orquestales sin fundamento. No gritaba la fuerza: la construía. Construía los cimientos, luego empezaba a levantar las paredes y así una cosa detrás de otra hasta terminar la presa, terrible. La fuerza, en él, nunca era una explosión irracional: siempre era el resultado de un teorema. Se te viene encima, al final, cuando está claro que no podría suceder nada más que eso, esa orquesta lanzada como un cohete, para descuartizar, con elegancia solemne, el paisaje sonoro. Este modo de trabajar daba a cualquier inflexión heroica, épica, un irresistible sello de inevitabilidad, de certeza: le daba a la fuerza, una fuerza desconocida.

Veamos. Es necesario tener la cabeza de Beethoven. Muchos directores no la tienen. Muchos directores, de esa fuerza, logran solo exhibir la parte final, la erupción del volcán: luz, espectáculo, lapilli, bien, todo muy bonito. Pero pensad en alguien que os conduce bajo tierra, os hace ascender por entre las vetas ocultas del mundo, os hace coger velocidad siguiendo el candente reflujo del vientre del planeta y luego os lanza al aire, para iluminar la noche del común desencanto. Imaginaos a alguien que consigue hacer visible cada paso concreto del teorema. Pensad en alguien que logra reconstruir todos los movimientos de esa partida. *Voilà:* Abbado. Él sabe reconstruir en todas las ocasiones la fuerza desde el principio. Es un trabajo de paciencia. Aparte de prestar atención a los muros de carga también es necesario tener cuidado con los estucos, luego con las tuberías y los cerramientos, las escaleras deben funcionar y debe entrar luz por las ventanas: el fraseo de los contrabajos, los acentos en las frases de los instrumentos, el sonido de las violas, la exactitud de los timbales. Construye. Escuché la *Quinta,* el lunes por la noche, y lo deslumbrante era que todo lo que escuchaba sonaba como necesario, no sé cómo explicarlo, era real por ser necesario, el mundo se habría interrumpido si una sola de esas frases musicales no hubiera engendrado realmente la siguiente, si alguien hubiera entorpecido el gran teorema; era una máquina que de deducción en deducción producía fuerza (y, de paso, también dolor, poesía, incluso diversión), pero sobre todo fuerza, una fuerza que ninguna flaqueza podría haber barrido de allí. Todos héroes, en la sala, al final. Cojeando, confundidos, derrotados, todo lo desaliñados que queráis: pero todos héroes, lo garantizo. Y esta era una. Una razón para creer que Abbado y los *Berliner* son la maravilla que se comenta.

La segunda tiene que ver con la modernidad. Es algo un tanto aburrido, si se quiere, pero importante. Si diriges a Beethoven lo que haces es transmitir un fragmento del pasado. No hay vuelta de hoja. Y eso también quiere decir que puedes pensar que el sentido de tu acto debería ser tan hermoso como finito: transmitir un fragmento del pasado. Prácticamente es como ser una sala de un museo. Dicho así, parece algo fácil. No lo es. Y se suele aplaudir a muchos por el mero hecho de lograr serlo, pero también puedes imaginar algo más complicado: tomar un fragmento del pasado y hacerlo resonar por las calles del presente. No al amparo de un museo, sino al aire libre, afuera, donde acaece el presente. La operación es difícil: ¿cómo lograr permanecer fiel al pasado siendo, aun así, moderno? En el mundo hay seis o siete músicos que, actualmente, saben responder a esta pregunta. Venga, pongamos unos diez. Abbado es uno de ellos. No es que responda a la pregunta, hasta resulta inútil formulársela. Sin embargo, se sube al podio y te la muestra. Para mí, el último movimiento de la *Séptima* que escuché en Santa Cecilia, la noche del primer concierto, es una de las mejores respuestas que he escuchado en mi vida. Pasado y presente. Fidelidad al texto y fidelidad al tiempo de uno. Nada excéntrico, pero, mientras tanto, hace solo veinte años, esa música, interpretada así, nadie habría podido hacerla. Siendo en gran parte una cuestión de ritmo y de velocidad, puedes hacer dos cosas: fingir que no ha pasado nada desde Beethoven en adelante y convertirte en hermosa estatuita y sala de museo. O rendirte al hecho de que ritmo y velocidad son dos pilares del presente, que los hemos reinventado ya tres o cuatro veces desde que Beethoven escribiera esa música: por tanto, has de atornillarte sobre el cuello la cabeza de un hombre moderno, subir al podio y ver lo que pasa. Si eres Abbado lo que pasa es una maravilla.

Es una maravilla también porque (y esta es la tercera razón) con él estaban los *Berliner*. No sé cuántas orquestas en el mundo serían capaces de tolerar el *tour de force* impuesto por Abbado en ese final de la *Séptima*. Tal vez todas serían capaces de correr tan rápido, pero ¿cuántas sabrían hacerlo sin perder piezas por el camino: limpieza, solidez, plenitud de sonido, nitidez de pronunciación, volumen, expresión? Más o menos todos los músicos de esas orquestas, y más con un arma de fuego apuntando, pueden lanzarse desde un puente con una goma elástica atada a los tobillos que te hace rebotar en el vacío igual que un yoyó. Pero ¿cuántos podrían hacerlo sin perder las gafas, recitando «La pioggia nel pineto» de D'Annunzio y sonriendo a la novia que, embelesada, asiste a la operación?[1] Los *Berliner* son capaces de ello. Estaban allí rebotando en esa especie de laberinto cubista y parecían caballeros allí reunidos para el té de las cinco. ¿Leche? Sí, con mucho gusto. Un momento, que estoy rebotando contra el techo. No se preocupe, no hay prisa. Ya está, ha vuelto. Solo una nube, gracias. Cosas así.

Ante cosas así, uno piensa que eso no le pasará muchas más veces en la vida y que se trata solo de música clásica, de acuerdo, pero esa no ha sido una velada más y nunca lo será. Ya me imagino lo que, dentro de unos cuantos años, hará la memoria: fermentará en mito, en relato épico, en hipérbole fantástica. Seremos todos insoportables, cuando hablemos de estos conciertos, tendremos delante jóvenes que nos mirarán sin saber muy bien si creernos o no y nosotros, aquejados de artritis y con un *bypass,* haciendo grandes gestos en el aire, con las manos y diciendo que ahora ya no se escuchan cosas así, entonces sí, aquellos sí eran buenos tiempos, aquello sí que era música, escuchad los discos y aprended. Seremos insoportables y maravillosos. Me muero de ganas.

14 de febrero de 2001

1. «La pioggia nel pineto» es un poema incluido en *Alcyone,* antología poética de Gabriele D'Annunzio compuesta entre junio de 1899 y noviembre de 1903. *(N. del T.)*

LA VIUDA NO SIEMPRE ESTÁ ALEGRE

El mundo de los teatros líricos tiene sus inocentes tradiciones. Una de ellas exige que en Nochevieja esté en cartel *Die lustige Witwe: La viuda alegre.* Champán y fiestas todo el tiempo: el nexo es innegable. Este año ha caído, entre otros, la Opéra Bastille, en París, que durante todo diciembre, incluida una simpática representación la noche del 31, ha puesto en escena la obra maestra de Franz Lehár. Adorno la consideraba, sin medias tintas, música ligera. Me imagino que, en cuanto tal, no se tomaría siquiera la molestia de escucharla. No sabía lo que se estaba perdiendo (pero sabía un montón de cosas indudablemente más importantes). Si uno no ha fundado la Escuela de Fráncfort, no puede no gustarle *La viuda alegre.* Ligereza en estado de gracia, estupidez en la cumbre de la elegancia. El vacío absoluto, pero ese vacío que queda cuando la Totalidad va un momento al cuarto de baño. Un vacío genial.

Lehár envolvió todo con una música que no deja nunca de bailar y, justo cuando quiere realmente dejar su huella, enfila el camino maestro del vals, dejando atrás cualquier dolor o inteligencia y poniendo a toda la humanidad en el camino de bajada de ese fatídico tres por cuatro, irresistible plano inclinado hacia alegres apocalipsis. *Lippen schweigen, / 's flüstern Geigen:*

/ *Hab mich lieb!* (Los labios callan, / los violines susurran: / ¡Ámame!): ¿hay una melodía más exacta para irse, con clase, al infierno? Lo más alucinante y, en definitiva, fascinante, de *La viuda alegre* es la fecha en la que se representó por primera vez: 1905. El Imperio del que al final ella sería icono insuperable estaba, precisamente, yéndose al infierno, agonizaba lentamente como el viejo emperador de las novelas de Roth y con violencia como la última Unión Soviética. Pero lo que más importaba: faltaban nueve años –unos míseros nueve años– para el estallido de la Primera Guerra Mundial, es decir, la guerra que Hobsbawm ha definido como la más violenta de la historia de la humanidad, y Vonnegut (un ocurrente escritor americano) el primer intento, fallido, de suicidarse de este planeta (el segundo, dice él, fue la Segunda Guerra Mundial: fallido también este; se espera el tercero para ver cómo acaba la cosa). Repito: nueve años. Estaban al borde del Apocalipsis ¿y qué se les ocurre hacer? *Lippen schweigen, 's flüstern Geigen.* ¿Cómo es posible? ¿No se daban cuenta de nada? ¿Acaso hubo una huelga de periódicos todos esos años? ¿Todo el mundo estaba borracho en Viena? ¿Es posible que no se percataran del polvorín sobre el que bailaban el vals? Es posible. Me lo ha explicado un libro.

El libro se titula *La nuova colonizzazione* (La nueva colonización), lo publicó hace poco Baldini & Castoldi y recopila variados relatos de testigos que, por ser periodistas o por participar en asociaciones de voluntariado, han visto con sus ojos ciertos pliegues significativos de nuestro imperio: no del austro-húngaro, sino del nuestro, la risueña aldea global donde el Occidente triunfante cultiva su propia opulencia. De este modo, en cuatrocientas páginas se cruzan Guatemala, Corea del Norte, Sudán, Argelia, Afganistán, Brasil, Croacia, Irak, Congo, Albania, India, etcétera: en un ameno catálogo del dolor que la colonización, en otro tiempo, y las nuevas colonizaciones, ahora, han contribuido a generar alrededor del mundo, persiguiendo, en nombre del Occidente victorioso, el electrizante sueño de la globalización. Por regla general, por globalización se entiende la curiosa circunstancia que te lleva a comer en Bangkok por cuatro duros la misma hamburguesa que hacen en Connecticut, colocada en una cajita fabricada en Perú y comercializada por una empresa de capital mixto franco-japonés: un despreocupado *collage*. Los editores del libro –miembros de la UNA, una asociación que reúne siete organizaciones italianas de solidaridad internacional– tienen una idea diferente: la globalización es el dominio de los países ricos que se extiende allí donde puede ser útil, a cualquier precio y sirviéndose de cualquier medio. Es más bien repugnante. Que acaece todos los días, todos los días del año. ¿Y nosotros? Nosotros bailamos el vals. ¿Es posible? Es posible.

El imperio austro-húngaro reunía, bajo el talón vienés, doce países y diecinueve nacionalidades diferentes. No hacía falta ser un genio para prever una catástrofe. Los de la *Viuda alegre* se ríen de ello. Se inventan un reino que se llama Pontevedro (suena bastante parecido a Montenegro) y se lo imaginan en bancarrota: hasta el punto de que su salvación depende del patrimonio de una viuda caprichosa. Alegre. Todo se resuelve entre una fiesta en la embajada y otra, entre cuernos reales o presuntos y entre casquivanas parisienses que le dan tono al ambiente. En caso de sobresaltos de la inteligencia o de nostalgias mitteleuropeas, se indica Chez Maxim, acogedor local parisino, como linimento ideal y cura definitiva. Al final, los que se aman se lo dicen: Lehár libera notas memorables y los amantes bailan. Vals. Conmoción en la platea. ¿Es posible? Es posible.

Escuchad una cosa: han descubierto, como es bien sabido, que producir un par de zapatos en Extremo Oriente en vez de hacerlo en Colorado cuesta increíblemente menos: ni rastro de sindicatos, mucha hambre, salarios mínimos. No se hace directamente (no es muy agradable): se subcontrata a una empresa local. Todo el mundo contento: allí trabajan y, por tanto, comen, aquí los zapatos cuestan menos y el mercado se multiplica. Proezas de la globalización. Ahora fijémonos en Nike. Cada año le da a Michael Jordan, para que siga haciéndonos soñar con sus zapatillas, veinte millones de dólares. Bien: ¿sabéis cuántos años debería trabajar un trabajador indonesio para llevar a su casa la misma cifra, él que es quien hace las zapatillas? Veintitrés mil años. *Lippen schweigen, 's flüstern Geigen.*

Hay que ver *La viuda alegre* en el Theater an der Wien, más allá del Ring, en Viena. Los miembros de su orquesta la han interpretado tantas veces que se llevan de casa revistas y las sujetan en el atril y las leen cuando en el escenario hay recitativos y no se canta. Sin embargo, cuando el cómico improvisa en escena, ellos se levantan, porque están abajo, en el foso, y desde allí no ven bien y se ríen como locos, aplauden, hacen comentarios en voz alta. Luego, con los ojos todavía llenos de lágrimas de tanto reírse, se sientan de nuevo y atacan el vals reglamentario, algunos con un poco de retraso porque todavía tienen que guardarse el pañuelo con el que se han sonado estrepitosamente la nariz y, naturalmente, arrancan con un 3/4 que solo ellos pueden hacer así, en el mundo, con un *rubato* dentro e inmediatamente después un ralentí que no hay forma de aprender: o lo tienes o sueñas con tenerlo y punto. En *Lippen schweigen, 's flüstern Geigen* se conmueven. Siempre. Estoy seguro.

¿Algún numerito más? Bien. En la alegre aldea global de la que somos orgullosos gerentes, los niños se mueren de hambre. Esto se sabía. ¿Queremos intentar cuantificarlo? Contando únicamente los menores de cinco años, trece millones al año. De hambre, no de otra cosa. Solo de hambre. Los que trabajan (los niños no deberían trabajar, deberían jugar) son doscientos cincuenta millones. Venga ese vals. Y hablemos un poco de guerra y paz. La gente de esas organizaciones de solidaridad conoce bien el tema. Esa historia sobre los americanos como gendarmes del mundo no se la tragan. No fabrican paz, dicen: defienden recursos y mercados. No sé si tienen razón, no dispongo de pruebas. Sin embargo, me ha impactado otra de sus observaciones. Las sanciones económicas, un recurso para forzar a la paz, muy valoradas por los pacifistas y los políticos de buena voluntad. La Cruz Roja internacional se ha puesto a estudiar qué efectos, realmente, tienen dichas medidas. Resultado: solo hay un caso en el que cabe decir que haya servido de algo; Sudáfrica. En todos los demás casos, lo que parece evidente es que los embargos económicos no fabrican la paz, sino que aplastan a los grupos débiles de la población. Irak: la renta per cápita, en 1988, era de 355 dólares. Bajó a 65 en 1991 y a 44 en 1992. Han hecho sus cálculos, que yo tomaría con pinzas, pero que no serán completamente erróneos: el número de muertos en Irak como consecuencia directa del embargo es mucho mayor que el de las víctimas civiles durante la operación Tormenta del Desierto. ¿Es mejor bombardear, entonces? No. Mejor defender un principio que no me parece peregrino: «La imposición de sufrimiento a las poblaciones civiles es un medio inaceptable para la obtención de fines políticos, por muy loables que estos sean.»

En la Opéra Bastille, en cambio, no era como en Viena, todo era muy triste. Una mala dirección de Lavelli, una orquesta que no sabe nada sobre alegres apocalipsis, un público serio como en el *Parsifal*. La viuda y Danilo ni siquiera bailaban en *Lippen schweigen:* pero, ¿cómo es posible? Para los melómanos: la viuda era Frederica von Stade. Una curiosa ilusión óptica: mira tú como acaba Cherubino, si le das algo de tiempo.[1]

Así que el título es *La nueva colonización*. Intentadlo. No es por el placer de sentirse malos, la historia no es tan simple, nunca es solo culpa nuestra. Es para entender sobre qué esta-

---

1. Frederica von Stade, una de las mezzosopranos más respetadas y populares, triunfó en la escena internacional interpretando el papel de Cherubino en *Las bodas de Fígaro* de Mozart. *(N. del T.)*

mos bailando, con maestría y ligereza, con genio, a veces: nada que envidiar a Lehár, para ser sinceros. Nosotros también tenemos nuestros valses y bailarlos divinamente quizá forme parte de nuestro dictado, pero, por debajo del parqué, hay guano. *Don't forget, please.*

3 de enero de 1999

Bajo la lente de la crisis económica, pequeñas grietas se hacen enormes en la pieza de cerámica de tantas vidas individuales, pero también en el muro de piedra de nuestra convivencia civil. Una que se está abriendo mucho, no de manera sangrienta, pero sí seriamente, es la que se refiere a las subvenciones públicas a la cultura. El río del dinero que se vierte en teatros, museos, festivales, exposiciones, congresos, fundaciones y asociaciones. Como el río se está extinguiendo, se formulan preguntas. Se protesta. Se debate. Una auditoría aquí, una investigación por malversación allí, se reúnen los síntomas de una agonía que también podría ser larguísima, pero que esta vez no lo será tanto. Bajo la lente de la crisis económica, todo arderá, mucho más rápidamente de lo que se cree.

En situaciones semejantes, en las películas americanas solo puedes hacer dos cosas: o escapas o piensas muy rápidamente. Escapar no es nada elegante. Es, pues, el momento de pensar muy rápidamente. Tienen que hacerlo todos aquellos a quienes les importa la tensión cultural de nuestro país y todos aquellos que conocen esa situación de cerca, por haber trabajado, en cualquier nivel. Yo respondo a la descripción, así que aquí estoy. En realidad, necesitaría un libro para decir todo lo que pienso sobre la trama entre dinero público y cultura, pero pensar rápidamente también significa pensar lo esencial y eso es lo que voy a intentar hacer aquí.

Si intento entender qué fue, hace tiempo, lo que nos llevó a utilizar el dinero público para sostener la vida cultural de un país, se me vienen a la mente dos buenas razones. La primera: ensanchar el privilegio del crecimiento cultural, haciendo accesibles los lugares y los ritos de la cultura a la mayor parte de la comunidad. La segunda: defender de la inercia del mercado algunas obras o piezas de repertorio que probablemente no habrían tenido fuerzas para sobrevivir a la lógica del beneficio y que de todas formas nos parecían irrenunciables a la hora de transmitir determinado grado de civilización. A estas dos razones añadiría yo una tercera, más general, más sofisticada, pero igualmente importante: la necesidad que tienen las democracias de motivar a los ciudadanos para que asuman la responsabilidad de la democracia; la necesidad de tener ciudadanos informados, mínimamente cultos, provistos de principios morales sólidos y de referencias culturales fuertes. Al defender la altura cultural del ciudadano, las democracias se salvan a ellas mismas, como ya sabían los griegos en el siglo V y como han entendido perfectamente las jóvenes y frágiles democracias europeas en cuanto acabaron los tiempos de los totalitarismos y de las guerras mundiales. Ahora la pregunta debería ser esta: estos tres objetivos, ¿sirven todavía? ¿Tenemos ganas de preguntarnos, con toda la honestidad posible, si son todavía objetivos actuales? Yo tengo ganas de hacerlo. Y daría esta respuesta: probablemente todavía son justos, legítimos, pero habría que resituarlos en el paisaje que nos rodea. Deben ser actualizados a la luz de lo que ha pasado desde que los concebimos. Voy a intentar explicarme.

Tomemos el primer objetivo: extender el privilegio de la cultura, hacer accesible los lugares de la inteligencia y del saber. Ahora, hay una cosa que ha pasado en los últimos quince años en el ámbito de los consumos culturales: una verdadera explosión de las fronteras, una extensión de los privilegios y un aumento general de la accesibilidad. La expresión que mejor ha constatado esta revolución es americana: *the age of mass intelligence,* la época de la inteligencia de masas. Hoy no tendría sentido pensar en la cultura como privilegio restringido a una élite acomodada: se ha convertido en un campo abierto en el que hacen masivas incursiones los grupos sociales que siempre habían permanecido al otro lado de la puerta. Lo importante es entender por qué ha sucedido esto. ¿Gracias al paciente trabajo del dinero público? No, o al menos solo en contadas ocasiones y siempre a remolque de otras cosas ya ocurridas. La caja fuerte de los privilegios culturales ha sido forzada por una serie de causas cruzadas: internet, globalización, nuevas tecnologías, mayor riqueza colectiva, aumento del tiempo libre, agresividad de las empresas privadas en busca de una expansión de los mercados. Todas estas cosas sucedieron en el campo abierto del mercado, sin ninguna protección concreta de carácter público. Si analizamos los sectores en los cuales la apertura ha sido más espectacular, se me vienen a la cabeza los libros, la música ligera, la producción audiovisual: son ámbitos en los que el dinero público está casi ausente. Por el contrario, donde la intervención pública es cuantiosa, la explosión parece más contraída, lenta, cuando no ausente: pensad en la ópera, en la música clásica, en el teatro; si no están estancados, poco falta. No es el caso de hacer deducciones demasiado automáticas, pero el indicio resulta claro: si se trata de eliminar barreras y de desmantelar privilegios, en 2009, es mejor dejar hacer al mercado y no molestar. Esto no significa olvidar lo que la batalla contra el privilegio cultural todavía está lejos de ganar: sabemos muy bien que existen todavía grandes compartimentos del país en los que el consumo cultural está en las últimas. Pero las fronteras se han movido. Quien hoy no accede a la vida cultural habita en espacios en blanco de la sociedad que son accesibles a través de dos únicos canales:

escuela y televisión. Cuando se habla de fondos públicos para la cultura, no se habla de la escuela ni de la televisión. Es dinero que gastamos en otra parte. Aparentemente donde ya no son necesarios. Si una lucha contra la marginación cultural es sacrosanta, nosotros la estamos librando en un campo en el que la batalla ya ha terminado.

Segundo objetivo: la defensa de obras y piezas de repertorio valiosas que, por sus elevados costes o su relativo atractivo, no resistirían el impacto con una despiadada lógica del mercado. Para entendernos: salvar los montajes teatrales de millones de euros, *La hija del regimiento* de Donizetti, el cuerpo de baile de la Scala, la música de Stockhausen, los congresos sobre la poesía dialectal, etcétera. Aquí el asunto es delicado. El principio, en sí, es asumible. Pero, con el tiempo, la ingenuidad que lo sustenta ha alcanzado niveles de evidencia casi ofensivos. El punto es: solo con la inocencia y el optimismo de los años sesenta era posible realmente creer que la política, la inteligencia y el saber de la política podrían decretar qué era necesario salvar y qué no. Si uno piensa en la cadena de inteligencias y saberes que va del ministro competente a un determinado director artístico, pasando por los diversos asesores, ¿estamos exactamente seguros de tener ante nuestros ojos una red de impresionante lucidez intelectual, capaz de entender, mejor que los demás, el espíritu de nuestro tiempo y las dinámicas de la inteligencia colectiva? Con todo el respeto, la respuesta es no. ¿Podrían hacerlo mejor las iniciativas privadas, el mercado? Probablemente no, pero estoy convencido de que tampoco podrían hacerlo peor. Me queda la certeza de que el ensañamiento terapéutico en espectáculos agonizantes, y aún más la posición monopolística que el dinero público adopta para defenderlos, han causado daños imprevistos de los que sería necesario ir tomando ya buena nota. Me resulta imposible no pensar, por ejemplo, que la insistente defensa de la música contemporánea ha generado una situación artificial de

195

la que público y compositores, en Italia, todavía no se han recuperado: quien escribe música ya no sabe exactamente qué está haciendo ni para quién y el público está tan desnortado que ya no entiende de qué lado está Allevi (yo lo sé, pero anda que os lo voy a decir).[1] O bien: ¿queremos hablar de la apasionada defensa del teatro de dirección,[2] que se ha convertido prácticamente en el único teatro reconocido en Italia? Ahora podemos decir que nos ha regalado muchos espectáculos inolvidables, pero también que ha diezmado las filas de los dramaturgos y ha complicado la vida de los actores: el resultado consiste en que en nuestro país ya casi no existe ese acto rotundo y natural que, poniendo simplemente en contacto a uno que escribe, uno que actúa, uno que pone en escena y uno que tiene el dinero para invertir, produce el teatro como lo conocen los países anglosajones; un gesto natural, que se cruza fácilmente con la literatura y el cine, y que forma parte de la vida diaria de la gente. Como veis, los principios incluso podrían ser buenos, pero los efectos colaterales carecen de control. Añado que la auténtica ruina se alcanzó cuando la defensa de algo condujo a una posición monopolística. Cuando un mecenas, no importa si es público o privado, es el único sujeto operativo en un determinado mercado y, además, no está obligado a rendir cuentas, aceptando la posibilidad de perder dinero, el efecto que genera alrededor es la desertización. Ópera, teatro, música clásica, festivales culturales, premios, formación profesional: todos los ámbitos donde el dinero público cubre más o

1. Giovanni Allevi es un pianista de jazz y blues, así como compositor de música para ópera, teatro o piano solista. *(N. del T.)*
2. En la historia del teatro, a la tríada clásica de autor, actor y espectador, vino a sumarse la dirección escénica. A partir de la década de los sesenta su importancia creció exponencialmente, hasta el punto de modificar de forma decisiva la idea de representación teatral. Así se pasó del llamado teatro del texto al denominado teatro de dirección. *(N. del T.)*

menos en su totalidad. Márgenes de maniobra para los inversores privados: mínimos. ¿Estamos seguros de que es eso lo que queremos? ¿Estamos seguros de que este es el sistema apropiado para impedir que se nos arrebate la herencia cultural que hemos recibido y que queremos legar a nuestros hijos? Tercer objetivo: en el crecimiento cultural de los ciudadanos las democracias cimientan su estabilidad. Correcto. Pero tengo un pequeño ejemplo que puede hacernos reflexionar, fatalmente reservado para los electores de centro-izquierda: Berlusconi. Circula la convicción de que ese hombre, con tres televisiones, más otras tres a remolque o episódicamente controladas por él, ha desestabilizado el talante moral y la altura cultural de este país desde sus cimientos, con el resultado de generar, casi como un efecto automático, cierta inadecuación colectiva a las exigentes reglas de la democracia. Del modo más claro y sintético he visto enunciada esta idea por Nanni Moretti, en su trabajo y en sus palabras. No es una posición que me convence (a mí Berlusconi me parece más una consecuencia que una causa), pero sé que es ampliamente compartida y, por tanto, podemos tomarla como buena. Y preguntarnos: ¿cómo es que la grandiosa presa cultural que habíamos imaginado que levantábamos con el dinero de los contribuyentes (es decir, el nuestro) ha cedido ante tan poco? ¿Bastaba con montar tres canales televisivos para esquivar el grandioso círculo de murallas que tanto nos había costado levantar? Evidentemente, sí. ¿Y los torreones que hemos defendido, los conciertos de *lieder,* la refinada puesta en escena de Chéjov, *La hija del regimiento,* las exposiciones de arte toscano del siglo XV, los museos de arte contemporáneo, las ferias del libro? ¿Dónde estaban, cuando las necesitábamos? ¿Es posible que no hayan visto pasar al Gran Hermano? Sí, es posible. Y entonces nos vemos obligados a deducir que la batalla era justa, pero la línea de defensa incorrecta. O frágil. O estaba podrida. O era corrupta. Aunque, lo más probable es que la levantáramos en el lugar equivocado.

Resumo. La idea de atornillar tornillos en la madera para hacer que la mesa sea más robusta está bien, pero el problema es que atornillamos a martillazos o con cortaúñas. Atornillamos con el pelapatatas. Dentro de poco, cuando se acabe el dinero, atornillaremos con los dedos. ¿Qué hacer, entonces? Mantener firmes los objetivos y cambiar de estrategia, por supuesto. A mí me parecería lógico, por ejemplo, realizar dos simples movimientos, que aquí sintetizo, para dolor de úlcera de muchas personas.

1. Desplazad ese dinero, por favor, a la escuela y a la televisión. El país real está ahí y ahí está la batalla que deberíamos librar con ese dinero. ¿Por qué dejamos que se escapen rebaños enteros del cercado, sin pestañear, para luego condenarnos a perseguir a los fugitivos, uno a uno, tiempo después, a golpe de teatros, museos, festivales, ferias y eventos, desangrándonos en una labor absurda? ¿Qué sentido tiene salvar la ópera y producir estudiantes que saben más de química que de Verdi? ¿Qué significa pagar temporadas de conciertos para un país en el que no se estudia la historia de la música ni siquiera cuando se estudia el Romanticismo? ¿Por qué ir tanto de pijeras programando teatro sublime, cuando transmitir a Benigni en televisión parece ya un acto de heroísmo? ¿Con qué cara subvencionar congresos de historia, medicina, filosofía, etnomusicología, cuando el saber, en televisión –donde sería para todo el mundo– solo existirá mientras la saga de los Angela continúen con sus programas de divulgación?[1] Cerrad los teatros estables y abrid un teatro en cada escuela. Poned a cero las convenciones y pensad en crear una nueva generación de profesores preparados y bien pagados. Liberaos de las fundaciones

1. El periodista Piero Angela, y también su hijo Alberto Angela, se han dedicado a la divulgación científica, protagonizando numerosos programas para la televisión italiana desde los años setenta y prácticamente hasta la actualidad. (N. del T.)

198

y de las entidades que fomentan la lectura y poned un programa decente sobre libros en *prime time.* Olvidaos de los grandes conciertos de música de cámara y con el dinero ahorrado permitámonos una noche a la semana de tele que pase por completo de medir las audiencias. Lo digo de otro modo: dejad de pensar que debería ser un objetivo del dinero público producir una oferta de espectáculos, acontecimientos, festivales; ya no lo es. El mercado sería hoy lo bastante maduro y dinámico para funcionar tranquilamente por su cuenta. Ese dinero sirve para algo fundamental, algo que el mercado no sabe y no quiere hacer: formar un público consciente, culto, moderno. Y hacerlo allí donde aún está todo el público, sin discriminaciones de clase y de biografía personal: en la escuela, en primer lugar, y luego delante de la televisión. La función pública debe volver a su vocación original: alfabetizar. Hay que realizar una segunda alfabetización del país, que capacite a todo el mundo a leer y escribir lo moderno. Solo esto puede generar igualdad y transmitir valores morales e intelectuales. Todo lo demás es un falso objetivo.

2. Dejar que en los enormes espacios abiertos creados por esta especie de retirada estratégica vayan a colocarse las iniciativas privadas. Este es un punto delicado, porque pasa a través de la destrucción de un tabú: la cultura como negocio. Uno tiene en mente al villano que llega y que lo destruye todo. Pero, por ejemplo, eso mismo no nos asusta en el mundo de los libros o de la información: ¿habéis sentido alguna vez la falta de una editorial o de un periódico nacional, regional o municipal? Para seguir con los libros: ¿Os parecen bandidos los Mondadori, Feltrinelli, Rizzoli, Adelphi, por no hablar de los pequeños y medianos editores? ¿Os parecen piratas los libreros? Esa gente se dedica a la cultura y hace negocio. Son ellos quienes nos abren las puertas al mundo de los libros. No será el paraíso, pero el infierno es otra cosa. ¿Y, entonces, por qué en el teatro no? Intentad imaginar que en vuestra ciudad hay cuatro carteleras teatrales hechas por Mondadori, De Agostini, Benetton y

vuestro primo. ¿Acaso es tan terrorífico? ¿Sentiríais la hiriente ausencia de un teatro estable sostenido con vuestro dinero? Lo que debería hacerse es crear las condiciones necesarias para crear auténticas empresas privadas en el ámbito de la cultura. Creer en ello y, con el dinero público, echar una mano, sin moralismos fuera de lugar. Si se tienen dudas sobre la calidad del producto final o sobre la accesibilidad económica de los servicios, intervenir para apoyar sin ningún pudor. Lo digo de un modo brutal: acostumbrarnos a dar nuestro dinero a alguien que lo utilizará para producir cultura y beneficios. Ya basta con la hipocresía de las organizaciones y las fundaciones sin ánimo de lucro: como si no fueran ganancias los sueldos, y los favores, y las regalías, y la autopromoción personal, y los pequeños poderes derivados. Vamos a acostumbrarnos a aceptar auténticas empresas que producen cultura y beneficios económicos y usemos los recursos públicos para ponerlas en condiciones de mantener precios bajos y de generar calidad. Olvidémonos de hacer que paguen impuestos, abrámosles el acceso al patrimonio inmobiliario de las ciudades, aligeremos el coste del empleo, forcemos a los bancos a desplegar para ellos una política de préstamos rápidos y muy favorables. El mundo de la cultura y del espectáculo, en nuestro país, lo mantienen en pie cada día miles de personas, a todos los niveles, que realizan ese trabajo con pasión y capacidad: démosles la posibilidad de trabajar en un campo abierto, en sintonía con los consumos reales, aligerado de las trabas políticas y revitalizado por un verdadero contacto con el mercado. Son mayores ya, cerremos esta guardería. Parece un problema técnico, pero es sobre todo una revolución mental. Los frenos son ideológicos, no prácticos. Parece una utopía, pero la utopía está en nuestra cabeza: no existe ningún lugar donde sea más fácil hacerla realidad.

24 de febrero de 2009

Extraño país el nuestro: a veces parece muerto, otras veces parece electrizante. Se despierta a trompicones, se diría. Sobre el asunto del dinero público para la cultura no veas cómo ha saltado: un montón de intervenciones, estos días, cada uno con la suya. Evidentemente tenemos cuentas pendientes con este tema: si no profundizamos, nos limitaremos a conservar, escondido en el falso techo de nuestra conciencia, la vaga impresión de haberlo resuelto realmente. Bien. Los debates se abren para que la gente debata: hecho.

En cuanto a mí, me he pasado la semana pidiéndole a la gente que leyera todo mi artículo y no solo el título, ese fragmento de allí o esa frase de allá. Todo un juego de paciencia. Es como intentar dictarle una receta a uno que te escucha mientras juega a la PlayStation: como inexorablemente se va saltando pasos, al final el plato da asco y te lo dice. Él tiene razón, tú tienes razón. Mi propuesta, lo recuerdo, era esta (la doy en una versión tan sintética que podéis seguir jugando tranquilamente). Primero. Desplazar la atención, la inteligencia y los recursos a la escuela y la televisión porque es sobre todo allí donde en este momento se libra la batalla en defensa de los actos, de los valores y del patrimonio de la cultura. Segundo punto. Acostumbrarse a la idea de que el dinero público puede y debe dar un paso atrás para abandonar esa posición central, y a menudo monopolística, que tiende a tener en la vida cultural del país. Tercero. No tener miedo de dejar campo a la iniciativa privada y, en su lugar, con la ayuda del dinero público, facilitarle las condiciones necesarias para que trabaje en la dirección de la calidad y de la difusión más amplia y justa posible. Fin. (Como puede verse, no aparece escrito en ningún lado que sería útil recortar los fondos a la cultura: se sugiere colocarlos de forma diferente y utilizarlos al servicio de un modelo distinto. Si sugiero mover a un paciente gravemente enfermo de una sala a otra, pensando que así recibirá un tratamiento mejor, quizá me equivoque, pero no tengo nada que ver con quien sugiere que hay que llevar al paciente al pasillo, que ya se verá luego, y si la palma, qué le vamos a hacer.)

Estos tres puntos describen un escenario: colocan una batalla justa y sacrosanta en un juego diferente, con reglas diferentes y un campo de juego rediseñado. La única pregunta útil, llegados a este punto, sería: ¿es un modelo que nos convence o preferimos el que elegimos hace años y que todavía está vigente? Trataré de reunir las intervenciones de estos días y me atreveré a formular una respuesta.

A algunos les parece un modelo bueno, muy cercano a lo que desde hace mucho tiempo vienen rumiando; a algunos les parece un modelo tal vez brillante pero esencialmente inútil, porque todo se resolvería si se aplicara el modelo presente con mayor honestidad, transparencia y rigor; a algunos, en fin, les parece un modelo simplemente irreal, poco más que una ingenua e irresponsable ensoñación. Son tres posiciones que entiendo, y que respeto, sobre todo cuando son presentadas con elegancia. Tengo la esperanza de que se introduzcan en el sistema circulatorio de la inteligencia colectiva y, a la larga, supongan un paso adelante en nuestro modo de concebir la relación entre dinero público y cultura. Sin embargo, ahora me apremia hacer una aclaración, a propósito del irrealismo, de la ingenuidad, de la irresponsabilidad, etcétera. Poned la PlayStation en pausa, prometo ser brevísimo.

En cualquier sistema bloqueado, que ha fijado sus reglas y trazado sus fronteras, ese sistema es la única posibilidad: todo el resto es un sueño. Pero si primero desbloqueas el sistema y aceptas el campo abierto, muy incauto resulta hacer pronósticos sobre lo que es posible y lo que no. Traduzco: producir teatro lírico de un modo diferente a como acostumbra a producirlo el Estado actualmente es imposible mientras el Estado produzca el teatro lírico de ese modo con la excusa de que de otras formas es imposible. Traduzco de nuevo: nadie puede hacer mejores teatros estables en un mundo con teatros estables, pero nadie puede decir que eso sería imposible en un mundo sin teatros estables. Se trata de un cambio de escenarios, de reglas, de fronteras. Cuando veo a tanta y tan apasionada gente del teatro preguntarme incrédula si se me ha ido la olla al imaginar la entrada de la empresa privada en su mundo, reconozco la misma mezcla de sentido común y de ceguera que me fascina en otras personas ante situaciones similares: los directivos de la British Airways la víspera de que saliera a la venta el primer vuelo *low cost* Londres-Dublín, los editores de la enciclopedia Treccani la víspera de la aparición de Google y Wikipedia, los directores de periódicos la víspera de la irrupción de la *free-press,* los editores la víspera del lanzamiento de los primeros libros de bolsillo, el fabricante de muebles justo antes de descubrir la existencia de Ikea y mi camarero la víspera de que inventaran Starbucks. No querría que empezara un debate sobre el café americano ni sobre las mesitas de noche de Ikea (ya veo el titular: «¡Teatros *low cost!*»). Tan solo quisiera recordar que donde la intervención pública no blinda un mercado (e incluso donde lo blinda, pero no completamente, como en las líneas aéreas), cualquier línea de demarcación entre posible e imposible es incauta. Hasta la víspera, todo aquello era imposible. Al día siguiente, estaban cambiando nuestros actos, nuestros hábitos, nuestra cotidianidad.

Una cosa más, la última. Porque hay una objeción que me han repetido hasta la extenuación, estos días. Empieza así: «Precisamente ahora...» ¿Precisamente ahora que habría que luchar contra los recortes del gobierno sales tú con una propuesta de ese tipo? En su formulación más brusca, la objeción suena así: nosotros aquí luchando y tú estás ahí llevando el agua al molino de la política del gobierno. Qué decir... Ya he dicho y he repetido que la diferencia entre lo que yo propongo y lo que este gobierno hace me parece inmensa. Pero también sé que no es este el punto. El punto es que lo que yo digo puede ser utilizado para bailar el agua a esa política. Basta con una simplificación aquí, una fuerte censura allá, un pequeño ajuste... Lo sé, es verdad. Pero me gustaría decir que es un riesgo que debemos correr. La cautela estratégica ha matado demasiado ideas, incluso, en la izquierda, en estos años. Tenemos ideas, soluciones, visiones, pero nunca es el día apropiado para decirlas en voz alta. Hace ya unos veinte años que, de una manera más o menos confusa, pienso las cosas que he dicho y puedo atestiguarlo con serenidad: nunca he visto pasar un día que para vosotros fuera el apropiado para decirlas. Siempre estoy interrumpiendo la delicadísima partida de Risk que estáis jugando. Por el contrario, pensar es un acto que no puede seguir el calendario que le marque la política. Cuando intentamos perfilar ideas formadas, lanzar modelos alternativos, imaginar soluciones inéditas, estamos emprendiendo un largo viaje, que se asoma al futuro: estamos intentando llegar puntuales a una cita que tendremos dentro de unos años: no mañana, no en la próxima reunión sindical, no en la próxima sesión de la comisión parlamentaria, no en las próximas elecciones. Para eso ya está la política. Pero reflexionar, eso es otra cosa. Algo a lo que no debemos tener miedo, ni siquiera cuando estratégicamente nos resulte incómodo. Una tarea para la que ningún día es inapropiado.

4 de marzo de 2009

ESTAR EN LA TELE

Estaban grabando el capítulo especial dedicado a la música clásica, para el programa de Fazio, y yo esperaba mi turno.[1] Vagaba por los pasillos, entre bambalinas, mirando: porque allí, bajo el capó de la televisión, todo es un motor absurdo, un ir y venir de hombres bala y de mujeres cañón. Quizá sean buena gente, no estoy juzgando, pero aquello es un circo, eso sí hay que decirlo. Por regla general es así. Y en determinado momento veo llegar desde el fondo del pasillo a un hombre perfectamente vestido, con unos andares un poco de hermano Marx y una mirada de adivino. Parecía estar buscando algo. Me fijo más en él y era Maurizio Pollini.

Nadie está obligado a saberlo, pero es uno de los cuatro o cinco mejores pianistas vivos. Habré asistido en mi vida a unos diez conciertos suyos: no recuerdo haber escuchado nunca ni una sola palabra suya, en tales circunstancias. Pero no es solo eso: no recuerdo ni una expresión suya, una cara, que revelara algo, un sentimiento, un mensaje que hacer llegar al público.

1. El escritor, periodista y productor Fabio Fazio presenta desde 2003 el programa *Che tempo che fa* (Cuánto tiempo hace), un *talk-show* con entrevistas a invitados e intervenciones cómicas y satíricas que le valió el premio E giornalismo en 2007. *(N. del T.)*

205

Era de un rigor absoluto: era las notas que tocaba y nada más. Su forma misma de tocar era una competición para anular cualquier rastro de paso humano: no había imperfecciones en sus dedos, ni concesiones aparentes a la inspiración del momento; desgranaba notas como teoremas, y hasta Chopin parecía la deducción geométrica de un movimiento del corazón. Resumiendo: era la quintaesencia del vate inaccesible; certificaba una religión con lejanos altares, y reservados. Ahora estaba allí, entre hombres bala y mujeres cañón.

Poco después me encontré viendo en un monitor a Claudio Abbado, que dirigía rodeado de cámaras de televisión, delante de un público forzadamente impropio y en nada distinto al de cualquier *talk show*. Con su obrar tranquilo y maravillosamente infantil, se quedó luego a charlar con sus amigos Barenboim y Pollini, intentando en vano que Fazio lo tuteara, y hablando de su abuelo, que le había enseñado el placer de las revoluciones. Nadie está obligado a saberlo, pero es uno de los dos directores de orquesta más grandes, vivos. Hay tres o cuatro podios en el planeta en los que cuando te subes eres Dios: él ha subido y ha bajado de ellos, con cierta despreocupación, y siempre sin malgastar ni una sola palabra. Ahora está ahí, cargado de micrófonos y perseguido por las luces rojas de las cámaras de televisión.

En sí mismo, uno incluso podría tomárselo mal: el crepúsculo de los dioses, se podría llegar a pensar. Pero viéndolos, allí en el vídeo, me pareció entender que, por el contrario, no había nada que pudiera parecerse a una derrota en su modo de estar allí: solo transmitían la sensación, sorprendente, de una tregua. Sucedía todo en una especie de tierra de nadie: tanto ellos como la televisión habían acordado salir de sus propias trincheras, y ahora estaban allí, en una tierra de nadie, para presentarse. Y quizá me equivoque, pero necesito decir esto: esa tierra abierta es la única tierra que puede generar la cultura en televisión. Nada es factible sin que salgan todos de sus trincheras. Los hombres de cultura bajando de sus pedestales, la televisión lejos de su obtuso egocentrismo. Si el punto de encuentro no está allí en medio, el resultado es siempre una transmisión insoportablemente aburrida u hombres de cultura indignamente mortificados. ¿Es tan difícil encontrar ese punto? No. Vi a Pollini en maquillaje y al operador de cámara con los ojos húmedos cuando Abbado subió al podio. Fazio no consideró indispensable preguntarle a Abbado qué piensa de Muti, y Abbado no exigió llevar las cámaras de televisión al teatro, sino que fue él al estudio. Cosas pequeñas y sencillas. Ningún heroísmo, diría yo, solo la sabia disponibilidad de dejar cualquier palmo de terreno para generar un espacio diferente, donde encontrarse. No parece, sinceramente, que sea algo tan difícil. Bastaría con la voluntad de hacerlo. Bastaría con darse cuenta de la voluntad que tendrían de hacerlo. El resto es destreza, inteligencia, cuidado: la praxis normal de un trabajo bien hecho. La normalidad.

Si decidiéramos ejercer alguna vez esta normalidad, podríamos obtener algo muy sutil, que erróneamente identificamos con el término «divulgación», el nombre que damos al gesto de hacer simples cosas que son complejas. Naturalmente, la divulgación es algo que la televisión puede hacer: pero es mucho menos que lo que podría llegar a hacer. La televisión tiene su propio sesgo popular, infantil y lúdico; tiene un modo suyo de iluminar las cosas que no supone necesariamente vulgarizarlas: muchas veces es simplemente un modo determinado de iluminarlas. Ese tipo de luz es, para los intelectuales, inédito y desconcertante: pero es una luz, no una agresión. Entrevistando a Pollini, el otro día, Fazio, en un momento dado, le soltó, con muchísima prudencia, una hermosa pregunta: ¿Por qué nos gusta el arte contemporáneo y en cambio la música contemporánea nos exige un esfuerzo tan terrible? ¿No veis la luz? Es como las preguntas que hacen los niños. No tienen nada que ver con volver simples las cosas complejas: tienen que ver con *Cándido* de Voltaire, con un candor que ve el corazón simple de las cosas complejas. La televisión está allí para formular esas preguntas. Nosotros, los intelectuales, deberíamos estar ahí para dar alguna respuesta. Luego cada uno se vuelve a su trinchera a tejer su propia tela, pero mientras tanto cada tregua es una hora robada a la guerra y a una separación que no le hace ningún bien a nadie.

5 de diciembre de 2009

NOSOTROS Y LA MÚSICA CONTEMPORÁNEA

A veces la historia de la cultura se convierte en un enigma de tal elegancia que hace incomprensible el instinto de la mayoría para ocuparse de otra cosa. Para seguir con cuestiones completamente marginales, pero en las que arriesgamos nuestra identidad, hay algo que a estas alturas resulta ya dificilísimo entender, como, por ejemplo, la relación que existe entre nosotros y la modernidad del siglo XX (llamamos, de hecho, modernas a cosas que nacían cuando ya estaban muriendo los padres de nuestros abuelos). El problema, paradójico, consiste en que a menudo el público aún no ha digerido novedades que entretanto se han convertido ya en objetos del pasado. Lo que es moderno ya no es contemporáneo, pero sigue siendo todavía traumático. ¿Qué sentido tiene? Es como si todavía estuviéramos ahí, intentando aprender cómo funciona el magnetófono, sin ser capaces de averiguarlo. ¿Tiene sentido insistir o es mejor pasar directamente al iPod?

En el artículo que *La Repubblica* publica hoy, el crítico musical americano Alex Ross sortea la pregunta haciendo otra, ingenua y, por tanto, inteligente. Tras constatar el hecho, para él sorprendente, de que la gente haga cola para entrar en la Tate Modern, pero siga esquivando con mucha precaución la música contemporánea, acaba haciéndose una pregunta. Esta: ¿por qué el mismo público que aprecia la belleza de Pollock no logra apreciar la belleza de Schönberg? ¿Por qué la modernidad, en música, sigue resultando tan indigesta? La pregunta es sencilla, pero da en el blanco y, si alguien podía formularla solo podía ser Ross, uno de los pocos que, actualmente, mira al mundo de la música clásica con inteligencia y sin demasiados tabús. Bien, tan solo nos queda encontrar la respuesta.

Ross lo intenta, resumiendo respuestas ajenas y arriesgando la suya propia: todas parecen ser convincentes, incluso aquellas sobre las que él muestra albergar dudas, pero que en el fondo tampoco son tan infundadas. Resulta probable que sea la suma de todas esas hipótesis las que generen el resultado anómalo que tenemos ante los ojos. Del mismo modo que se podrían encontrar y añadir otras explicaciones. Yo me permito apuntar una más, aunque solo sea para no dejar de intentarlo. Quizá se trate, también, de una cuestión de marketing. Pero no en el sentido, inocuo, de que si le pones un título ingenioso al concierto y repartes Coca-Cola, todo funciona mejor. En un sentido más inteligente. Quiero decir que durante muchísimo tiempo la música culta moderna se ha vendido como un desarrollo natural de la música clásica. Si apreciabas el camino que llevaba de Haydn a Schubert, entonces podías valorar el camino que de Wagner llevaba a Webern. Si no lograbas hacerlo, el problema era tuyo. El principio disfrutó durante décadas de una formalización desafortunada en la planificación de conciertos cuyo esquema modelo era: Bach, Boulez, Brahms. Una cosa breve de un gran clásico, una composición contemporánea, pausa y luego orgía romántica (el desorden cronológico venía dictado por el miedo a que hubiera una huida después de la pausa). Aparte del molesto regusto a oratorio salesiano (partidito de fútbol, misa, partidazo de fútbol), ese modelo de concierto imponía una verdad que habría hecho mejor, en realidad, poniendo en discusión: que existiera una sustancial continuidad entre oír a Brahms y oír a Boulez:

que se trataba de productos diferentes pero hechos para el mismo tipo de consumo. Los colocaban en la misma estantería del supermercado, no sé si me explico. Como kétchup y mayonesa. Eso es. ¿Pero son Chopin y Webern, realmente, dos salsas? Yo creo que no y creo que a la larga el público no ha perdonado a la música culta esa sutil estafa. En otras partes han sido más honestos. Es posible, por ejemplo, que el famoso Pollock resulte ser más accesible precisamente porque raras veces se expone al lado de *La Gioconda*. El arte contemporáneo está, generalmente, en museos de arte contemporáneo. Como la danza contemporánea tiene otros circuitos distintos a los del ballet. Entonces es más fácil elegir y, al final, valorar. Degustar a Steve Reich no es difícil, amar a Monteverdi tampoco, pero ponerlos juntos y encontrarles un estrecho parentesco es una empresa complicada, a menudo insensata, que pone fuera de juego el placer puro de la audición y solo genera cansancio, con frecuencia inútil, y frustración. Probablemente, si hubieran tenido la lucidez y el coraje de separar las cosas desde el principio, la historia habría sido otra. No solo para el público, sino también para los compositores. En vez de pretender ser amados en nombre de sus ascendentes genealógicos (la grandeza de Boulez era legitimada por la de Wagner que, a su vez, había sido legitimada por la de Beethoven), tendrían que haber jugado su destino en el campo abierto de la audición: sin padres ni recomendaciones, habría quedado su música, sola ante un público que no habría tenido que reconocer su belleza, sino descubrirla. Su belleza o su posible fealdad, hay que decirlo. Pero no han ido así las cosas. Y ahora no está nada claro que sea posible volver atrás, al punto exacto donde todo se rompió, para recomponer el hilo de una confianza, entre compositores y oyentes, que parece haberse perdido para siempre.

8 de enero de 2011

LA AMISTAD ANTES DE FACEBOOK

Lo que recuerdo de la amistad en los tiempos en los que no existía Facebook ni tampoco la red, los correos electrónicos ni los SMS, lo escribí en *Emaús,* sobre la amistad de esos cuatro chavales de diecisiete años que protagonizan la novela. Los libros nunca son, menuda estupidez, la verdad, pero es verdad que nosotros éramos más o menos así, como esos cuatro. Algo que recuerdo bien, por ejemplo, es que pensábamos la amistad como una prolongación de una fe: fuera religiosa, como en nuestro caso, pero también laica o política, no importaba. También el Torino podía servir. Pero era importante esa creencia común, no habría bastado ni la simpatía, ni ninguna otra proximidad sentimental. Lo que nos mantenía unidos era la certeza de que estábamos luchando juntos en una especie de guerra subterránea, de la que, por otro lado, tampoco entendíamos mucho. En definitiva, en los amigos buscábamos menos un alivio para nuestras soledades que la inscripción en un determinado heroísmo colectivo. Esto daba a las relaciones un rasgo de necesidad, o quizá de sacralidad, que nos volvía locos. Encontrábamos allí una firmeza, una inevitabilidad, que no encontrábamos en ninguna otra parte.

Queda claro que no había amigos que no fueran inseparables. Como los cuatro de *Emaús,* de jóvenes construíamos las amistades sobre una burbuja de dolor. Cuando no existía, nos la inventábamos, creo. Pero aquí siempre nos reconocíamos a partir de una herida y, si nos queríamos de verdad –y cuánto–, intercambiábamos el secreto de nuestra tristeza. Nuestras familias sabían poco al respecto, y nada el mundo: pero el espacio de ese penar, que manteníamos en secreto, dictaba el perímetro de un lugar muy reservado al que las amistades, y solo ellas, accedían. Así, ser amigos significaba compartir un secreto. E intercambiar melancolía. No quiero decir que fuéramos depresivos ni patéticamente románticos (a lo mejor también lo éramos un poco, pero eso no era lo importante), quiero decir que cuando buscábamos el máximo de la cercanía nos resultaba más fácil hacerlo entrando en la sombra de nuestros pensamientos sombríos, porque allí encontrábamos la perfección. La alegría era menos interesante. De la felicidad ni siquiera nos dábamos cuenta.

Y, como Facebook no existía, ser amigos significaba hacer cosas. No hablar de ellas ni explicarlas: hacerlas. Si intento recordar momentos exactos que significasen amistad, veo escenas en las que siempre estábamos haciendo algo. Y nunca en casa. Existía un nexo preciso entre levantar el culo para ir a hacer cosas y el vivir las amistades. Incluso cuando nos escribíamos, era algo especial, sucedía escasas ocasiones y, entonces, una carta era mucho más un hecho que una forma de comunicarse. Era un acto. Las interminables llamadas telefónicas (lo más cercano que logro imaginar son los chats de hoy) las reservábamos para las novias: entre nosotros habría sido ridículo. Hablábamos muchísimo, naturalmente, pero siempre era algo que iba cosido a un acto y tiempo legitimado por otro tiempo, pasado en alguna ocupación. Nos habría parecido terriblemente vacío estar en contacto mediante el ordenador. No habríamos sabido qué decirnos. Cuando, por el contrario, el mero hecho de «volver de jugar a la pelota» se convertía en un espacio perfecto, de caminatas memorables y de palabras largo tiempo incubadas. Aquello tenía que ver con el sudor, con los cordones de los zapatos desatados, y el balón, asquerosamente sucio, entre las manos, y hacerlo rebotar. Una ventanita en una pantalla, eso nos habría parecido un repliegue inexplicable.

Todo esto nos obliga concluir, a menudo, utilizando un término que ha periclitado, que aquellas eran amistades profundas. Tácitamente, pretendemos decir que las de Facebook no lo son. Pero la realidad no es tan sencilla. Si un término ha periclitado por algo será, y la extinción de una descripción inequívoca para la palabra profundidad algo tendría que enseñarnos. Era el nombre que dábamos a cierta intensidad, pero era un nombre probablemente inexacto. Aludía a coordenadas (superficie, profundidad) que el mundo casi con total seguridad no tiene: hoy aparecen como una simplificación un tanto infantil y son a la experiencia real lo mismo que un dibujo en 3D. Instrumentos pobres, cabría decir. Así que nos queda la memoria de cierta intensidad, pero pocos nombres ciertos para nombrarla con exactitud. Por eso, sacar conclusiones que no sean de barra de bar parece difícil. Yo tan solo me permito anotar una observación que, entre otras cosas, tiene la limitación de referirse a mi experiencia personal: en general, la «profundidad» que tiendo a atribuir de forma retrospectiva a aquellas amistades no parece haber influido en su resistencia al tiempo. Algunas han desaparecido, otras han permanecido, como si no hubiera una regla: su duración tiene todo el aspecto de ser un asunto condenadamente casual. Y si todavía me encuentro muy unido a personas con las cuales volvía de jugar a la pelota, la verdad es que otras tantas amistades que eran tan «profundas» como esas se han marchado con un asombroso fluir líquido, como si no tuvieran ninguna clase de enganche y ni la menor forma de necesidad. Ha bastado, a veces, un mínimo desplazamiento, una nimiedad, y ya no estaban allí. Así que las que parecían piedras encajadas se han revelado

214

piedras apoyadas sobre algo resbaladizo: y lo pétreo es una categoría que solo en la imaginación tiene una conexión necesaria con la permanencia. De jóvenes no podíamos imaginarlo, pero la verdad es que es posible ser pétreo y provisional: nosotros lo éramos. *Rolling Stones,* como nos enseñó más tarde alguien que, sin saberlo, ya lo había entendido todo.

30 de enero de 2010

LA PASIÓN DE LA LECTURA

En cierta ocasión leí una definición elegantísima del placer de la lectura: una pasión tranquila. La escribió Franco Moretti y, para acompañar la aparición de la Biblioteca de *La Repubblica*, consideré que lo mejor era mantener una breve charla con él: entre los que estudian los libros él es, en este momento, una de las voces más inteligentes y menos banales. Es el editor de *Il romanzo* (La novela), la gran obra en cinco volúmenes de Einaudi. Entre sus libros, *Opere mondo,* bellísimo. Estudia y da clases en la Universidad de Stanford, pero creo que se trata de algo fortuito: yo no deduciría nada sobre la fuga de cerebros italianos al extranjero.

«A decir verdad, esa definición se la copié a Hirschmann, un economista. Él la utilizaba para definir el *ethos* comercial de la burguesía de los siglos XVII y XVIII. Una pasión tranquila. Un hermoso oxímoron.»

Como pasión, ¿es un asunto antiguo o es una invención de los burgueses del siglo XIX?

«No, es posible decir que existe desde siempre. Ya con las primeras novelas helenísticas era así. Si no, Juliano el Apóstata no se habría tomado la molestia de despotricar contra las novelas ni contra quien las leía.»

¿Por qué durante siglos todo el mundo tuvo esa inquina contra la novela?

«Porque leerla era un placer y el placer no estaba bien visto en las instituciones. Y también porque la literatura está hecha con mentiras. Ahora ya nos hemos acostumbrado, utilizamos la palabra mágica *fiction:* pero antes resultaba chocante que alguien entretuviera a la gente contándole historias inventadas, completamente falsas. Era algo desestabilizador.»

Volvías a casa y te encontrabas a tu esposa embobada leyendo sobre princesas y caballeros...

«Más o menos.»

Desestabilizador.

«Pues sí.»

Tantos siglos demonizando los libros y ahora todo el mundo quejándose de que nadie lee.

«Tampoco demonizaban todos».

¿No?

«Por ejemplo: mientras Juliano el Apóstata despotricaba, había médicos que incluso teorizaban sobre las propiedades terapéuticas de la lectura.»

¿Para curar qué?

«La impotencia.»

Ah.

«Han encontrado los documentos, no es broma.»

Probablemente pensaban en la literatura erótica.

«Probablemente.»

Vuelvo a formular la pregunta: siglos demonizando los libros y ahora a quejarse de que nadie lee.

«¿Nadie lee?»

Eso dicen.

«En fin.»

¿Es posible que la «pasión tranquila» haya pasado de moda?

«A mí me parece que resiste. Quiero decir: no ha envejecido. Lo que cabe decir es que ahora tiene mucha competencia. Las novelas gustaban por el placer de seguir una intriga y ahora el cine ofrece ese placer. Así como la televisión ha tomado a su cargo la fascinación de la historia por entregas, un género en el que Balzac o Dickens hicieron fortuna. Y luego la electrónica, piense usted en los videojuegos, que también son narraciones...»

Y, pese a todo, el libro resiste.

«Ha resistido perfectamente. Su éxito ha coincidido con la alfabetización de masas: todavía hoy vive la fuerza de esa extraordinaria aventura colectiva. Será necesario ver qué ocurrirá después de la próxima alfabetización, la que probablemente enseñará a todo el mundo a utilizar los ordenadores. Entonces no sé qué pasará. Pero aún nos queda lejos. Aquí en la universidad empiezan a llegar ahora jóvenes que han sustituido, integralmente, el libro por una pantalla. Y no son muchos.»

¿Pero leer nunca ha sido, de verdad, una actividad popular, realmente extendida? Por ejemplo, en el siglo XIX, ¿cuánta gente leía novelas?

«Es difícil decirlo. Los números son traidores, porque estaban los que leían, pero también había muchísimos que escuchaban la lectura. A lo mejor ni siquiera sabían leer, pero alguien lo hacía por ellos, en voz alta. Los que hacían puros en las fábricas cubanas trabajaban mientras alguien les leía *El conde de Montecristo:* ¿en la estadística dónde están?»

De acuerdo, pero una idea vaga se tendrá, ¿no?

«Digamos que probablemente los que leían novelas eran el treinta, el cuarenta por ciento de la población. No sé si esto significa que era una actividad popular. Por supuesto, en América, durante todo el siglo XIX, las novelas no alcanzaron la difusión que allí tenían los sermones. Quiero decir: un éxito realmente popular, del tipo de la televisión hoy en día, es otra cosa.»

Aparte de la hermosa definición de «la pasión tranquila», ¿cómo explicaría usted el placer de leer una novela?

«Creo que hay fundamentalmente dos tipos del placer. El primero nace del gusto de seguir una historia en la que los personajes siempre permanecen iguales, pero una serie de obstáculos externos pospone su felicidad, felicidad que muy a menudo se sintetiza en la unión amorosa. Eso es, este es un tipo muy particular de placer. Da una cierta seguridad, porque los personajes son como certezas intocables: es el mundo, pues, el que los trata mal y ni siquiera es para siempre.»

¿Segundo tipo?

«Un poco más sutil. Es el placer de asistir a las transformaciones de un personaje. Transformaciones quizá también a peor, no importa. Lo bello consiste en verlo cambiar, crecer, hacerse otro. Diría que es un placer sobre todo del siglo XIX: y realmente nunca ha sustituido al primero.»

Mirando la lista de los libros de *La Repubblica,* ¿me da un ejemplo de ese tipo de placer?

«*Retrato del artista adolescente...* o *Las tribulaciones de Törless.*»

¿Y ejemplos del primer tipo?

«Bueno, es más difícil... son todos libros del siglo XX... Tal vez *Cien años de soledad,* aunque de un modo muy particular.»

¿Y cómo explicaría todo lo que ha pasado en el siglo XX?

«Digamos que durante una buena parte del siglo XX el placer de la lectura se perdió por el camino. ¿Intento resumirlo?»

Inténtelo.

«Como decía Schönberg: se les ocurrió que era posible intentar crear un orden, en la escritura, sin recurrir a los compromisos que venían impuestos por la imperfección de nuestros sentidos. Las vanguardias fueron eso: el intento de saltar por encima de nuestra imperfección y restaurar la objetividad del material. Naturalmente, aparecieron libros casi ilegibles, pero no por eso inútiles. Tantos años después de aquellos experimentos, queda la fuerza de un sueño brillante: dar un salto más allá de los sentidos, de las reglas de nuestra percepción. Saltar más allá y ver lo que pasaba. Una hermosa aventura.»

¿Ejemplos?

«*Trilogía* de Beckett, Aragon, naturalmente Joyce.»

219

En la lista no están.

«No, no están aquí.»

¿Cuando la leyó, la lista, qué pensó?

«Bueno, en primer lugar que faltaban precisamente los libros difíciles, por llamarlos de algún modo. No sé, *Tres vidas* de Stein, *El campesino de París* de Aragon, *El año desnudo* de Pil'njak e incluso solo el Rilke del *Malte...*»

¿Y de los italianos en la lista qué dice?

«¡Fenoglio!»

¿En el sentido de...?

«¡Fenoglio no está en la lista!»

No podían estar todos.

«Lo sé, lo digo así, es un juego.»

Entonces juegue hasta el final: habrá un título que le habrá enojado.

«*El amante...* Duras, pero venga ya, vaya broma...»

¿Leer novelas es un acto difícil?

«¿En qué sentido?»

Bueno, quiero decir, ya que se hace tanto esfuerzo para hacer que la gente lea, ¿debemos deducir que es un acto difícil, elitista, de algún modo?

«Bueno, leer a Beckett, sí, es difícil. Pero Hammett o Simenon... No, diría que, al contrario, desde siempre la novela es una de las formas narrativas que más ha intentado acercarse a la gente. Por ejemplo, a menudo se ha hecho el esfuerzo de utilizar una lengua estándar, al alcance del mayor número de personas. Por supuesto, quizá, con el tiempo, las cosas han ido cambiando un poco. Pero esa búsqueda nunca se ha visto interrumpida. ¿Puedo poner un ejemplo?»

Por favor.

«La influencia de la televisión. He leído un estudio de un señor que se llama Todd Gitlin. Ha estudiado la lista de los bestseller de *The New York Times,* de manera que no se habla únicamente de alta literatura: se habla de bestseller. Bueno, pues fue a medir la longitud de las frases: en los libros de hace cincuenta años y, luego, subiendo, hasta los libros de hoy en día. Descubrió que había una única, fundamental diferencia: cuando la televisión se convirtió en un instrumento de masas, la longitud de las frases bajo a la mitad. Como si los libros se hubieran resignado a alinearse con los ritmos y el latido cardíaco de la televisión.»

Pregunta final.

«Sí.»

Es un poco ingenua.

«Hágala sin miedo.»

¿La humanidad que lee novelas es una humanidad mejor?

«¿Mejor?»

Sí, de una manera u otra, mejor...

«Quién sabe. No sabría decírselo. Si tuviera que hacerlo, si pienso en los siglos pasados, en todos los que no sabían leer... la parte de la humanidad a la que no se le permitió leer... Bien, yo habría estado de su lado, de tener que elegir, habría preferido estar con ellos. ¿He contestado?»

15 de enero de 2002

EN LA CONVENCIÓN DE LOS DEMÓCRATAS 1

Los Ángeles. *Convention* de los demócratas, a media tarde de un día cualquiera. En el escenario hay una Kennedy, rama lateral, pero aun así puede decir mi tío JFK. Aplausos. Luego llega un tipo por cuya envergadura podría ser un guardaespaldas pero va al micrófono e invita a todo el mundo a proceder a la votación. Se trata de aprobar la *Platform,* el programa. Como espero algún procedimiento más bien aburrido, me levanto. Quien esté a favor que diga *yes,* dice el guardaespaldas. *Yes.* Quien esté en contra que lo diga. Silencio. Bien, aprobada, y el guardaespaldas se marcha. Todo ha durado diez segundos. Me siento de nuevo. En la pantalla gigante empieza una película. Hay un guía alpino que explica cómo llevó a Al Gore a la cumbre de no sé qué montaña. Dice que a medio camino las pasaron canutas, los había pillado una tormenta y él decidió que debían volver atrás. Fue en ese momento cuando do Al Gore dijo: «No, vamos a seguir, estamos aquí para subir ahí arriba y lo haremos. *We Will.*» Y lo hicieron. Final de la película. Aplausos. Al micrófono llega el gobernador de Hawái. Dice que sus antepasados llegaron a América, desde Japón, hace ciento un años. Ni siquiera tenían dinero para pagarse una casa. Y ahora él está allí, de gobernador y tan feliz. *Thank You* y *aloha.* Una voz que no se sabe de dónde procede dice que es necesario hacerse la foto y que se ruega a los delegados que se levanten, miren a un punto concreto y, a ser posible, que se queden quietos. La cosa se demora un poco. *Smile*, dice la voz, irónica, a miles de personas que en la foto serán puntitos de colores. Todos inmóviles, de todas formas. Dura más que la votación. Aplausos y vía libre para una nueva película: Missy Jenkins era una chica agradable y llena de la vida. El primero de diciembre de 1997, unos chicos empezaron a disparar, en su escuela, en Paducah, Kentucky. Cayó herida y se quedó paralítica de cintura para abajo. Cientos de horas invertidas en agotadoras curas, pero en el momento de recoger el diploma lo hizo de pie, caminando con sus piernas. Termina la película y ella está allí, en el escenario, al lado de su médico. Intenta dar unos pasos. Los demócratas pretender desarmar América. A Missy Jenkins la despide una fuerte ovación.

Buscaba un lugar donde pensar un rato en qué demonios se ha convertido la política en Italia. Quedaba un poco apartado, pero lo encontré. Por ejemplo: esta historia de la carrera al centro. En Europa es una lección que ya tenemos bien aprendida: caídas las grandes fes, todo el mundo a amontonarse en el centro. Aquí en América es algo bastante reciente. Empezó Clinton, hace ocho años, yendo a sacar de sus escondrijos a los votantes republicanos en su propio territorio. Bush aprendió la lección, guardó en el cajón los sermones de hombre de derecha y habla como un kennediano convencido. El resultado es que, si miramos los programas, la distancia entre los dos polos se ha reducido a la mínima expresión. Algo más que los matices que separan a Mastella respecto a Casini,[1] pero, en

1. Mario Clemente Mastella fundó en 1994 el Centro Cristiano Democrático, que lideró junto con Pier Ferdinando Casini. Ambos se aliaron con la Casa de las Libertades de Silvio Berlusconi tras su victoria en las elecciones de ese mismo año. En 1998, sin embargo, Mastella creó un nuevo partido, la Unión de Demócratas por Europa (UDEUR), que

cualquier caso, la mínima expresión. Parece un asunto de pura estrategia política, pero lamentablemente no lo es. Simplificando el panorama político con la teoría del bipartidismo y desplazando los dos polos hacia el centro, la política no va, simplemente, a un lugar: lo crea. Mientras persigue a los electores, en realidad se los lleva a rastras consigo, hace del centrismo la única ideología, ensalza el sentido común como la única inteligencia respetable, impone la lógica de la moderación como la única estrategia para gobernar la realidad. El centro se convierte, ya ves tú, en un valor. *El* valor. La presión, en este sentido, es tan fuerte que la gente, en ausencia de verdaderas posiciones alternativas, a estas alturas percibe las opciones políticas como obligadas, como si el planeta tuviera una especie de piloto automático y el problema estribara únicamente en encontrar un piloto que parezca sostener el volante en la mano y que, como mucho, sea capaz de intervenir si algo se rompe. Aquí en América, por ejemplo, los ocho años de Clinton han llevado al país a un nivel de riqueza jamás alcanzado. Dice Bush: al volante podía haber estado cualquiera, habría pasado lo mismo. Lo dice porque le resulta cómodo decirlo, pero de alguna manera interpreta una sospecha que comparten muchas personas. La idea es que cabalgamos olas que nadie sabe de dónde vienen, cuándo acabarán, cómo funcionan. El lugar de las decisiones se convierte en un punto invisible, en una autoridad sumergida, probablemente bancos y compañías multinacionales, pero vete tú a saber. Nosotros contamos con la creación de la Unión Europea para desempeñar con elegancia este papel de fantasma. La coartada de tener que alinearse en Europa resuelve, para bien y para mal, cualquier intento de discusión. Es un tótem indiscutible ante el que se sacrifica toda imaginación. Y es un tótem que se

---

acabó formando parte de la coalición de centro-izquierda L'Unione. *(N. del T.)*

presenta como necesidad objetiva: de las normas sobre el tabaco a las gráficas del PIB, las reglas caen desde arriba como verdades obvias que estaban ahí desde siempre, esperando únicamente que alguien se decidiera a aplicarlas. La política deja de ser una invención de lo posible y se convierte en gestión de lo necesario. De esta manera, toda la complejidad de una civilización entera, la occidental, gira alrededor de un único eje, en una orgía de homologación que con un eufemismo culpable se vende como una pacífica carrera hacia el centro. No es que se corra hacia el centro: es que ya no queda más territorio en ninguna otra parte. Políticamente, alrededor solo han dejado tierra quemada. Uno está ahí porque no hay otro lugar donde estar. Hay allí un lugar que, si eres votante, no exige gran inteligencia. Si debes elegir al piloto de un avión que funciona prácticamente solo, acabas condescendiendo a la estupidez y eliges al que tiene la cara simpática, el peinado que te va y un modo bonito de actuar. Por lo que el papel de los medios de comunicación se hace fundamental. La apariencia se convierte en (casi) todo. ¿Hasta qué punto es posible descender estando ya en una cuesta semejante? Una convención demócrata, he comprobado personalmente, es el lugar apropiado para conocer la respuesta.

El lugar es el Staple Center, nueva catedral recién estrenada consagrada al entretenimiento y a los grandes encuentros. Aquí juegan los maravillosos Lakers de Shaq y Kobe. Aquí han venido de todos los rincones de los Estados Unidos a jugar su partido las decenas de pilotos que hacen volar, también con piloto automático, a millones de personas. Suben en procesión al escenario y tienen tres minutos y medio para decir lo que consideren oportuno. El suyo es un discursito pulido, una lección para cualquier político italiano. Por regla general, se construye en tres partes. Primera: euforia y orgullo por estar allí. Segunda: endurecimiento del tono y breve momento de preocupación por el destino del país. Tercera: triunfal indicación del camino para ganar y apoteosis final *(God Bless You)*. Hay cosas que nunca dejan de funcionar. *Allegro, adagio, allegro:* el esquema de tantas sonatas de Beethoven, por ejemplo. En fin. La prosa es seca, evita las subordinadas, excluye toda metáfora, se permite una cita breve, no mucho más (el más manido: Kennedy). Bromas, pocas: un chiste que no hace reír destruye más que lo que un chiste exitoso podría construir. Gestos, poquísimos: demasiado hispanos y, total, los cámaras de televisión, que se centran en el primer plano, los perderían. Para compensar, la voz acentúa al menos una palabra cada dos frases. Si aburres, estás acabado. La actuación, de todos, es perfecta. Tuve que esperar dos días para ver, por fin, a una agradable señora de Maryland atragantarse con algo, trabarse y toser. Solo aplaudí yo. Los demás: impecables. Te los imaginas estudiando una y otra vez su discurso en casa, en la oficina, en el coche, se lo repiten a su esposa y a sus hijos en pijama, en memorables sobremesas nocturnas tras acabar el partido de béisbol. Pero la realidad es menos poética. En realidad, leen. Tienen un *prompter* delante y otros dos a los lados en los que va pasando el texto: todo invisible para la mayoría. Y ello hace que, en la práctica, tengan solo tres posiciones posibles: miran recto, miran a la izquierda, miran a la derecha. Naturalmente, miran con una mirada bastante extraña: fingen estar mirando al público o a la cámara, pero en realidad los ojos los mantienen sobre ese texto que corre, con grandes letras, con las palabras que deben enfatizar subrayadas. Así siempre hay algo minúsculo que no funciona en esa mirada. Algo artificial. Combinado con esos tres movimientos obligados, genera el efecto de ser autómatas. Poco logran hacer filtrar, tras esa máscara de replicante, una carga humana, una comunicación verdadera. No lo logra Hillary, que hace sus deberes y poco más. Sí lo logran ese viejo senador que ya las ha visto de todos los colores y algún joven con talento. El lunes por la noche vi al mejor; nada que decir: el mejor. Llegó al micrófono, dio las gracias, luego se inclinó un poco hacia la gente y, con una sonrisa de seductor de bar, soltó un qué bonito estar todos aquí en California, ¿verdad? Quién lo iba a decir. Bill Clinton.

17 de agosto de 2000

Los Ángeles. Hablan los abrillantados autómatas demócratas y, oh sorpresa, dicen cosas de izquierdas. Como no hay en su ADN ni el menor rastro de comunismo ni de socialismo, constituyen una especie de izquierda virgen. Exactamente lo que sueña con ser la izquierda europea. Si prestamos atención, nos damos cuenta de que la izquierda virgen tiene cinco consignas fuertes. Las tres primeras son casi conmovedoras: asistencia sanitaria para todos, escuelas públicas al mismo nivel que las privadas, compromiso para desarmar el país (no el ejército, por favor: la gente, los que van por ahí con la pistola en el salpicadero). Os juro que, si las escuchas aquí, son cosas de izquierdas. En Europa nos harían sonreír. Aquí no. Las otras dos consignas suenan un poco menos obsoletas: defensa del medio ambiente, protección de los derechos de las mujeres. Sobre estas cosas, Europa también está trabajando todavía. A este paquete de buenas intenciones se añade una curiosa posición del Estado asistencial. Por regla general, la frase es la siguiente: dar a la gente una posibilidad de salir del pantano, dar a la gente la posibilidad de la red, del *welfare*. Fue Clinton quien empezó con esta acrobacia, típicamente centrista: la asistencia sanitaria es un deber, pero también una trampa. Se ayuda a la persona desempleada (y en este país eso no es algo que se dé por descontado), pero una persona desempleada que vive con el dinero del Estado es una vía muerta, un espacio en blanco, una célula inmovilizada del país. No basta con hacer que sobreviva: es necesario ponerla otra vez en movimiento. Por su bien y por el bien del país.

Por encima de estas indicaciones, la izquierda virgen utiliza una trinidad de superslóganes que hacen despegar los entusiasmos. El primero es muy americano: dar a todo el mundo, y esto quiere decir a todos y cada uno, la oportunidad de llegar a ser lo que quiere llegar a ser. Suena bien, pero está claro que puede significar cualquier cosa. De hecho, es una consigna también de la derecha. El segundo superslogan es más claramente antirrepublicano: somos el partido de la gente, no de unos privilegiados. *Put People First.* Pon a la gente por delante de todo. Bien coreados delante de que una muchedumbre de delegados dotados de resorte pueden hacer saltar la banca. De todos modos, el mejor superslogan es el tercero. Detrás se ve la mano de un buen publicista. Lo recalcó fuerte y claro Hillary. *Leave No Child Behind.* Más o menos: no dejemos atrás a ningún niño. Que parece la frase de un marine loco a punto de arrasar un pueblo vietnamita, pero que en realidad significa: estamos recorriendo a gran velocidad el camino del progreso y de la prosperidad: vamos a actuar de modo que ninguno de nuestros hijos pueda quedarse atrás.

Esto de los *children,* de los niños, es, para ellos, una auténtica obsesión. Se puede decir que infaliblemente, cada vez que hablan en público, tarde o temprano, recurren al tema de los niños. Es como el crepitar de un miedo atávico, que sigue acompañándolos, de modo irracional, incluso ahora, cuando ya no hay ningún motivo para sentirlo. Es como si fueran todavía pioneros que trabajan todos los días como bestias y saben que la palmarán antes de ver los frutos de la siembra y, entonces, miran a sus hijos y los hijos son el sentido de su trabajo y el fracaso de sus hijos sería su propio fracaso. Ya no es así, pero esa forma de ver las cosas sigue siendo su modo de ver las cosas. De manera que: *Leave No Child Behind.* Después de horas de eslóganes así, me vi sentado en un autobús que me llevaba de regreso a casa. Inmediatamente después del Staples Center, hay un enorme barrio donde solo se ven caras hispanas. Casas ruinosas, coches destartalados, jardines descuidados. En la esquina entre dos calles mal iluminadas el autobús redujo la velocidad para girar. Ya estaba oscuro, era tarde. Allí en la esquina hay una especie de pequeño parque infantil devastado. Dos porterías de fútbol, pequeñitas, hechas con tubos de fontanería y trozos de redes sucias colgando del larguero. Cemento en el suelo, con hierbajos que crecen en las grietas. Esqueletos de asientos, alrededor, una manta vieja, un carrito de supermercado. Y niños. Cuatro contra cuatro, pelota de goma. Como iluminación, amarilla, solo cuentan con la luz que da la única farola que sobrevive en los alrededores, de manera que el partido tiene algo de surrealista, manchado por zonas de oscuridad absoluta: si avanzas por el lateral y atraviesas corriendo desde el fondo, desapareces en un agujero negro. La pelota, en el área, llega como escupida de la nada. Los niños se han parado a mirar el autobús. Me he parado a mirar a los niños. *Leave No Child Behind.*

No es necesario conocer las cifras para entenderlo: basta con pasearse un poco por América al azar o enfilar una calle de Los Ángeles y recorrerla de arriba abajo, para darse cuenta de que se han dejado atrás no a algunos niños, sino a un montón de gente. ¿No se han percatado de eso allí, en Staples Center? ¿O bien lo saben perfectamente, pero se cuentan cuentos? Por supuesto, más que mentirosos empedernidos parecen bromistas que sufren una alegre amnesia. Con la misma ligereza con la que, por ejemplo, se pasan cuatro días de la convención sin citar nunca la pena de muerte o recordando Kosovo con obtuso orgullo, con esa misma despreocupación no advierten siquiera que a solo cuatro manzanas de distancia la realidad refuta una y otra vez una parte significativa de todo cuanto dicen: no digo en el Tercer Mundo, digo al doblar la esquina. Así que se me ha venido a la cabeza el sueco. El sueco es el protagonista de una excelentísima novela de Philip Roth que se titula *Pastoral americana*. Es uno del Staples Center. Una especie de Al Gore. El tipo que jugaba divinamente en el equipo del fútbol y luego se casó con Miss Nueva Jersey, heredó el trabajo de su padre; es un hombre justo, ligado a los valores americanos, rico, pero sin arrogancia, un poco de izquierdas, honesto, feliz, maravillosamente en su sitio. No se aleja nunca del dictado de un camino correcto y cívico. Todo eso, para los del Staples Center, es un teorema: científicamente debería producir progreso, prosperidad y una generación más de bendita América. Roth, sin embargo, es un escritor cruel, no un gobernador demócrata. De este modo, lo que hace ese libro es relatar el desfase de la vida de ese sueco, la inesperada rebelión de la vida cotidiana al mecanismo elemental de causa-efecto que debería, para un americano ejemplar, salir a borbotones de una América ejemplar. El teorema se vuelve loco y, alrededor del sueco, rebullen ruinas y domésticos apocalipsis.

El Staples Center está lleno de suecos que se niegan a perder su propia fe en el teorema. Los hechos poco importan. Se diría que ni siquiera los ven. Encerrados en su plató televisivo, aturdidos por ese interminable *Domenica In*,[1] se repiten de una forma obsesiva que todo va bien, y que la réplica de sí mismos es el proyecto para el futuro. El vice de Al Gore, Lieberman, un tipo con el mismo encanto de nuestro Dini,[2] ha soltado una frase, en su discurso, que traía cola. En cierto punto se ha atrevido a hacer un salto mortal y ha dicho: cuarenta años después

1. Véase nota en la pág. 167. *(N. del T.)*
2. Lamberto Dini, cercano a la Democracia Cristiana, fue primer ministro de Italia con el apoyo del centro-izquierda entre enero de 1995 y mayo de 1996. *(N. del T.)*

de Kennedy, nosotros, de nuevo, tenemos una nueva frontera. Al llegar allí parecía un poco un *stopper* salido a driblar en el campo contrario. Me despertó curiosidad ver cómo saldría de allí. Pero la nueva frontera, ha proseguido, no está delante de nosotros. ¿Ah, no? La cosa se ponía cada vez más interesante. ¿Dónde diablos puede estar la nueva frontera? ¿Detrás? Nuestra nueva frontera está dentro de nosotros. Eso es exactamente lo que ha dicho. Está dentro de nosotros. Luego ha dicho algo más, pero aquello me bastó. Era exactamente lo que llevaba días intentando comprender, pero que no lograba sintetizar en una frase. Ahí tenía yo la frase. La nueva frontera consiste en permanecer en tu lugar y hacer de ese lugar un monumento, el mejor posible, pero inmóvil. El electrizante plan es ese: convertirse en uno mismo.

¿Qué puede aprender la izquierda europea de una izquierda así? Me cuesta muchísimo entenderlo. Pienso en ese eslogan, *Leave No Child Behind,* y, después de cuatro días de lavado de cerebro, de la interminable digestión de un modelo granítico de humanidad, sin grietas y sin dudas, se me ocurre que me parece más razonable el eslogan opuesto. Dadle a los niños al menos una oportunidad de quedarse atrás. O de huir por los laterales. O de saltar a otra parte. Inventaos algo para que crezcan al menos con una pequeñísima posibilidad de pensar que este no es el único mundo posible. Dejadlos marchar. Total, no se van a tragar mucho tiempo esta historia de que la nueva frontera es el jardín de vuestra casa, y conquistarla significa cortar la hierba todas las semanas y no estropearla cuando se hace la barbacoa. Antes de que vengan con un camión de estiércol y lo descarguen en el camino de entrada al garaje, dejad que se marchen.

19 de agosto de 2000

LA LITERATURA DE HOUELLEBECQ

Si todavía existe una práctica que se llama literatura –caracterizada por un mayor dominio técnico y por una valiente fidelidad a antiguas y extremas ambiciones–, no son muchos los escritores que hoy se dedican a ello con resultados memorables: por cuanto sé, uno de ellos es Houellebecq. Por eso, asomarse a cada uno de sus libros, aun a riesgo de terminar decepcionados, es un paso que vale la pena dar. En raras ocasiones es una experiencia agradable: Houellebecq es un pensador espinoso, antes que un escritor dotado, y el desprecio quirúrgico con el que pretende hacer trizas los tópicos a los que debemos una parte significativa de nuestra buena conciencia convierte la lectura de sus libros en algo molesto hasta la repugnancia. De todos modos, la inteligencia casi siempre es afiladísima y la escritura nada banal. Elevadas las ambiciones, coherente el gusto. Eso basta para interesarse por él: que le guste a uno es una consecuencia tan posible al menos cuanto lo es detestarlo.

Sumisión es su última novela (editada, en Italia, por Bompiani).[1] Un libro plácidamente extraño, nacido, se diría, de la fusión de tres textos diferentes: una novela corta de ficción

1. En España, por Anagrama, en traducción de Joan Riambau (Barcelona, 2015). *(N. del T.)*

233

política, un relato dedicado a la triste decadencia humana de un académico parisino, y un ensayo sobre J. K. Huysmans, uno de los padres del decadentismo de finales del siglo XIX. La fusión no está plenamente lograda (se ven demasiadas veces las costuras), y la parte más brillante, sin duda, es la ensayística (todo el mundo a releer a Huysmans, a continuación). De mantener este conjunto unido, asegurando a la lectura cierta gratificación, se ocupa la mano del artesano, es decir, la habilidad de la escritura –antaño se habría llamado el estilo–. Cuando quiere (y aquí quiere), Houellebecq tiene esta admirable capacidad de ejercer un dominio absoluto, pero calmado, sobre la lengua. Sin esfuerzo aparente ejecuta números de cierto virtuosismo, pero siempre parece un movimiento natural o que se da por descontado. A mí, por ejemplo, me gustaría entender cómo lograr mantener ciertas frases largas sin que en el trayecto del principio al final no se le cuele la belleza del escribir literario o cierto exhibicionismo barroco. No es sencillo tocar la lengua con tan amplios arcos sin hacerse pesado por el camino; no se da por sentado saberse capaz de hacerlo sin acabar resultando artificial. Y, aun así, él lo consigue, como voy a intentar mostraros en un pasaje entre muchos otros, que elijo por el uso exacto del punto y coma, signo de puntuación cultivado ya por pocas personas, los más refinados, los especialistas. «Nunca tuve la menor vocación docente y, quince años más tarde, mi carrera no había hecho más que confirmar esa falta de vocación inicial. Las pocas clases particulares que di con la esperanza de mejorar mi nivel de vida me convencieron enseguida de que en la mayoría de las ocasiones la transmisión del saber es imposible; la diversidad de las inteligencias, extrema; y que nada puede suprimir ni siquiera atenuar esa desigualdad fundamental.»[1] Exacto, elegante, natural. Parece fácil, pero no lo es.

1. *Op. cit.*, pág. 17. *(N. del T.)*

234

Para el placer del lector, a una habilidad estilística similar están consagradas las páginas sobre Huysmans, más o menos fusionadas en la trama de la historia. No dirán mucho a quien no conoce mínimamente al autor de *A contrapelo,* pero a mí me han hecho recordar que el mejor libro que he leído de Houellebecq (después de *Las partículas elementales)* es un ensayo: pocas páginas memorables e irritantes sobre H. P. Lovecraft. De vez en cuando siento la necesidad de lamentar que algunos novelistas, aun siendo respetables, subestiman la posibilidad de ser, pudiendo, grandísimos ensayistas. En este caso me he limitado a preguntarme qué problema había en escribir un hermoso ensayo sobre Huysmans, y nada más. Pero debe de ser también una cuestión de reconocimiento, dinero y frivolidades varias.

También he de añadir que la rotunda nitidez de la prosa de Houellebecq pierde mucho de su esmalte en las páginas dedicadas, más estrictamente, a la novela corta de ficción política. Allí a menudo cae en una prosa de reportaje, completamente al alcance de los escritores apenas formados. Además, cabe preguntarse si el contenido podría pretender algo distinto. Como es bien sabido, Houellebecq plantea la hipótesis de que en Francia toma el poder (democráticamente) un partido musulmán moderado que arrastra con lenta firmeza al país a una conversión colectiva al estilo de vida del islam: poligamia, antisemitismo, mujeres con velo, adiós al laicismo, etcétera. Por mucho que Houellebecq sea muy hábil, y en algunos aspectos incluso brillante, en la reconstrucción de los pasos que se van dando para semejante mutación, el asunto continúa siendo lo que es es, es decir, una buena *boutade* para animar una cena con colegas. Quizá se me escape algo, pero, francamente, vender como verosímil esa Francia presupone una disposición exagerada, casi infantil, a subestimar la complejidad de la situación. No digo la gravedad, digo la complejidad: tener al menos en cuenta los inmensos entresijos del poder que están en el fondo de las fricciones entre Occidente e islam es lo mínimo que se debería pretender. Así como francamente ridícula, si se me permite, es la referencia obsesiva a Francia, como si el resto del planeta no existiera: un modo de ver las cosas que podía tener sentido hace dos siglos, pero hoy, honestamente, suena a una miopía bastante aguda. Y por todo ello continúa siendo un golpe de efecto, como el ejercicio ameno de pensar lo inverosímil, pero todavía me queda por entender qué necesidad había de incomodar a la literatura. Un brillante panfleto habría bastado.

Por lo demás, en *Sumisión* a la literatura se la exime en todo caso de lo que parece ser, más allá de los ecos mediáticos, el auténtico nervio central del libro y, en definitiva, su razón de ser: el relato de la progresiva decadencia, tan grotesca como amarga, de un catedrático de mediana edad: un náufrago meticuloso, destinado a confundirse con el naufragio de la civilización que lo ha producido. Allí no escasean las páginas apreciables, y Houellebecq puede dedicarse a ofrecer sus mejores números: la ferocidad del desprecio, la maldad de la mirada, la disposición a contemplar el mal de cara. Sin duda alguna, a mi entender, lo ha hecho mejor, sin embargo, en otros libros. Aquí todo parece haber sido ya oído. Además, si lo que hay que relatar es lo que le pasa a un hombre culto cuando su cuerpo y su mente perciben el final de la edad de oro y el apremio de alguna forma de crepúsculo (en general, para odiar a todo el mundo y perder la cabeza por alguna estudiante), todo lo que cabe decir ya lo ha dicho Roth y el resto lo ha puntualizado Coetzee: lo ha hecho también con toda la oportuna ironía y la crueldad necesaria, en libros que justifican plenamente, y sin concesiones, la supervivencia del término literatura. Francamente, el profesor de Houellebecq, con sus reticencias, su lúcida cobardía, sus tristes ritos sexuales y su inteligencia de sala de estar, no añade gran cosa y difícilmente puede encarnarse en personaje memorable. Uno lo acompaña de buena gana, por qué no, por el camino de su derrota poco espectacular: pero, la verdad, no es infrecuente hacerlo mientras se piensa en otras cosas.

20 de enero de 2015

Simplifico: era el más grande. Lo era en un deporte muy especial, que a muchas personas puede parecerles un lujo tan aburrido como el polo y que, en cambio, puede ser encantador, y lo digo sin vergüenza: ejercer de intelectuales. Como tal vez algunos hayan olvidado las reglas, se las recuerdo: se gana cuando se entiende, explica o nombra el mundo. Fin. Periódicamente, a ese deporte llega alguien que no se limita a jugar divinamente: esos entran en el campo, juegan y, cuando salen, el campo ya no es el mismo. No me refiero a que lo hayan estropeado: me refiero a que nadie antes había pensado en utilizarlo de esa manera, nadie había visto antes esas trayectorias, esa velocidad, esa táctica, esa ligereza, esa precisión. Vuelven a los vestuarios y dejan tras de sí un deporte que ya no es el mismo, campeones que se han vuelto dinosaurios en una tarde y campos de juego por inventar quien posea el talento necesario para hacerlo. Son fenómenos y haberlos visto jugar se considera, siempre y en cualquier caso, un privilegio. Eco era uno de ellos y, si pienso en el pedazo de historia en que he crecido, pasando del asombro frenético del veinteañero a la absorta maravilla del cincuentón, se me vienen a la cabeza quizá otros dos o tres tan grandes como él: pero nadie que hubiera nacido aquí.

Naturalmente, debería ser capaz de explicar cuál fue su revolución, y hacerlo de un modo que todo el mundo pueda comprenderlo. Un típico ejercicio que a él le habría salido fenomenal. Podría intentarlo del siguiente modo: entendió que el corazón del mundo no permanecía inmóvil en un tabernáculo vigilado por los sacerdotes del saber. Comprendió que era nómada, capaz de desplazarse a los sitios más absurdos, de esconderse en los detalles, de expandirse en arcos de tiempo colosales, de frecuentar cualquier forma de belleza, de latir dentro de un cubo de basura y de desaparecer cuando quería. No fue el único, pero mientras los demás salieron de ello consternados, aturdidos o incrédulos, él encontró la cosa natural, obvia, más bien funcional y, digámoslo también, discretamente divertida. Así enseñó que el conocimiento no era solo un deber, sino también un placer y que ese placer estaba reservado a gente en la que la fuerza y la ligereza, la memoria y la fantasía, trabajaran una dentro de la otra, y no la una contra la otra: gente con el coraje, la determinación y la locura de los exploradores. No se limitó a explicarlo, hizo de ello una praxis. Es lo que nos ha legado: más que una teoría, una serie de ejemplos, de gestos, de conductas, de golpes, de movimientos. Era su modo de jugar. Su idea del mundo, si puedo usar esta frase.

Valga, por todos, el ejemplo de *El nombre de la rosa*. Quizá lo sobrevalore, pero, como ya he tenido ocasión de decir en otro lugar, creo que es el libro que ha inaugurado una nueva época de los libros: la de cuando una novela no es tanto hija de un incesto entre consanguíneos, es decir, la heredera directa de una dinastía, la literaria, como el espacio en que narración, habilidad, tradiciones y saberes completamente diferentes van juntos a convivir; una especie de centro magnético capaz de recoger fragmentos de mundo desterrados por todas partes. De literario, en *El nombre de la rosa*, había tan solo el barniz, el ambiente, el regusto: todo el resto era una especie de *rave* de saberes y bellezas que se habían ido hasta allí para encontrarse, por misteriosos motivos. Podía haber sido el plato fuerte de un catedrático brillante y nada más. Uno de esos libros que se tienen sobre la mesita de centro para quedar bien. En cambio, intuía un mundo que era ya el nuevo modo, bajo la piel del viejo: acabó en los bolsillos de todo el planeta, y todavía sigue allí, y no tiene ninguna intención de moverse de allí.

A uno le darían ganas de decir, por tanto, que hoy ese hombre deja tras de sí un vacío enorme. Pero en este momento lo que me apetece es reconocerle la grandeza de haber dejado, mejor dicho, tras de sí, una enorme frontera, una especie de épico Oeste en el que, muchísimos y desde hace ya mucho tiempo, liberamos nuestras más modestas incursiones. En cierto sentido, todavía estamos allí colonizando tierras cuya existencia, junto con otros pocos visionarios, él había adivinado. No parece una tarea cuyo fin esté cerca, de manera que algo de ese hombre seguirá respirando en cada colina que sabremos conquistar y en cada tierra de la que sepamos obtener un fruto. Será inevitable y justo. Un larguísimo homenaje que será delicioso dedicarle.

21 de febrero de 2016

1976, LA PRIMERA VEZ DE *LA REPUBBLICA*

Lo increíble es que si me concentro bien consigo volver atrás hasta la sensación exacta de cuando tenía diecisiete años y salió el primer número de *La Repubblica* y yo lo compré. Ha pasado tantísimo tiempo que la sensación es transparente, basta con detenerme un instante a observarla para que se deshaga. Pero el sabor, tantos años después, todavía está allí, intacto. Lo resumiría así: yo estaba allí, con ese periódico en la mano, y eso no había existido nunca antes. Quiero decir, no era un periódico diferente: aquello era algo que no existía. Las dimensiones, los titulares, el diseño, la anchura de las columnas, los que escribían, la forma como escribían. No había sección de cultura en la tercera página, había una especie de doble página central dedicada a esta. Había una viñeta en una página de comentarios inteligentes (¿¡una viñeta!?). No querría herir la sensibilidad de los más jóvenes: pero debo hacer constar que no había páginas de deporte.

Los titulares no tenían nada que ver con los que yo estaba acostumbrado a leer en los diarios. Navegaban un poco en el vacío, medio pequeños, medio grandes: «EL MANDATO PARA MORO pero el desafío está en la economía», parecían los apuntes tomados en una reunión, en una servilleta de un bar. Ahora, si volvemos a tener en nuestras manos ese número uno, la impresión que produce es la de un periódico diseñado por un director artístico búlgaro recién salido de un grave luto familiar: pero es necesario, en cambio, pensar que entonces, el 14 de enero de 1976, esas páginas hablaban, por el contrario, de gente libre, más bien alegre, a la que le apetecía inventarlo todo de nuevo y no faltaba la presunción, o la locura, de pensar que iban a lograrlo. Yo, por mi parte, era así: se convirtió en mi periódico. (Las páginas de deporte, durante años, tuve que leerlas en *La Stampa,* en el bar.)

Me he puesto incluso a leerlo otra vez, un poco, ese mítico número uno, y me he dicho que tenía yo razón (no es algo que me ocurra tan a menudo como podría pensarse). En el sentido de que, en efecto, esa gente escribía de una forma que parecía hecha deliberadamente para que un chaval de diecisiete años como yo perdiera la cabeza. La investigación de Bocca sobre Innocenti me la he releído toda (y eso que ni siquiera me acordaba de la existencia de Innocenti). Hay una entrevista al honorable De Martino (ídem) que es sublime. Hecha por Scalfari.[1] Ya en la sexta línea se pone a hablar de los canarios que De Martino tenía en casa. Ahora, en 2016, puede ser que se hable solo de los canarios que tienen en casa, pero en esa época, lo juro, no estábamos acostumbramos a esas cosas. Era un mundo nuevo.

La prueba final de que era un mundo irresistible está en la página 13. Hay una entrevista a Bernardo Bertolucci (son las páginas de cultura). Detalle encantador: la entrevista la realiza Alberto Arbasino (como si os dejaran ver un viejo partido de tenis en el que Federer hace de recogepelotas).[2] Y la

---

1. El periodista Giorgio Bocca publicaba un artículo sobre la caída de la fábrica de coches Innocenti y Eugenio Scalfari, el cofundador del periódico, entrevistaba a Francesco de Martino, el entonces líder del Partido Socialista italiano. *(N. del T.)*

2. Alberto Arbasino, escritor y ensayista italiano, cuya obra se ha

entrevista es así: Arbasino hace una pregunta (fantástica: «¿Entonces, cómo ha sido este *Novecento?*»). Sigue, desenfrenadamente, una respuesta de cientos de líneas... En el artículo aparecen quizá otras dos preguntas, pero no queda claro. Más que nada, se trata de un monólogo fluvial de Bertolucci, prácticamente un ensayo literario.

Estaban locos, creedme.

De hecho, si el mundo fuera lógico, tendría que haber quebrado en un mesecito. Y, en cambio, eran locos astutos, habilísimos y duros. Y aquí estamos. *Chapeau.*

15 de enero de 2016

---

comparado con el realismo social de Biorgio Bassani o Vasco Pratolini. *(N. del T.)*

QUERIDOS CRÍTICOS

Este es un artículo que no debería escribir. Lo sé. Me lo digo a mí mismo. Y lo escribo. Veamos. La semana pasada, en estas páginas, salió un artículo de Pietro Citati. Explica cuánto le encantó ponerse delante del televisor y ver a los patinadores-bailarines de las Olimpiadas. Le encantó tanto –escribe– que «olvidaba todo: las molestias, las mediocridades, los errores de mi vida; olvidaba incluso la *Ilíada* de Baricco, y la vasta e incomprensible torpeza de las caras de Roberto Calderoli y de Alfonso Pecoraro Scanio.» Yo estaba allí, inocente, leyendo con agrado el ejercicio de estilo sobre el tema del día y, zas, me llega la puñalada. Está bien, digo. Y, solo como suave revancha, dejo el artículo y voy a leer a Audisio.[1]

Algunos días más tarde, sin embargo, veo en *Unità* un largo artículo de Giulio Ferroni sobre el último libro de Vasalli. Bien, me digo. Porque me interesa saber lo que hace Vasalli. Por desgracia, algunos de los relatos que ha escrito son

1. Emanuela Audisio se ha convertido en referente del periodismo deportivo de las últimas décadas. Firma habitual en el diario *La Repubblica*, es también autora de varios libros y documentales, y ha ganado premios como el Ilaria Alpi o el Vázquez Montalbán. *(N. del T.)*

sobre la relación entre los hombres y el automóvil. Mientras leía la reseña notaba que me acercaba peligrosamente al área de *Esta historia* (una novela mía que también habla sobre automóviles). Con el estado de ánimo del cordero pascual, sigo adelante temiéndome lo peor. Y, efectivamente, puntual, llega lo que me esperaba. Al final de una larguísima frase en la que se tejen (creo con toda justicia) elogios a Vasalli, llega un bonito paréntesis. Ni siquiera una frase, solo un paréntesis. Dice así: «¡Qué distancia abismal de la empalagosa y coqueta épica automovilística del último Baricco!» Y *voilà*. Sin ahorrarse el signo de exclamación.

Bien, nadie está obligado a saberlo, pero Citati y Ferroni son, por su currículum y por otras razones para mí inescrutables, dos de los críticos literarios más egregios y respetados de nuestro país. Son dos mandarines de nuestra cultura. Para la crónica, Citati nunca reseñó mi *Ilíada*, y Ferroni nunca reseñó *Esta historia*. Su elevada contribución crítica sobre mis dos últimos libros está encerrada en las dos frasecitas que acabáis de leer, sembradas para rellenar artículos que no tienen nada que ver conmigo. Es un modo de hacer que conozco bien y que está bastante extendido entre los mandarines. Dan un paseo por el salón literario, encantando a su auditorio con el refinamiento de sus charlas, y, luego, con un ligero gesto de asco, dejan caer allí que el champán que están bebiendo sabe a pies. Risitas cómplices del auditorio, encantado. Yo sería el champán.

Podría decir que no me importa nada. Pero no es verdad. Apenas me duele el codazo dado a traición, pero me ofende mucho que eso sea todo de lo que son capaces. Me sorprende su sistemático escabullirse de la confrontación abierta. La crítica es su oficio, por Dios, que la hagan. ¿Qué son esas ocurrencias transversales colocadas allí para recoger el aplauso obtuso de los más fieles? ¿Os repugna que uno adapte la *Ilíada* para una lectura pública y lo haga de esa manera? Quizá sea mejor decirlo de un modo más argumentado y profundo, a lo mejor se os escapa una reflexión útil sobre nuestra relación con el pasado, a lo mejor vislumbráis la idea de que una nueva civilización está llegando, en la que el uso del pasado no tendrá nada que ver con vuestro coleccionismo refinado e inútil. Y si encontráis tan empalagoso un libro que cientos de miles de italianos se apresuran a leer y decenas de países en el mundo se toman la molestia de traducir, quizá sería mejor esforzarse en explicar a toda esta masa de idiotas que se están equivocando, que la literatura es otra cosa y que a fuerza de escuchar a gente como yo acabaremos todos en un mundo de iletrados dominados por el cine y la televisión, un mundo en el que inteligencias como las de Citati y Ferroni tendrán graves dificultades para ganarse la vida.

Se podrá decir que es un derecho de los críticos elegir los libros sobre los que escribir. Y que también el silencio es un juicio. Es verdad. Pero no es del todo verdadero. Sé que para personas inteligentes y cultas como Citati y Ferroni mis libros son a la literatura lo que el *fast food* a la cocina francesa o como la pornografía al erotismo. Utilizando una frase de Vonnegut que siempre me hace reír mucho, me parece que para ellos mis libros, en la medida de sus posibilidades, hacen a la literatura lo que la Unión Soviética ha hecho a la democracia (Vonnegut no se refería a mí, pues lamentablemente ni siquiera sabía que existo). ¿Pero qué arrogancia intelectual puede llevar a pensar que no sea útil comprender una degeneración semejante y tal vez explicarla a quien no dispone de los medios necesarios para comprenderla? ¿Cómo es posible no intuir que tal vez mis libros son poca cosa, pero en ellos los lectores encuentran algo que alude a una idea diferente de libro, de narración escrita, de emoción de la lectura? ¿Por qué no intentáis pensar que exactamente eso —una idea nueva, desagradable, discutible idea de placer literario— es el virus que ya circula por el sistema sanguíneo de los lectores y que a lo mejor mucha gente necesitaría que vosotros les explicarais qué es esto impensable que está llegando y este aparente apocalipsis que está seduciéndolos? ¿No será por casualidad que la reflexión en el campo abierto del futuro os asusta y que preferís recoger consensos explicando como maestros mapas de un viejo mundo que ya conocemos de memoria, negándoos a reconocer que se han descubierto otros mundos y la gente ya vive en ellos? Si esos mundos os provocan aversión y os escandaliza la migración masiva hacia los mismos, ¿no sería exactamente vuestra dignísima misión decirlo? Pero decirlo con la inteligencia y la sabiduría que la gente os reconoce, no con esas ocurrencias, por favor. A mi entender, mis libros se olvidarán pronto y ya será bastante si algún recuerdo de ellos queda gracias a las películas que se habrán hecho sobre ellos. Así va el mundo. Y, en cualquier caso, lo sé, los grandes escritores, hoy, son otros. Pero cuento con bastantes libros y lectores como para poder reclamar de la crítica la simple observancia de conductas cívicas. Lo digo de la manera más simple y suave posible: o tenéis el valor y la capacidad de ocuparos seriamente de mis libros u olvidadlos y callad. Los chistes que buscan el aplauso no me hacen quedar nada bien, pero a vosotros tampoco.

Ya está hecho. Lo que tenía que decir ya lo he dicho. Ahora os digo lo que tendría que haber hecho, según el perverso manual de conducta de mi mundo, en vez de escribir este artículo. Tendría que haberme callado (a lo mejor distrayéndome un poco repasando mi extracto bancario, como siempre me sugiere, en ocasiones como estas, algún escritor joven con menos suerte que yo) y dejar pasar algo de tiempo. Luego, un día, quizá haciendo un reportaje sobre, qué sé yo, Kansas, soltar allí una frasecita como «estas inmensas rectas en la llanura, interminables y terriblemente aburridas como un artículo de Citati». Mi público lo habría agradecido. Luego, un mesecito más tarde, qué sé yo, iba a ver la final de béisbol en los Estados Unidos y, sin duda alguna, habría encontrado el modo de anotar, al margen, que allí se bebe únicamente cerveza sin alcohol, «triste e inútil como una reseña de Ferroni». Risitas complacientes. Estamos empatados. Es así como lo hacemos nosotros. Pensad qué clase de animales somos, nosotros, los intelectuales, y qué refinada lucha por la vida afrontamos día tras día en la selva dorada de las letras...

Por desgracia, sin embargo, no ha sido así. El hecho es que el otro día vi la película sobre Truman Capote. Siempre se aprende algo espiando a los grandes de verdad. En esa película él es terrible, despreciable, incorrecto, megalómano, imprudente, indefendible. Me ha recordado una cosa, que a veces enseño hasta en la escuela, pero que me obstino en olvidar. Que nuestro oficio es, en primer lugar, un acto de pasión, ciega, maleducada, agresiva y vergonzosa. Se apoya en una autoestima delirante y en un predominio incondicional del talento sobre la sensatez y las buenas maneras. Si pierdes esa proximidad con el núcleo sucio de tu gesto, lo has perdido todo. Solo escribirás cositas buenas para una reseña de Ferroni (no, bromeo, de verdad, es una broma). Solo escribirás cositas que no harán daño a nadie. En fin, que toda la culpa es de esa película sobre Truman Capote. De repente, me pareció tan falso estar ahí, como una bonita figurita de porcelana, recibiendo bofetadas del primero que pasa. Eso no tiene nada que ver con mi oficio.

Ya ves, si me hubiera quedado en casa para ver el Lazio-Roma, hoy todos estaríamos más serenos y tranquilos. Y apenados, *of course*.

1 de marzo de 2006

GRACIAS, GIULIO EINAUDI

En las noticias de televisión, después de ráfagas de guerra paradójica, aparece la foto de Giulio Einaudi, y Lilli Gruber dice que ha muerto. Qué raras son las cosas que se te vienen a la mente, en momentos así. No él –al que apenas conocí, por otro lado– sino «sus» libros.

Me acuerdo del primero –el primero comprado, poseído y poco a poco destrozado–, la *Antología de Spoon River*. Con las puntas dobladas marcando las páginas más hermosas y el mítico blanco Einaudi convertido con el tiempo en gris y un poco marrón y al final decorado con manchas heroicas. Recuerdo *Suave es la noche*, cien veces empezado y nunca terminado porque era americano y por aquel entonces no entendía nada de América. Recuerdo los libros de poesía que compraba por costar poco y, escogidos al azar, a lo mejor acababas con Trakl y no se entendía nada, pero era como escuchar la voz de los profetas que un día, estabas seguro, encontrarías. Recuerdo *El hombre sin atributos* y a quienes también habían leído el segundo volumen, aunque no sabían exactamente cómo terminaba la cosa. Recuerdo *Las ciudades invisibles,* que parecían escritas por la misma persona que había escrito *Antología de Spoon River,* pero después de haberse hecho viejo, inteligente, desencantado y disparado hacia el futuro. Recuerdo el momento exacto en el que comenzabas a estudiar en los libros Einaudi, ya no solo leerlos, tenías que estudiarlos, y sentías haber entrado en un club exclusivo. El primero, un libro de Jemolo sobre Iglesia y Estado. Como haberse hecho mayor. Recuerdo la prosa durísima y bellísima de Adorno, las alegres anotaciones de los *Minima Moralia* («Normal es la muerte»), las últimas páginas conmovedoras de la *Dialéctica negativa* o las acrobacias sintácticas de la *Teoría estética.* Y recuerdo cuando leías luego a Benjamin y descubrías a quién había copiado Adorno. Recuerdo la aburridísima *Enciclopedia* que, sin embargo, se leía con una fe absoluta, como si la hubiera hecho Diderot. Recuerdo a Gozzano en una edición tan hermosa que parecían hermosas también sus poesías. Recuerdo los libros de Lacan y la vertiginosa sensación de no entender nada, pero absoluta y definitivamente nada. Recuerdo el libro de bolsillo del *Tractatus* de Wittgenstein, leído como una poesía geométrica, con el último verso, bellísimo. Recuerdo *El guardián entre el centeno,* porque tenía una tapa blanca enmarcada en el blanco y nunca he dejado de estudiar ese silencio. Recuerdo que *La peste* de Camus, publicada por Bompiani, era de color amarillo y, esto era raro, te daba la extraña impresión de un libro errante o que había olvidado la dirección exacta de la fiesta. Recuerdo la *Breve historia de la música* de Mila, tan desgastada que causaba impresión. Pero si te la perdían eras capaz hasta de matar. Recuerdo un librito titulado *¿Me amas?,* regalado a docenas de novias, que también costaba poco. Era de Laing. Recuerdo que nunca aparecía la foto del autor, en esos libros y, cuando dejé de lamentarlo, empecé a entender algo de libros. Recuerdo el abismo infernal de la venta a plazos Einaudi. Placer y dolor al mismo tiempo, que diría Boldi (no es un autor Einaudi, pero tal y como están los tiempos, puede que llegue a serlo). Recuerdo cuando me regalaron una vieja edición de *Tristram Shandy,* con un patinador en la portada, y el libro estaba tan bien hecho, los caracteres, los espacios, el peso, todo era tan acertado que a partir de ese momento y ya para siempre he estado de parte de Sterne, esto es, de la literatura que se traga a sí misma y lo hace riendo. Recuerdo el primer libro de un autor que se llamaba Andrea De Carlo y la extraña sensación de intuir que era posible ser italiano y escribir de un modo diferente.[1] Luego pasó lo que pasó. Recuerdo los Ensayos Einaudi, los que tenían las tapas naranjas o rojizas, un color extraño. No importaba el tema: uno compraba lo que estaba en los puestos. Pero en esos libros uno estaba dispuesto a aprender cualquier cosa. Recuerdo tantos de esos libros que podría proseguir durante horas. Y recuerdo haber visto a Giulio Einaudi cuatro o cinco veces y no haberle dicho nunca, ni siquiera remotamente, algo parecido a un gracias. Dice Lilli Gruber que ahora es demasiado tarde.

7 de abril de 1999

---

1. Se trata de *Treno di panna,* de 1981, publicado en España en 1986 (*Tren de nata,* trad. esp. de Joaquín Jordá, Anagrama, Barcelona). *(N. del T.)*

Entr'acte 2

AVIÑÓN

No sé los demás, pero yo, cuando pienso en el teatro, veo ante mí, al instante, un maravilloso animal agonizante. A veces incluso me pregunto un momento si no estará ya muerto: descubro rápidamente que no. No obstante, me sigue pareciendo una agonía ese comportamiento póstumo, obstinado y talentoso: donde se suceden desordenadamente momentos de esplendor, destellos de verdad y larguísimos pasajes hacia un bochornoso desastre. Una vez un amigo mío que se dedica al cine y que, por tanto, mira el teatro igual que un chico de dieciséis años podría mirar a su padre, me lo explicó todo con una frasecita muy simple: «El teatro le gusta solo a quien lo hace.» No iba del todo desencaminado, pero me temo que el asunto es más complejo. Así que me pregunto otra vez, de vez en cuando, sobre el sentido de ese gesto que todavía continúa, obsoleto y carismático, navegando por la superficie de un mundo que no parece notar demasiado la necesidad del mismo. Me gustaría entenderlo. Me molesta no entenderlo.

La última vez que me hice preguntas semejantes (tomándome unas vacaciones de preguntas mucho más apremiantes) pensé que era necesario ir a verlo de cerca. Y como un goteo de veladas teatrales durante meses me pareció inmediatamente impensable, opté por una inmersión de lleno. Por eso me encontré, hace unos días, en Aviñón, donde se celebra, en julio, la mayor orgía de teatro del mundo, sin contar Edimburgo. Durante ocho días no me moví de allí, y la idea consistía en embrutecerme a base de maratones faquirescos, consumiendo todo lo que podía, sin elegir mucho siquiera, despreciando el peligro y con una gran confianza en mis medios físicos. Luego las cosas no fueron realmente así, pero más que nada porque me di de bruces con la semana de la gran canícula: todavía no estoy listo para morir por *Vanity Fair*. No obstante, cumplí con mi deber, mi intención era volver de allí con una idea en el bolsillo, para escribir luego aquí.

Debo aclarar, para quien no esté informado, que el Festival de Aviñón, durante tres semanas, en julio, todos los años desde hace sesenta y nueve, es el templo del teatro mundial y lo es de forma total, espectacular e incluso salvaje. Es necesario imaginarse una pequeña ciudad –una espléndida pequeña ciudad– que se deja poseer completamente por esa tribu extraña, dedicándole todas las calles, todos los muros, todas las salas, todos los minutos. Hay una programación oficial, donde la aristocracia teatral del planeta descarga sus mejores productos, casi en una enunciación formal de su propio credo: vas allí y te haces una idea exacta de lo que piensan *ellos* que es el teatro. Pero alrededor hierve sobre todo el Festival *off*, es decir, la masa babélica de cientos y cientos de pequeños espectáculos, que de la mañana a la noche pueblan como roedores cualquier recoveco de la ciudad, casi como si esta se viera sacudida por una epidemia: no hay sala, callejón, patio, trastienda que no se dedique a enchufar dos luces, levantar una tarima, colocar una treintena de asientos y convertirse en un teatro. En salas o salitas que parecen felizmente ignorantes de toda regla de seguridad, se consuma un rito vertiginoso de ficciones, donde toda concepción posible de teatro encuentra su propio testimonio. No hay que imaginarse cositas de aficionados, casi siempre el nivel de profesionalidad es elevado:

ausente toda duda, prohibida toda vacilación. Creen en ello y punto.

Es necesario añadir que, al haber más de mil espectáculos y muchísimos pero no infinitos espectadores, por las calles se despliega una auténtica caza de público, sí, imagínenlo en su sentido más literal. Casi todos ellos invaden la pequeña ciudad deteniendo a los potenciales espectadores por la calle, en el café y delante de los lavabos para invitarlos a su espectáculo. A menudo se improvisan como breves tráileres en los cruces. El resultado es que mientras en los recintos de las salas se abren y se cierran telones como contraventanas al viento, por la calle fluye una humanidad que en cualquier otro lugar podría parecer escapada de un hospital psiquiátrico y, allí, en cambio, contra toda expectativa, resulta ser vagamente sensata. Adultos conscientes se pasean vestidos de mapaches, personitas a las que te cuesta imaginar resolviendo sus tareas domésticas diarias se encaraman a los zancos, un tipo que parece un profesor de matemáticas, en cambio, se pasea trágicamente vestido de payaso, jóvenes larguiruchos con el pelo engominado exploran el jazz con sus grasientos contrabajos; uno se arrastra, otro ruge, el de más allá grita; otro baila de puntillas, el de allí baila claqué, más lejos uno se enfrenta en duelo con espadas de madera. Nadie lo hace con esa vergüenza que para mí sería inevitable, y eso mide la distancia que debo cubrir si quiero entender algo. Sería necesario deshacer este nudo que me atenaza, implacable, si los veo fingir que son árboles, bailarines artríticos o Hamlet... *delante de una señal de parada de autobús.* Debería dejar de pensar en mi hijo, así, de manera instintiva, mientras un señor de mi edad, vestido como si fuera Pippi Calzaslargas, me da una tarjeta que anuncia su espectáculo, sin manifestar la menor duda sobre su propio destino: que sea capaz de encontrar, por favor, un trabajo en el campo de la informática, me digo, de mi hijo, me equivoco, pero es más fuerte que yo. Que no se le ocurra nunca que el camino hacia sí mismo pueda pasar por Pippi Calzaslargas. Me equivoco, ya lo he dicho. También me parece bien reponedor en Alcampo, pero mimo, no, te lo ruego. Soy incorregible. Para corregirme, compro al azar una entrada y me meto en una de esas salas. Me lo merezco. Lo que veo –en un sitio donde la última fila no está muy lejos de la primera y acompañado de otros once espectadores, ni uno más– es un bonito espectáculo que me hace partirme de la risa: título, *Les dessous de Savin*. Historia de un tipo que desde niño sueña con dedicarse al espectáculo. Familia de carniceros, primer empleo en Eurodisney. En serio, nos reímos bastante, los otros once y yo. Él, el actor, muy bueno, hacía de todo: hasta el punto que no sentí por él el nudo en la garganta de siempre, nada, en absoluto, solo alegría. Se llama Sébastien Savin, quizá algún día me lo encuentre siendo famoso, un poco famoso o un pelín famoso.

Sentí un poco el nudo en la garganta de siempre cuando, en otro teatrillo en miniatura (público de pago: una veintena de personas; así, a ojo, yo era el más joven), vi *Passion simple*. Monólogo, fui porque el texto es de Annie Ernaux (¿habéis leído *El lugar*? Ha salido en Italia en una pequeña editorial, hay que leerlo sí o sí). Allí hay poco de lo que reírse porque Ernaux reconstruye una pasión amorosa con la tibia crudeza de la que es capaz: no es una autora que se detenga cuando las cosas comienzan a hacer daño, por lo que, de hecho, al final, hacía daño. El nudo en la garganta dependía, sin embargo, más que nada de los veinte metros cuadrados del escenario y de esa figurilla femenina que en esos veinte metros cuadrados aceptaba, todos los días, a las doce y media, dejarse devastar por el mal –o por el bien, depende–, para el placer –¿placer?– de veinte espectadores de pago: quienes, por objetivas razones de edad, solo podían tener, de la devastación amorosa, un recuerdo un tanto borroso, probablemente endurecido por un toque de inevitable cinismo o redondeado por una comprensible bonhomía senil. No sería capaz de explicarlo bien, pero habría estado infinitamente más cómodo si nos hubieran dado una copia del texto y nos hubieran invitado a leérnoslo tranquilamente en casa. La actriz, Marie Matheron, parecía muy buena: pero, no sé cómo explicarlo, me habría encantado que no hubiera estado allí. Por ella, digo.

Mientras tanto, en grandiosos patios papales o auténticos teatros, todos los días se representaba la programación oficial, y allí contaban con muchísimos metros cuadrados y con una solemne ambición. En dos ocasiones estuve a punto de llamar a los gendarmes: en la primera, una compañía rusa llevaba a escena una adaptación de *Los idiotas* de Lars von Trier. Hacía años que no veía nada tan malo; en la segunda, la obra era una cosa francesa: *Les Vivier des noms,* de Valère Novarina. Sorteé dos filas de personas para escaparme, después de haber pasado sentado allí dos horas y media preguntándome de qué se reía el público. Al día siguiente, como soy obstinado, fui a buscar el texto a una librería, no fuera a ser que fuera yo quien no lo había entendido bien: lo confirmo, no hacía reír lo más mínimo. A veces, el público del teatro es extraño. Parece que se ríe para comunicarse a sí mismo que sería una humanidad capaz de reírse con tal de que esa ocurrencia hiciera reír: es una señalización en código, la exhibición de un carnet de pertenencia a ese club o algo semejante: no tiene nada que ver en absoluto con el hecho de reírse de verdad. Los odio, cuando hacen esas cosas.

En otros tres casos, en cambio, no fue una pérdida de tiempo, todo lo contrario. Justo la primera noche vi con atención *Andreas,* una adaptación de *Camino de Damasco* de Strindberg, dirigida por Jonathan Châtel. El teatro de antes, hijo del siglo XX: era todo condenadamente de estilo, casi un repaso. El texto (escrito a caballo entre el XIX y el XX) tenía esa febril obsesión por la verdad que solo se podía tener en aquella época, ignaro de cualquier ironía o ligereza o desencanto: Hemingway, pongamos, se habría levantado gritando. Y la puesta en escena era propia de los buenos tiempos (qué curioso que la ostenten como la última novedad, me dije): es ese teatro en el que no hay ni una sola frase dicha como podría decirse en la vida, y la voz parece poseída por una enfermedad extraña que la vuelve estentórea e inapelable, sin auténtica necesidad aparente. Los actores son muy hábiles a la hora evitar a toda costa cualquier reacción que parezca espontánea, desplegando una artificiosidad que es convención y que, traducida, devolvería a los sentimientos verdaderos, los que están en la prosa de todos los días. A veces se levantan, cruzan el escenario y adoptan una posición diferente: eso tiene profundos significados, pero solo aceptando que tenemos alguna idea de lo que es profundamente significativo. En mi alteridad incurable ante este tipo de espectáculo, paso todo ese tiempo, en ocasiones semejantes, con la ansiedad de que termine, pero no porque me aburra –de hecho, no me aburro– sino porque me asalta la urgencia de ver al final a los actores volver al escenario para recibir los aplausos, circunstancia en la que puedo comprobar por fin que se trata de personas de verdad, con actitudes, su verdad y probablemente una vida propia –un abono para la piscina–, cosa que me tranquiliza enormemente.

A la bellísima Cour d'honneur del Palais des Papes me fui luego disciplinadamente a ver el *Rey Lear* puesto en escena por Olivier Py, estrella del teatro francés: espectáculo luego puesto de vuelta y media, al día siguiente, por toda la crítica. El espacio, hay que decirlo, es inmenso, e inmenso es el texto. Allí no tienes que sufrir ese absurdo *overacting* que te molesta en el teatro burgués de Strindberg, porque entiendes el aliento, la necesidad, la innegable propiedad: es absurdo y es fantástico, perfecto. En todo caso, el problema era que el *Rey Lear*, entre todos los textos shakesperianos, es probablemente el más bello de leer y el más difícil de llevar a escena. Se requiere genio, y Py siempre daba un poco la impresión de andar demasiado justito. ¿Sabéis cuando uno prácticamente lo ha logrado, pero luego al final resulta que nunca lo logra? Algo así.

Me pareció clarísimo cuando vi otra de Shakespeare del programa, *Ricardo III*, esta vez hecho por Thomas Ostermeier, con, en el papel principal, un actor increíble, Lars Eidinger (no olvidéis este nombre). Allí había genio de verdad arrasando todo. Allí tuve el placer de recomponer muchas cosas que había ido experimentando esos días en una única imagen que tenía un sentido: porque en el escenario estaban todas las piezas necesarias para hacer teatro que había sufrido esos días, pero devueltas, una a una, al talento extremo que necesitan para ser transformadas de fragmentos de un fracaso en ladrillos de una gloria. Estaban incluso el señor vestido de Pippi Calzaslargas y los bailarines de claqué, y los payasos, y los acróbatas: estaban en los gestos, en el vestuario, en las voces, en las atroces faltas de elegancia y en las bellezas absurdas con que esos personajes, allí arriba, vivían una historia que no nos concierne, como si lo hicieran por primera vez, clavándola en el tejido de nuestras más tranquilas existencias, como si nos concerniera desde siempre y para siempre. No sé cómo consiguen trucos semejantes. Pero el espléndido animal agonizante vive en alientos como ese y, entonces, ya nada importa que sea grotesco el espectáculo de su cuerpo enfermo, incurable, derrelicto, en la cama de los tiempos: solemne respira y basta con que lo haga una vez de tanto en tanto, es su forma de vivir.

Así que aplaudí mucho, al final, convencido, y no me importaba nada saber si Lars Eidinger tiene vida propia, coche y abono para la piscina. Al contrario, hasta me molestó un poco tener que comprobar, al final, que no era Ricardo III en persona. Impresiona ver cómo tres horas de teatro logran cambiarte, una vez de cada mil.

14 de julio de 2015

SALZBURGO

Como había decidido pasearme un poco por los festivales, este verano, para comprobar qué estaba alumbrando el genio colectivo, después de Aviñón, viajé a Salzburgo, uno de los tres sitios en el mundo en el que, si te gusta la ópera, puedes encontrar absolutamente la mejor. Allí, todos los años, entre julio y agosto, se reúne la curiosa secta de los amantes de la música clásica: se distinguen por tener en su mayoría una edad avanzada y por disfrutar del alivio que supone contar con unos buenísimos ingresos, cultivan un placer muy refinado (para el que resultan indispensables buen gusto e inteligencia) y un obstinado culto del pasado (por lo que no va mal cierta dosis de somnolencia intelectual). En conjunto, una humanidad muy fascinante, que, históricamente, ha demostrado tener sólidos principios y elevados valores: de los que, curiosamente, pueden brotar, según los casos, exquisitas visiones de civilización o el instinto de invadir Polonia.

A fin de concentrar esfuerzos, me limité a la ópera, dejando el placer de la música instrumental. Y así me encontré viendo cuatro óperas, una detrás de otra, acogido por salas concebidas con un gusto que resultaría muy útil en la eventualidad de tener que montar una tienda de pipas. Al tratarse de Austria y, por tanto, del monedero más rico del continente, el aspecto del público era impresionante: creí estar en un gigantesco consejo de administración al que, por motivos que se nos escapan, se había pensado en invitar también a las esposas. Lo digo sin ningún desprecio: solo quiero dar una idea. En los consejos de administración se encuentran personas dignísimas –es difícil que te pasen algún canuto–, pero allí se puede pasar el tiempo agradablemente. En cualquier caso, yo estaba allí y, como Salzburgo es a la ópera lo que Wimbledon es al tenis, el espectáculo era fastuoso: si hay alguien que juega realmente bien en el mundo, es a esos campos donde va jugar. La idea, pues, era la de explicar un poco todo y, la verdad, no iba a ser difícil, pues solo había visto espectáculos bellísimos *(Trovatore, Fidelio, Las bodas de Fígaro,* soy un hombre afortunado), pero entonces también tuve ocasión de entrar en la Haus für Mozart y asistir a una representación de *Norma* de Bellini: y allí vi y oí algo que iba más allá de lo que llamamos un espectáculo bellísimo. Para esa clase de cosas usamos el término *revelación.*

Y por ello ahora me veo obligado a dedicar a ese único espectáculo todas las líneas que me quedan y, si pensáis que eso os autoriza a dejar de leer, porque quizá *Norma* os importe más bien poco, o sepáis poco, tengo que añadir que *esa Norma* no concierne en particular a quien es melómano y ya sabe sobre estas cosas: concierne a cualquier persona que tenga ganas de estar en el mundo sin perderse esa docena de cosas infinitamente bellas que están sucediendo entretanto gracias al talento y a la dedicación de los seres humanos. Si, por ejemplo, tuviera que hacer una lista de las cosas que la actual élite intelectual del planeta debería tener en la mesita de noche, se me vienen a la cabeza un par de videojuegos, tres o cuatro series televisivas, un par de direcciones de restaurantes, un catálogo de pintura inglesa, los mejores partidos de Federer, una gramática de griego antiguo, un Shakespeare a su elección y, por fin, *esta* versión de la *Norma* de Bellini.

Para explicarme, debo empezar desde el principio. *Norma* es de 1831. Para entendernos, Mozart la había palmado hacía cuarenta años y Verdi alcanzaría el éxito una veintena de años más tarde. Quien escribió su música fue un siciliano de treinta años, Vincenzo Bellini: si alguna vez os habéis cruzado con algo puro, en vuestra vida, pero realmente puro, *infinitamente* puro, probablemente os habéis cruzado con una melodía de Bellini. Si no lo habéis hecho, os falta algo: y francamente no entiendo cómo sois capaces de seguir adelante cuando os despertáis por la mañana. Tenía un talento divino, ese muchacho: como suele suceder, murió joven, a los treinta y cuatro años. Amén. En cualquier caso, dejaba tras de sí una hermosa lista de óperas: de todas, la más bella es *Norma*.

La historia, lamentablemente, está ambientada en Galia, durante la ocupación de los romanos: aparte del molesto efecto Astérix, es que a uno le cuesta bastante identificarse con un galo. Sin embargo, el libretista, Felice Romani, dominaba su oficio, y esto explica, junto con el monstruoso talento de Bellini, por qué al final se puede *llorar* también estando sentado delante de gentes tocadas con yelmos con cuernos, etcétera. Porque, os lo juro, es posible llorar, si se tiene un mínimo de disposición de ánimo. Todo gira alrededor de Norma, que es una sacerdotisa gala, mejor dicho, *la* sacerdotisa, la jefa: es ella la que habla directamente con Dios y es en ella en quien los galos confían para decidir si seguir viviendo con la cabeza agachada o romper con todo y rebelarse. El problema (en la ópera, siempre hay un problema, ¿si no cómo diablos harían ópera?), el problema es que Norma está secretamente enamorada de un romano y, por supuesto, no de un romano cualquiera, sino del jefe de los romanos, un hombre con un nombre de ecos desagradables: Pollione. Para contarlo todo, no solo lo ama: también ha tenido dos hijos con él. Para una sacerdotisa, hija del jefe de la tribu y virgen por oficio, no es precisamente lo mejor. Pero hasta ahí, no dejan de ser líos que más o menos nos pasan a todos, de una forma u otra podía arreglarlo. Solo que un día otra sacerdotisa, una joven con un nombre precioso, Adalgisa, se lanza a los brazos, por así decirlo, de la madre superiora (Norma) y le confiesa algo inconfesable, y es que se ha enamorado de un romano. Le cuenta todo el placer y el horror del asunto, y Norma, al escucharla, se conmueve, en un dueto sublime, porque ve en esa muchacha su propio error, su propia felicidad, su propio lío. Se conmueve mucho menos cuando inocentemente le pregunta a Adalgisa quién es ese romano: no tiene un nombre muy bonito, responde ella, se llama Pollione (no dice *exactamente* eso, pero en resumen la esencia es esa). A partir de ese momento Norma se transforma, la etérea sacerdotisa da paso a una mujer enloquecida, que aferra el mundo por las pelotas *(pardon)* y lo sacude arriba y abajo por la escalera de sus propios sentimientos: que son realmente todos, de la tristeza más grande al furor más ciego, pasando por la maldad, el desconcierto, la nostalgia, el cansancio, la locura. No, no abundan las mujeres así, capaces de todas las pasiones: Norma es así, porque en la ópera los varones ponían en escena a las mujeres que en la tierra no habían encontrado en su vida. Para abreviar, primero está a un pelo de matar a sus hijos, luego está a un pelo de matar a Pollione, luego decide cargarse a Adalgisa en una ceremonia pública que permanecerá en la historia: reúne a todos los guerreros galos, grita que ha llegado la hora de tomar las armas (entusiasmo general), ordena encender una hoguera y, al final, comunica que ya tiene lista a la víctima del sacrificio y que es una sacerdotisa que, infringiendo sus votos, ha amado a un romano. Incrédulos, los guerreros le preguntan quién es y, en dos notas que luego no son fáciles de olvidar, dice dos palabras: «Soy yo.» Hay que añadir a ello que en esta ceremonia sublime también está presente Pollione, quien, haciendo honor a su nombre, se ha dejado pillar mientras iba por el campamento de los galos. Por eso, inmediatamente después del *Soy yo* de Norma, los dos se encuentran frente a frente, mientras a su alrededor crepitan la hoguera y el rechazo de todos los galos: ahora debería cantarlo, pero os tendría que bastar saber que la música es puro Bellini y que el libretista, en esas circunstancias, cumplió con el compromiso. Incluso Pollione, durante un momento, deja de ser la encarnación del varón atontado y suelta dos versos que, si los memorizáis, podrían llegar a seros útiles: «Ah, demasiado tarde te he conocido / mujer sublime, yo te he perdido.» Mueren, entonces, juntos, desapareciendo en la hoguera e incendiando con sus voces un final ante el cual, muchos años más tarde, Wagner –uno que vagamente estaba convencido de ser Dios– se quitó el sombrero. Fin.

Cabe decir que, por motivos comprensibles, toda esta maravilla suele ser interpretada, cantada y puesta en escena como si fuera un Verdi *ante litteram*: simplifico un poco, pero en fin, las voces, la orquesta, el estilo, las maneras son más o menos los mismos que podríais encontrar en una buena puesta en escena del *Trovatore*. A veces se va más lejos y se llega a rozar la sinvergonzonería de Puccini. El resultado es que, desde tiempos inmemoriales, estamos habituados a una Norma chillona, segura de sí misma, militar, al galope, henchida de sonido: estamos acostumbramos a oír a Norma acuchillando notas como una furia, y nunca hemos imaginado que Pollione pueda no ser un tenor chillón con la complejidad sentimental de un Rambo estúpido, pero eso no nos ha impedido pensar que *Norma* es una ópera bellísima, porque lo es. Pero es un poco como estar enamorados de Bruce Willis: te gusta porque esperas que te acorrale contra la pared, no estás acostumbrado a pensar que sería fantástico cocinándote una quiche.

Así fue para mí hasta la noche en que vi y escuché esta *Norma*. En el papel del personaje que da título a la obra, Cecilia Bartoli. Si hay cinco mujeres cantantes que tienen una fama planetaria, ella es una de las cinco. En cuanto a refinamiento e inteligencia musical, probablemente es la mejor. Como ella también sabe, no tiene una voz potente y es posible que esta Norma suya nazca precisamente ahí. En teoría, por razones de registro y de potencia vocal, ella no podría cantar ese papel. Pero ella creyó en algo diferente: estaba convencida de que bastaría con representar *Norma* como había sido concebida como ópera, antes de que llegaran Verdi y el gusto verdiano, para dar con algo muy diferente, algo que ella podría cantar divinamente. Pongo por caso: los instrumentos. Era 1831 y los instrumentos no eran los de ahora, la orquesta era más pequeña, los timbres de los latones más suaves, las percusiones más secas, los arcos menos sonoros. Bien visto, también los tempos (la velocidad con que se interpreta y se canta) en su origen no eran tan agresivos como luego el gusto verdiano terminó imponiendo: la partitura original habla de una *Norma* más lenta, raramente militar, a menudo suavísima. Incluso Pollione, bien mirado, no era en su origen el personaje monolítico al que nos hemos acostumbrado. En 1831, en el estreno, ese papel fue interpretado por un tenor que no era chillón, venía de un repertorio de Rossini, trabajaba con los matices y no con el hacha: era una voz ágil y pequeña, no una trompeta del ejército. En fin, que había bastantes motivos para intentarlo. Y así, en Salzburgo, yo (y todos los miembros del consejo de administración) nos hemos encontrado con una *Norma* que ha vuelto a la partitura original, dirigida por un genio de la música barroca, Giovanni Antonini, interpretada por una pequeña orquesta de instrumentos de la época, con tempos que nunca había escuchado y una masa sonora que nunca habría imaginado. El resultado, no hay vuelta de hoja, es una locura. Es como pasar de la elocuencia de Ratzinger al habla del papa Francisco. Todo se disuelve, se deja abrir, se hace más pequeño y simultáneamente más grande, los colores encuentran mil matices. Hay guerra, pero transcurre en un escenario lejano, hay hombres y se los ve desde mucho más

267

cerca. *Norma* siempre es emocionante, pero allí fue arrebatadora. Te podía haber gustado *Norma* durante toda tu vida, pero lo que te ocurría allí, por primera vez en tu vida, era pensar que estaba hablando de nosotros: pensar que esa ópera *sabía algo de nosotros.* No sé, quizá yo solo tuviera una buena noche, pero, no, en mi opinión, no estoy equivocado. Fue realmente algo muy especial. Os juro que incluso llegué a conmoverme no por Norma, no por Adalgisa, no por sus hijos, pobrecitos, *sino por Pollione.* Quienes entienden del tema saben que estoy diciendo algo gordo. Sin embargo, ese tenor que no gritaba (John Osborn, para la crónica) explicaba una historia que nunca había escuchado y lo hacía con tanto gusto y refinamiento que actualmente, si me preguntan cuál es la trama de *Norma,* contesto así: un buen muchacho romano solo intenta ser feliz, pero se topa con una mujer mucho más fuerte que él, que lo destroza.

Ah, un inciso: Cecilia Bartoli, en efecto, cantó divinamente, lo había visto bien.

Y una cosa más, solo para justificar mi estado de deslumbramiento. Las óperas, además, hay que llevarlas a la escena y, entonces, pueden cometerse desastres. Pero también esto, en esta *Norma,* funcionaba magníficamente. Ya lo he dicho antes: el contexto de Astérix siempre es difícil de digerir. Y, de hecho, en esa ocasión no había galos; toda la historia se había trasladado a 1945: los galos son partisanos, los romanos son nazis, Norma es una colaboracionista. La rapan al cero, como se hacía en esos casos, antes de encerrarla con su prometido nazi en una casa y prenderle fuego a todo. Dicho así, puede parecer un poco forzado, pero la verdad es que todo fluye con una rotundidad impensable: porque espléndidos eran los decorados (Christian Fenouillat) y genial la dirección (Moshe Leiser y Patrice Caurier).

Casi se me olvida comentar que, a ratos, Antonini, desde

268

el podio, casi escondía la orquesta, dejaba que fluyeran las voces, acompañándolas lo justo con algo que apenas era un suspiro: entonces te daba la impresión de que tú estabas sosteniendo esa ópera en la palma de la mano. Suele ocurrir lo contrario: es ella quien te agarra por el cuello con una mano. Qué aplausos, al final.

31 de agosto de 2015

TELLURIDE

Telluride es una pequeña ciudad *western* arrinconada en el fondo de un valle del Colorado: dado que los edificios de la Main Street los han conservado con cierto orgullo –el banco, el *saloon,* la *general store*–, se respira aún leyenda, que en estas tierras habla de épicos trabajos y riquezas impúdicas: minas y madera, me imagino. Las montañas, alrededor, ascienden escarpadas, entre bosques de abedules americanos que es fantástico cruzar caminando: la luz que se filtra allí dentro es una de las diez mejores luces del mundo. El sol permite ir en camiseta, la vegetación todavía sube cientos de metros hacia arriba, parece una media montaña de lujo, pero, a la primera carrerita que haces, te asusta tu taquicardia y entonces preguntas, distraídamente, a qué altura estamos: te disparan un 2700 metros que te explican muchas cosas, incluida la bomba de oxígeno que te encuentras junto a la mesita de noche de tu habitación (diecinueve dólares, pero gracias a ella superas el dolor de cabeza, y queda muy Đoković). Noches complicadas y sueños vívidos, por tanto. Estrellas cercanísimas, en las escasas noches sin nubes.

Hay que decir, para completar el cuadro, que esto se ha convertido, con el tiempo, en un impecable refugio de ricachones americanos, una especie de Cortina del Colorado. Se disparan monumentales chalets que uno solo suele ver en las películas. Como se trata de montaña, incluso extrema, constituyen, como es obvio, una élite refinada, dotada de cierto gusto y de cierta cultura. Debe de ser gente que sabe quién era Sartre, por ejemplo. Aparte de no elegir mal el color de sus anoraks, hacen yoga y comen bío. El primer *fast food* está a una hora en coche. Por la calle no ves a nadie que fume. Es gente así. Resulta interesante encontrarla después de haber estado conduciendo todo un día desde Albuquerque, Nuevo México (otro sistema para llegar aquí es aterrizar con tu propio avión privado en el pequeño aeropuerto local: no era mi caso). Quiero decir que subiendo por el suroeste, casi rozando Arizona, se cruza la América de las reservas indias, que, por lo que sé al respecto, es uno de los territorios con menos esperanza que se pueden encontrar en Occidente. De este modo, limitándose a conducir y a mirar, uno entra de nuevo, en pocas horas, en el misterio de este país, que es tantos países reunidos en uno, y van desde la autocaravana del navajo situada en medio de la nada (perros sin razón de ser, neumáticos como mobiliario, chasis de coches no se sabe para qué) al rancho del rico blanco (caballos impecables, vallados relucientes, todoterrenos tan altos como casas). Qué es lo que los mantiene unidos sin que todo estalle es un misterio: patriotismo y deporte en la tele a todas horas, cabría entender. Pero no creo que sea tan simple.

Encontrar una razón para venir hasta aquí arriba no es algo que surja automáticamente, pero yo tenía una buena razón: se me había metido en la cabeza tamizar los mejores festivales de verano del mundo, aunque solo fuera para recordar bien lo que son el talento y la belleza, y en Telluride había elegido la tercera y última parada, la dedicada al cine. Porque aquí los ricachones han organizado un festival de películas que poco a poco ha superado al mítico Sundance en la particular clasificación de los festivales *cool*. A quien le gusta el cine con inteligencia y conocimiento, remonta el Colorado y se planta aquí. Donde en un clima de refinada excursión campestre, las estrellas del cine se olvidan de la alfombra roja, se calzan un par de botas y deambulan por la pequeña ciudad, repentinamente de vuelta a la tierra. Yo, por poner un ejemplo, me encontré cara a cara con Meryl Streep (la más grande desde siempre) y, si no fuera tímido, podría haber charlado un poco con Kate Winslet (ella, por su parte, ni se percató). Te sientas en una extensión de césped y ellos están allí, conversando, como si todo el mundo estuviera de vacaciones, y fuera normal, al volver del paseo, hablar de cine de forma obsesiva. Un buen ambiente. Mientras, en las salas montadas en los pequeños teatros locales o construidas ex profeso para esas fechas, pasan películas que podrían gustarle al público europeo más sofisticado: lo más alejado de los peliculones americanos del sábado noche. Organización impecable, público relajado y propenso a una inoxidable alegría. Todo muy relajado: para la inauguración me había puesto la americana, nunca se sabe; yo fui el único. Anoraks y gorras de béisbol. Se forman largas colas para entrar, a veces bajo la lluvia, y luego, en la sala, mientras se espera la película, sacan de la mochila recipientes de plástico y comen ensaladas de col impregnadas de mayonesa *light*. Ese tipo de público. Bonito.

En un marco similar y propicio vi algunas películas. Una se titulaba *Rams* y era islandesa (¿ya se ha entendido qué clase de películas proyectan?). Historia de hermanos pastores que desde hace cuarenta años no se dirigen la palabra y viven en dos granjas, una al lado de la otra, en la nada. La nada de cierta Islandia, es necesario ver la luz, el frío y la soledad: *nada* es una palabra insuficiente. Bellísima escena final, me recordó la última página de *Las uvas de la ira* de Steinbeck. Otra se titulaba *Time to choose,* documental del premiado con un Oscar Charles Ferguson: un fantástico anuncio en defensa del planeta Tierra, una gran denuncia despiadada del desastre que estamos organizando. Al cabo de media hora sentía la dramática urgencia de tener un coche eléctrico, de desfigurarme la casa con paneles solares, de ir a salvar la selva indonesia y de comer vegano.

Al cabo de una horita, empezó a vencerme la impaciencia y, en los últimos diez minutos, comencé a buscar al autor en la sala para soltarle cuatro frescas. Siempre me pasa lo mismo: me molestan los que están en posesión de verdades diamantinas. Y no soporto cuando el talento va del brazo de una absoluta carencia de dudas. La obra maestra la vi al entrar en la sala donde proyectaban *El hijo de Saúl,* una película húngara, escrita y dirigida por László Nemes. Probablemente habréis oído hablar de ella: ganó el Grand Prix del último Festival de Cannes. Me habían dicho que era una película durísima de ver. En efecto, la primera media hora la pasé pensando en marcharme, pero era demasiado hermosa y me quedé. No es tanto el hecho de que el argumento, una vez más, sean los campos de exterminio nazis. Es cómo está filmada la película, que te pone contra la pared. Porque prácticamente la cámara permanece todo el tiempo en el primer plano del protagonista y no se mueve de ahí. Todo lo demás –lo que hay detrás y alrededor– está fuera de foco, se ve poco y ese poco completamente desenfocado. Lo que hace el protagonista es trabajar en el campo de exterminio. Es judío, uno de esos judíos que integraban un cuerpo especial y, a cambio de su supervivencia temporal, realizaban, en el campo, los trabajos que ni siquiera los nazis eran capaces hacer: bajar de los trenes a los deportados, limpiar las cámaras de gas, sacar de allí los cadáveres. Es lo que hace él, con una cara pétrea. Y tú no ves, pero precisamente porque no ves, imaginas. No ves, pero *oyes.* No ves, pero entiendes. Letal. Como técnica narrativa es genial: yo habría dicho que podría funcionar tan solo unos diez minutos, pero ese director decidió filmar toda una película así. Lo ha hecho. Una maravilla.

Ah, también vi *Steve Jobs,* de Danny Boyle. En fin. No es que sea, exactamente, una película sobre Steve Jobs. Es otra cosa. Uno diría que el proceso de santificación de Jobs avanza a pasos gigantescos: en esta película se lo trata como a un Ricardo III, como a una Ana Bolena: figuras simbólicas en cuyo destino la gente puede leer el mapa de su propia maravillosa consternación. Lo único es que yo todavía no estoy listo para verlo partir hacia semejantes horizontes: entre otras cosas porque aún estoy luchando con la actualización del *software* de sus, por otro lado, bellísimos aparatitos. Por eso me costó un poco pensar sobre los hijos, el poder, el éxito, tras la estela de una especie de héroe trágico que, por lo que a mí se refiere, no es sustancialmente diferente a un Marchionne o una Merkel. ¿Disfrutaríais viendo una película en la que Merkel os hace reflexionar sobre el bien y sobre el mal? Cuesta bastante, creo. Actores formidables, de todas formas, una dirección impecable y un guión pulido: todo en su sitio, pero, como ya he dicho, se presuponía una inteligencia, o una ingenuidad, de la que no dispongo.

Dicho esto —y subrayado el hecho de que un viajecito a Telluride para el festival puede considerarse, en resumidas cuentas, una simpática locura—, quiero dedicar las últimas líneas a cerrar el círculo de mi verano por festivales y escribir un par de cosas que estuve pensando, mientras conducía por las incomparables carreteras de una América que no entiendo bien. Pensaba, por ejemplo, que había visto un montón de cosas, en esos dos meses: había visto pasar mucho trabajo y mucho talento, entre Aviñón, Salzburgo y Telluride. En resumidas cuentas, había visto lo mejor que produce el planeta, si hablamos de teatro, de ópera, de cine. Qué espectáculo singular. Si fuera un alienígena enviado a la Tierra en una misión, este sería el sintético informe que habría hecho: «A los terrícolas les gusta, sorprendentemente, repetir algunos pasajes de su vida; lo hacen, sin embargo, de un modo extraño, es decir, repiten esos pasajes, pero insertan cambios inexplicables. A veces cantan (!), a veces hablan y se comportan de formas no naturales, a veces lo aplastan todo sobre una pantalla bidimensional que es imposible ver si no es en la oscuridad. Cabría afirmar que en esta dislocación de lo real en una realidad artificial y absurda, los terrícolas

274

encuentran una forma de placer o quizá un mecanismo para comprenderse mejor a sí mismos. El asunto es bastante sorprendente y da una idea del refinamiento, o de la decadencia, de esa civilización. Se diría que solo desligándola de lo verdadero, los terrícolas logran mirar a la cara la verdad.»

Otra cosa que pensé era lo diferentes que eran las tres tribus: la del teatro, la de la ópera y la del cine. Es algo que me fascina. En el teatro sientes una intensidad muy particular: hay algo *político* en estar sentado ahí, algo que viene de muy lejos y que todavía no se ha apagado; como la consciencia de que mientras se está viendo teatro se está construyendo la *polis,* mientras se está disfrutando de un espectáculo se está conformando una comunidad. También por eso se acepta y, es más, se espera, un toque faquiresco, punitivo: es como si fuera necesario pasar por un rito de sufrimiento para acceder a la firmeza de una personalidad colectiva adulta, consciente. En general, todos están allí para *ser mejores.* Algunos están allí porque están convencidos de ser mejores y están desprovistos de otros sistemas para hacérselo saber al mundo. En cualquier caso, persiguen, o exhiben, una primacía. En la ópera es un tanto diferente: todo es un poco como en el teatro, pero más físico, menos cerebral. La promesa de un placer físico puro y simple es más fuerte y deja entre paréntesis la inteligencia. La solemnidad y el lujo del espectáculo bajan al escenario y cierta ostentación de opulencia se hace natural: se observa la indiscreción, discutible, de que si algo tiene valor también debe tenerlo en términos mensurables con dinero. La majestuosidad de los escenarios, como los vestidos de las señoras sentadas en la platea, certifica que esto se hace en serio. Resulta indiscutible el sutil sentimiento de superioridad. E incorregible la profesión de fe en el pasado: lugar al que todos, aparentemente, querrían volver, y del que muchos no se han ido nunca. Para finalizar, los del cine son el único público *real,* aparentemente: no están celebrando una liturgia, están pasando la velada de una forma hermosa. No están cons-

275

truyendo nada, no están exhibiendo una cierta idea de sí mismos, no están pronunciando profesiones de fe: van al cine y todo es todavía tan joven, y nuevo que no parecen haberse sedimentado significados accesorios. De hecho, se ríen cuando hace reír, lloran cuando hace llorar, duermen cuando es aburrido. Es el privilegio de los que hacen cine: bailar con un público todavía límpido, niño, nuevo. Quizá no dure mucho tiempo, pero es un privilegio fantástico.

Y una última cosa. No es que fueran precisamente asombrosas todas las cosas que he visto, pero algunas sí. Espectáculos que reúnen habilidades y talentos de un montón de personas, maquinarias complicadas que al final vuelan de verdad y muy alto, verdaderamente muy alto. Todas las veces que tengo la suerte de subirme a bordo, vuelvo a pensar que estamos locos al no pensar que esa, exactamente esa, es en definitiva una de las dos o tres experiencias que pueden salvarnos realmente la vida. Me estremece pensar en cuánta gente vive sin vivir experiencias semejantes, sin disponer del privilegio de acceder a ellas. Y me parece increíble qué poco cuidado dedicamos en defender, educar y glorificar el talento. No son agradables diversiones, esas, son lo más valioso que poseemos. Sin bromas, uno puede ir tirando como buenamente quiera, pero al final todo este lío se hace insoportable salvo cuando esa gente logra recomponerlo a su modo, y entregárnoslo de nuevo ordenado, luminoso y bello. No lo consiguen en todas las ocasiones, pero basta con una para salvar a un buen montón de personas. Tenemos una necesidad tremenda de que exista *esa ocasión*. Deberíamos guardar un montón de silencio, mientras la esperamos, y no molestar, y preguntarnos cómo podremos, si se da el caso, ser útiles.

Bueno, fin del sermón. Fin del verano. Telón.

19 de septiembre de 2015

Atracciones

POSTALES DE MUERTE DESDE AMÉRICA

Nueva York. Subiendo por el lado occidental de Central
Park, desde abajo, desde el vientre de Manhattan, como apuntando hacia el Museo de Historia Natural, aunque sin quererlo,
se llega a la sede de la New York Historical Society. Allí, desde
hace meses, en una sala no muy grande, con alguna vitrina en
medio y una mesa al fondo con dos ordenadores, hay una extraña exposición: nada artístico en sentido estricto, fragmentos de
historia, más bien, y fragmentos es la palabra justa; decenas de
fotos, a menudo impresas en formato de postal. El tema es uno
solo: repulsivo. Gente colgada tras haber sido linchada. En su
gran mayoría son negros. En su gran mayoría están rodeados por
blancos bien vestidos que miran y posan para ser fotografiados.
La exposición se titula *Without Sanctuary*. Las fotos se remontan
a las décadas comprendidas entre 1870 y 1940. Son una parte,
por muy repugnante que sea, de la historia americana. Para
un europeo son intolerables. A saber qué impacto producen a un
americano. Eso de linchar fue durante mucho tiempo, por aquellos lares, una especie de ordinaria extraordinariedad. Sobre todo
cuando el sospechoso era negro (homicidio, acoso a alguna chica blanca, robo), el paso por el tribunal les parecía, a muchas
personas, una inútil pérdida del tiempo: iban a buscarlo a su casa,
lo torturaban en público y luego lo colgaban.

279

En Nueva York, a veces, los quemaban: en esos casos lo llamaban «Negro Barbecue». A veces, la policía lograba llegar antes y poner al sospechoso a buen recaudo, en la cárcel. Entonces, si el delito en cuestión era especialmente ofensivo para la raza blanca dominante, se formaban espontáneas bandas de caballeros que tomaban al asalto la cárcel para ir recuperar lo que era suyo. Cuando lograban apropiárselo (y lo lograban), el castigo se convertía en algo más que el gesto rabioso de un animal herido: se convertía en rito, en ceremonia y en fiesta colectiva. Acudían desde pueblos situados a kilómetros de distancia, para ver todo; se vestían de domingo y llenaban la plaza, llevaban hasta a los niños, para que aprendieran y, es más, está documentado que en algunos casos las escuelas tenían el detalle de cerrar, ese día, para permitir a los muchachos asistir al linchamiento: algunos volvían a casa llevando, como recuerdo, trozos de la ropa de las víctimas. Era una fiesta: ¿podían faltar los fotógrafos? No. Y de hecho allí estaban, siempre, y usaban esas fotos para anunciar su propia empresa. Comercialmente eran todo un negocio: impresas como postales se vendían como rosquillas. Los que habían asistido al linchamiento se las enviaban a los parientes lejanos, con anotaciones anodinas escritas a mano, como si fueran fotos de paisajes: tan infinitamente miserable puede ser la crueldad humana. En un momento determinado, el tráfico de fotografías de este tipo resultó tan bochornoso que, en 1908, el servicio de correos americano decidió negarse a entregar esas postales. Siguieron circulando por cauces menos oficiales. El hombre al que se le metió en la cabeza buscarlas y coleccionarlas se llama James Allen. Es un anticuario de Atlanta. *Without Sanctury* es el resultado de su trabajo. La exposición ha llamado la atención de tanta gente que la han prorrogado: cerrará el 13 de agosto. Las fotos son intolerables porque son fotos de muertos ahorcados, eso es obvio: los cuerpos suelen aparecer torturados, y las maneras de la ejecución suelen ser humillantes. Pero queda bastante claro que esas fotos tienen algo absurdamente hipnotizador –y completamente intolerable– debido a su composición. En el centro siempre está el cadáver y, a su alrededor, la gente. Es la suma de esos dos elementos lo que crea la violencia devastadora de la imagen. En el corazón de la fotografía hay un fragmento de mundo ya sin tiempo, ardiente y frío: alrededor hay mundo todavía en acción, el mundo de la vida. Lo que hace que sientas vértigo es que no logras establecer una conexión entre esas dos partes de la composición. Sabes que la conexión está ahí, también estás preparado para comprender que es terrible (los de abajo se han cargado a los colgados y se sienten tan orgullosos como para hacer que los fotografíen allí), pero tu sistema nervioso no conoce ese tipo de lógica monstruosa que solo la historia produce, el sistema nervioso no conoce razones y se rebela como lo hace ante cualquier otra insensatez: como ante una imagen absurda, se ve arrollado por el vértigo. Marion, Indiana, 7 de agosto de 1930. Quien dispara la fotografía fue un tipo que se llamaba Lawrence Beitler. Pasó diez días y diez noches imprimiendo miles de copias, de lo bien que le había quedado. Está oscuro, y el flash recorta de la noche solo lo necesario. El gran árbol, la rama, los dos cuerpos colgados por el cuello, la ropa desgarrada, las caras sangrantes, el cuello roto; y, en la parte inferior de la fotografía, la gente, apiñada de pie debajo de los ahorcados. A mano derecha, un grupo de hombres, el sombrero elegante, uno fuma levantando la mirada hacia los dos muertos. A la derecha hay dos chicas, tendrán unos catorce años, miran excitadas al fotógrafo, una aferra un trozo del pantalón de uno de los dos negros ahorcados, la otra es guapa, lleva un bonito vestidito, el pelo bien peinado, detrás de ellas, un jovenzuelo que intenta ligar, corbata, camisa de manga corta, brillantina en el pelo y una sonrisa de feria de la sandía en la ciudad de las sandías. En el centro hay tres personajes: una mujer gordita, medio girada, con la cara perdida, como buscando a un familiar que se ha perdido; una vieja que mira a su al-

281

rededor, con la mirada infinitamente normal de quien pasa una noche al aire libre, en agosto, y un hombre, de unos cincuenta años, quizá menos, que mira fijamente al objetivo (es decir, a mis ojos), ha inmovilizado la cara en una máscara serísima, sostiene el brazo izquierdo levantado y está señalando con el dedo índice a los ahorcados. Te mira y señala. Vértigo. Esa gente de ahí abajo imparten una lección extraordinaria de educación cívica: son los que se han vestido de domingo, han cogido el coche, se han abierto paso a codazos para verlo de cerca, luego han preguntado dónde venden bebida y luego han vuelto a casa y, estoy seguro, una hora más tarde, o años más tarde, habrán pensado y probablemente también habrán dicho que todo aquello era una gran estupidez y que ellos nunca habrían hecho algo semejante, pero esa noche estaban allí, se habían vestido de domingo, habían cogido el coche y, al final, salían en la fotografía. Ahí está: los que al final salen en la fotografía. A mí los que habían asaltado la cárcel, sacado a los dos negros, los habían torturado y asesinado, me impresionan menos: esa ferocidad, típica de algunos humanos, es algo más elemental, menos enigmático. A mí lo que me produce vértigo son los que no han hecho nada, pero están en la fotografía. Y creo que esas fotos son una lección porque muestran el auténtico eslabón débil de la buena voluntad humana, que no es el malvado, sino el testigo, el que está allí porque todos iban allí, el que tiene tiempo para ponerse brillantina pero no para formularse dos preguntas sobre lo que está yendo a ver, el que estará contra los linchamientos a partir del mismo día en el que el cincuenta por ciento de la gente esté contra los linchamientos, el que ni siquiera es capaz de pagar con una noche de soledad el privilegio de *no* salir en la fotografía. No hay horror, inconmensurable o microscópico, para el que no haya testigos: con su brillantina, sus bonitos sombreros y sus sonrisas idiotas. FLASH. ¿Contentos? Salís en la fotografía.

PD. A propósito de testigos. Delante de dos ordenadores dispuestos sobre la mesa, allí en la exposición, dos bonitos Mac azules, puedes sentarte y escribir tu opinión, un mensaje, algo. O leer los de los demás. Me quedé allí leyendo durante una media hora larga. Había muchos americanos sinceramente consternados al descubrir de qué era capaz su patria. Había negros que decían que los linchamientos todavía existen. Había uno que decía ser un descendiente de uno de los ahorcados y contaba su historia. Muchas personas solo escriben: que Dios nos ayude. Estuve buscando un buen rato y, entre tanta afligida y sincera consternación no encontré ninguno, repito, ninguno, que mencionara la primera cosa que se me pasó por la cabeza a mí: la pena de muerte. No digo que el linchamiento sea completamente comparable con la pena de muerte; soy consciente de que existen diferencias. Pero, en cualquier caso, ¿no es lo primero que se te pasa por la cabeza? Estás en los Estados Unidos, ves una exposición así, ¿y la pena de muerte no se te pasa por la cabeza? ¿Pero tan rara es la gente? ¿Pero cómo está construido su cerebro? ¿Todos callados, mirando, testigos mudos?

14 de julio de 2000

Bloomington (Indiana). Todo empezó hace algunos meses, en agosto. Compro *The New York Times* y encuentro su *Magazine* con un bellísimo retrato fotográfico de Raymond Carver en la cubierta. Ojos fijos en el objetivo y expresión impenetrable, exactamente como sus relatos. Abro la revista y encuentro un largo artículo firmado por D. T. Max. Decía cosas curiosas. Decía que desde hacía veinte años corría un rumor, a propósito de Carver, que sostenía más o menos que sus memorables cuentos no los había escrito él. Es decir, para ser exactos: él los escribía, pero su editor se los corregía tan radicalmente que los dejaba casi irreconocibles. Decía el artículo que este editor se llamaba Gordon Lish, mejor dicho, se llama, porque todavía vive, aunque parece que no le apetece nada hablar acerca de esta historia. Luego el articulista decía que le habían entrado ganas de comprobar qué había de verdad en esta especie de leyenda urbana. Y por eso había decidido ir a Bloomington, en Indiana, a una biblioteca a la que Gordon Lish ha vendido todos sus documentos, incluidos los mecanuscritos de Carver, con todas las correcciones. Fue hasta allí y miró. Y se quedó de piedra. De un modo muy americano, cogió uno de los libros de Carver *(De qué hablamos cuando hablamos de amor)* y echó las cuentas. Resultado: en su trabajo de edición Gordon Lish ha eliminado casi el cincuenta por ciento del texto original de Carver y ha cambiado el final de diez de los trece cuentos. No está nada mal, ¿verdad? Como Carver no es un don nadie, sino uno de los más importantes modelos literarios de las dos últimas décadas, pensé que allí había una historia que llegar a comprender. Y como en los periódicos, en estos tiempos, se suele escribir mucho más lo que resulta atractivo que lo que realmente ocurre, pensé que solo había una forma de entenderlo. Ir y comprobarlo. Así que fui y lo comprobé.

Bloomington existe realmente, es una pequeña ciudad universitaria perdida en medio de kilómetros de campos de trigo y silos. Muchos estudiantes y, en el cine, Benigni. Todo normal. También existe la biblioteca. Se llama Lilly Library, está especializada en manuscritos, primeras ediciones y valiosísimos objetos fetiche semejantes. De haber estado en Europa, para entrar habría tenido que dejar como rehén a un familiar, presentar kilos de cartas de presentación y no perder la fe. Pero aquello es América. Muestras un documento, te dedican muchas sonrisas, te explican el reglamento y te desean buen trabajo (en casos como este yo oscilo entre dos pensamientos: «Son así y, sin embargo, matan a la gente en la silla eléctrica» y «Son así y, de hecho, matan a la gente en la silla eléctrica.») De manera que me senté, pedí el fondo Gordon Lish y vi llegar una caja grande de mudanza atestada de ordenadísimas carpetas. En cada carpeta, un relato de Carver. El mecanuscrito original con las correcciones de Gordon Lish. Con la condición de no usar bolígrafo, mantener los codos sobre la mesa y pasar las hojas de una en una, podía tocar y mirar. Impresionante. Fui directo al más bonito (en mi opinión) de los relatos de Carver: «Diles a las mujeres que nos vamos.» Un artefacto casi perfecto. Una lección. Cogí la carpeta, la abrí. Me repetí que debía mantener los codos sobre la mesa, y empecé a leer. Increíble, gente.

Altman también eligió ese cuento para su *Vidas cruzadas.*
A él también le gustaba. Ocho paginitas y una trama muy
sencilla. Tenemos a Bill y Jerry. Amigos del alma desde la
escuela primaria. De esos que se compran el coche a medias
y se enamoran de las mismas chicas. Crecen. Bill se casa. Jerry
se casa. Nacen niños. Bill trabaja en el ramo de la gran distribución. Jerry es subdirector de un supermercado. Los domingos, todos a casa de Jerry, que tiene piscina de plástico y
barbacoa. Americanos normales, vidas normales, destinos normales. Un domingo, después de comer, con las mujeres en la
cocina recogiendo y los niños montando follón en la piscina,
Jerry y Bill cogen el coche y van a dar una vuelta. Por el camino se cruzan con dos muchachas que van en bicicleta. Estacio-
nan el coche y tontean un rato. Las chicas se ríen. No les dan
mucha cuerda. Bill y Jerry se marchan. Luego vuelven. No es
que sepan perfectamente qué van a hacer. En un momento
dado las chicas dejan las bicicletas y enfilan un sendero, a pie.
Bill y Jerry las siguen. Bill, un poco hecho polvo, se para. Se
enciende un cigarrillo. Aquí termina el relato. Las cuatro últimas líneas: «Nunca llegó a saber lo que quería Jerry. Pero
todo empezó y acabó con una piedra. Jerry utilizó la misma
piedra con las dos chicas: primero con la que se llamaba Sha-
ron y luego con la que se suponía que le iba a tocar a Bill.»[1]
Fin. Frío, seco hasta el exceso, metódico, letal. Un doctor en
su millonésima autopsia mostraría mayor emoción. Puro Carver. Un final fulminante y una última frase perfecta, tallada
como un diamante, exacta y escalofriante.

Esa idea de despiadada velocidad y ese tipo de mirada
impersonal hasta la inhumanidad, se convirtieron en un modelo, casi un tótem. Escribir no ha sido lo mismo después de

1. Raymond Carver, *De qué hablamos cuando hablamos de amor,* trad.
esp. de Jesús Zulaika, Barcelona, Anagrama, 1987, pág. 69; en adelante,
DQ, con referencia en el propio texto. *(N. del T.)*

286

que Carver escribiera ese final. Bien. Y, ahora, una noticia. Ese final no lo escribió él. La última frase –esa espléndida, totémica última frase– es de Gordon Lish. En su lugar, Carver, de hecho, escribió seis páginas, seis: tiradas por Gordon a la papelera. Leerlas provoca cierto efecto. Carver lo cuenta todo, todo lo que, en la versión corregida, desaparece en la nada confiriéndole a la historia ese tono de formidable, lunática ferocidad. Carver sigue a Jerry colina arriba, cuenta por extenso la persecución a una de las dos muchachas, explica que Jerry viola a la chica y que luego se levanta y parece aturdido, se dispone a marcharse, pero entonces vuelve tras sus pasos y amenaza a la muchacha, quiere que ella no diga nada de lo que ha pasado. Ella no hace otra cosa que pasarse las manos por el pelo y decir «márchate», solo eso. Jerry sigue amenazándola, ella no dice nada y entonces él la golpea con un puño, ella intenta escaparse, él coge una piedra y la golpea en la cara («Oyó cómo se le quebraban los dientes y el hueso»),[1] se aleja, luego vuelve atrás, ella todavía está con vida, se pone a gritar, coge otra piedra y acaba con ella. Todo esto en seis páginas: lo que significa sin verborreas, pero también sin prisas. Con el deseo de contar, no de ocultar. Sorprendente, ¿verdad?

Mucho más supone leer el final, quiero decir realmente las últimas líneas. ¿Qué puso el frío, el inhumano, el cínico Carver al final de esa historia? Esta escena: Bill llega a la cima de la colina y ve a Jerry, de pie, inmóvil, y, a su lado, el cuerpo de la chica. Querría huir pero es incapaz de moverse. Las montañas y las sombras, a su alrededor, le parecen un oscuro hechizo que los apresa. Piensa irracionalmente que quizá descendiendo otra vez hasta la carretera y haciendo desaparecer una de dos bicicletas todo se borraría y la chica dejaría de estar allí. Últimas

---

1. Raymond Carver, *Principiantes,* trad. esp. de Jesús Zulaika, Barcelona, Anagrama, 2010, pág. 143; en adelante, *P,* con referencia en el propio texto. *(N. del T.)*

líneas: «Pero ahora Jerry estaba allí delante de él, como sin consistencia dentro de la ropa, como si le hubieran despojado de los huesos. Y Bill sintió la pavorosa cercanía entre sus dos cuerpos: estaban a menos de un brazo de distancia. Y entonces la cabeza de Jerry descendió hasta descansar sobre el hombro de Bill. Y Bill alzó la mano y, como si la distancia que ahora los separaba mereciera al menos esto, empezó a darle palmadas, a hacerle caricias, mientras se le iban llenando los ojos de lágrimas» [*P*, págs. 144-145]. Fin. *Adieu,* Mister Carver.

Veamos: aquí la curiosidad no consiste en entender si la historia es más bella como Carver la escribió o como salió de las tijeras de Gordon Lish. Lo interesante es descubrir, bajo las correcciones, el mundo original de Carver. Es como devolver a la luz un cuadro sobre la que alguien, más tarde, pintó otra cosa. Trabajas como disolvente y descubres mundos escondidos. Una vez has empezado, es difícil detenerse. Y, en efecto, no me detuve. «Diles a las mujeres que nos vamos» es la obra maestra que es también porque hace realidad a la perfección un modelo de historia que luego iba a ejercer, en los herederos más o menos directos de Carver, una fortísima fascinación. Lo que se relata ahí es una violencia que nace, sin aparentes explicaciones, en un terreno de absoluta normalidad. Cuanto más injustificado es el gesto violento y cuanto más absolutamente normal, sobre el papel, es la persona que lo realiza, ese modelo de historia más se convierte en un paradigma del mundo y en esbozo de una inquietante revelación sobre la realidad. Demasiado inquietante y fascinante para no ser tomada en serio. Todos los muchachos de buena familia que, en tanta literatura reciente buena y menos buena, matan del modo más brutal y sin ningún motivo, nacen allí.

Pero si se utiliza el disolvente, se descubre algo curioso. Carver nunca pensó en Jerry como alguien realmente normal, como un americano común y corriente, como uno de nosotros. Bill, él sí, él sí lo es. Pero Jerry, no. Y el relato siembra aquí y allá pequeños y grandes indicios. Hablan de un muchacho que pierde el trabajo porque «no era el tipo a quien le gustaba oírse decir lo que tenía que hacer». Hablan de un muchacho que en la boda de Bill se emborracha, se pone a cortejar hasta resultar pesado a las dos damas de honor de la esposa y acaba buscándose una bronca con los empleados del hotel. Y, en el coche, ese famoso domingo, cuando ven a las dos muchachas, el diálogo original carveriano es bastante duro: (Jerry) «Volvamos. Intentémoslo.» (Bill) «Dios. Bueno, no sé, tío. Tendríamos que volver a casa. Además, son demasiado jovencitas, no?» «Si son lo bastante viejas para sangrar, son lo bastante mayores para... Ya sabes el dicho.» «Sí, pero no sé...» «Por Dios. Vamos a divertirnos con ellas; vamos a hacérselo pasar canutas» [*P*, pág.132]. Esto ya es bastante para que el lector note el hedor a violencia y tragedia que está a punto de estallar. Y cuando la tragedia estalla tiene seis páginas de largo y es reconstruida paso a paso, explicada paso a paso, con una lógica aterradora pero al fin y al cabo una lógica, en la que cada peldaño es necesario y todo parece, al final, casi natural. Todo viene a la mente excepto un teorema que describe la violencia como un repentino segmento enloquecido de la normalidad. La violencia, allí, es más bien el resultado de una operación que tiene una vida de duración. Solo que Gordon Lish lo borró todo. Tenía talento, nada hay que decir. Hasta en los más pequeños indicios, le arrebata a Jerry su pasado, incluidos los últimos minutos previos al asesinato. Quiere que la tragedia, congelada, se sirva en la mesa en las cuatro últimas líneas. Nada de anticiparse, por favor. Se pierde el efecto. Resultado: *American Psyco* nace allí. Pero Carver, ¿qué tiene que ver con todo eso?

¿Puedo permitirme una nota más técnica? Bien. Carver es grande también por ciertos estilemas que, quizá sin que el lector se percate, construyen de forma soterrada esa mirada letal que le hizo famoso. Trucos técnicos. Por ejemplo, los diálogos. Muy secos. Marcando el ritmo ese agotador y obsesivo *dijo* que, en su prosa, acaba convirtiéndose en una especie de batería que marca el ritmo, con implacable exactitud. Ejemplo: precisamente el diálogo, arriba mencionado, entre Bill y Jerry, en el coche. En la edición oficial es un buen ejemplo del estilo carveriano.

–¡Mira eso! –dijo Jerry, reduciendo la marcha–. Ya les haría yo algo a esas dos.
Jerry siguió como un kilómetro y salió de la carretera.
–Volvamos –dijo–. Intentémoslo.
–Joder –dijo Bill–. No sé.
–Ya les haría yo algo –insistió Jerry.
Bill dijo:
–Sí. Pero no sé...
–Joder, venga –dijo Jerry.
Bill miró el reloj y luego miró en torno. Dijo:
–Suelta el rollo tú. Yo estoy desentrenado. [*DQ*, pág. 65.]

Limpio, rápido, rítmico, ni una palabra de más. Un bisturí. Pero esa es la versión de Gordon Lish. El diálogo escrito originalmente por Carter suena diferente:

–¡Mira eso! –dijo Jerry, aminorando la marcha–. Ya haría yo algo con ellas.
Pasaron de largo, pero los dos se volvieron para mirar atrás. Las chicas los vieron y se rieron, y siguieron pedaleando por el arcén de la carretera.
Jerry avanzó un kilómetro y medio, y salió de la calzada.
–Volvamos. Intentémoslo.
–Dios. Bueno, no sé, tío. Tendríamos que volver a casa. Además, son demasiado jovencitas, ¿no?
–Si son lo bastante mayores para sangrar, son lo bastante mayores para... Ya sabes el dicho.
–Sí, pero no sé...

290

–Por Dios. Vamos a divertirnos con ellas; vamos a hacérselas pasar canutas.

–Vale, de acuerdo. –Miró el reloj y luego el cielo–. Pero hablas tú.

–¡Yo! Yo estoy conduciendo. Hablas tú. Además, van a estar en tu lado.

–No sé qué decirles, tío. Estoy desentrenado. [*P*, pág.132.]

¿Sutilezas? En absoluto. Si uno construye petroleros, no vas a comprobarle las tuercas. Pero si hace relojes de bolsillo, sí. Carver era un relojero. Trabajaba sobre lo mínimo. El detalle lo es todo. Y luego las palabras de un diálogo son como pequeños ladrillos: si cambias uno, no pasa nada, pero, si sigues cambiando ladrillos, al final te encuentras una casa diferente. ¿Dónde ha acabado el mítico *dijo*? ¿Dónde ha acabado la batería? ¿Y la regla de nunca una palabra de más? ¿Dónde ha acabado eso a lo que llamamos Carver? Para la crónica: los he contado, los *dijo* añadidos por Gordon Lish al texto de Carver. En ese cuento. Treinta y siete. En doce páginas en las que casi la mitad no son diálogo y por tanto no cuentan. Gordon Lish era un manitas. Tenía talento, nada que reprochar. Fin de la nota técnica.

Pero no del artículo: porque todavía me queda un ejemplo. Clamoroso. El último relato de la colección *De qué hablamos cuando hablamos de amor* es brevísimo, cuatro páginas. Se titula «Una cosa más». Formidable, por lo que yo entiendo del tema. Una descarga eléctrica. Es una pelea. Un marido borracho, por un lado. La esposa, por el otro, con una hija pequeña. La esposa ya no puede más y le grita a su marido que desaparezca, para siempre. Él dice cosas. Se gritan cosas. No hay casi acción, solo voces que exteriorizan miseria, dolor y rabia, moliendo odio al ritmo de los obsesivos *dijo*. Lo que te mantiene sin aliento es que la tragedia pende de un hilo. La violencia del marido siempre parece a punto de estallar. Es una bomba activada. Hay un instante en el que todo se hace casi insoportablemente afilado.

Él tira un bote contra una ventana. Ella le dice a su hija que llame a la policía. Pero luego lo que sucede es que él dice «De acuerdo, me voy ahora mismo» [*DQ*, pág.153] y va a la habitación y hace la maleta. Vuelve a la sala de estar. La mecha de la bomba parece cada vez más corta. Últimas intervenciones, de puro odio. El marido ya está en el umbral. Dice: «Solo quiero decir una cosa más.» Punto y aparte. Última frase: «Pero le resultó imposible imaginar cuál podía ser aquella cosa» [*DQ*, pág.155]. Fin. Es el clásico Carver. Miserias de una humanidad desarmada y sin palabras. No ocurre nada y todo podría ocurrir. Final mudo. El mundo es una tragedia detenida.

En la Lilly Library cogí el mecanuscrito de Carver. Lo leí. Llegué hasta el final. El marido está en el umbral. Se da la vuelta y dice: «Solo quiero decir una cosa más.» ¿Sabéis de qué se trata? Ahí, en ese mecanuscrito, lo dice. Y como si no bastara, ¿sabéis qué dice? Aquí lo tenéis: "Maxine. Escúchame. Y no lo olvides", dijo. "Te quiero. Te quiero pase lo que pase. Y también te quiero a ti, Bea. Os quiero a las dos." Se quedó allí ante la puerta, y empezó a sentir un hormigueo en los labios al mirarlas en la que acaso iba ser la última vez. "Adiós", dijo. "¿A esto lo llamas tú amor, L. D.?", dijo Maxine. Soltó la mano de Bea. Y apretó el puño. Luego sacudió la cabeza y se metió las manos en los bolsillos del abrigo. Se quedó mirándole fijamente, y después bajó los ojos y miró algo que había en el suelo, cerca de los zapatos de L. D. A L. D. le vino de pronto a la cabeza, como un mazazo, que habría de ser así como recordaría aquella noche y a Maxine. Le aterrorizó pensar que en los años venideros ella tal vez se convertiría en una mujer que él ya no sería capaz de identificar, una figura muda con un abrigo largo, de pie en medio de una sala iluminada, con los ojos bajos. "¡Maxine! –gritó–. ¡Maxine! ¿Es esto el amor, L. D.?", dijo, fijando la mirada en él. Sus ojos eran terribles y profundos, y él mantuvo su mirada todo el tiempo que le fue posible» [*P,* pág. 298].

He leído y releído este final. ¿No es sorprendente? Es como descubrir que, en su versión original, *Esperando a Godot* termina con Godot que llega realmente y dice cosas sentimentales o también cosas solo sensatas. Es como descubrir que en la versión original de *Los novios* Lucia manda a la porra a Renzo y acaba a lo grande con una parrafada anticlerical. No sé. Le dice: «Te quiero», ¿entendido? Parecía la estación de término de la humanidad y de la esperanza, ese silencio suyo, en el umbral de su casa. Y, en cambio, era solo un hombre que tomaba aliento, con el corazón a mil, para encontrar la fuerza necesaria para decirle a su mujer que la ama, a pesar de todo, la ama. No es el silencio del desierto del alma. Solo debía tomar aliento. Encontrar el valor. Solo eso. Hasta los apocalipsis ya no son lo que eran.

El artículo del *Magazine* de *The New York Times* reconstruía la historia y luego entrevistaba a unos cuantos empleados, preguntándose hasta qué punto el trabajo de edición tiene derecho a superponerse al trabajo del autor. Y naturalmente preguntándose si todo esto redimensionaba la figura de Carver o no. Por supuesto, el asunto es interesante, y también aquí en Italia se podría tomar como pretexto para volver a reflexionar sobre el trabajo del editor de mesa y quizá para descubrir algún sabroso trasfondo nuestro. Pero el punto que me parece más interesante es otro. Es descubrir que uno de los máximos modelos de la cultura narrativa contemporánea era un modelo artificial. Nacido en el laboratorio. Y sobre todo: descubrir que el propio Carver no era capaz de mantener esa mirada implacable sobre el mundo de la que gozan sus historias. Es más, en cierto modo, tenía el antídoto contra esa mirada. La esbozaba, esa mirada, tal vez incluso la inventó, pero luego, entre líneas, y sobre todo en los finales, la refutaba, la apagaba. Como si la temiera. Construía paisajes de hielo pero luego los revestía de sentimientos, como si necesitara convencerse de que, a pesar de todo ese hielo, se podía vivir en ellos. Eran

293

humanos. Al final la gente llora. O dice «Te quiero». Y la tragedia es explicable. No es un monstruo sin nombre. Gordon Lish debió de intuir que, por el contrario, la visión pura y simple de esos desiertos helados era lo que de revolucionario tenía ese hombre en la cabeza. Y era eso lo que los lectores tenían ganas de escuchar. Borró minuciosamente todo lo que podía calentar aquellos paisajes y, cuando era necesario, incluso añadía más hielo. Desde un punto de vista editorial, él tenía razón: construyó la fuerza de un auténtico modelo inédito. Pero el punto de vista editorial, ¿es el mejor punto de vista?

El último día, en la Lilly Library, releí otra vez las dos historias, de corrido, en la versión original de Carver. Bellísimos. De modo diferente, pero bellísimos. ¿Sabéis qué era diferente? Lo diferente es que al final tú estabas de parte de Jerry, y del marido borracho. Al sentir compasión por ellos y comprenderlos, haces la acrobacia insensata de ponerte de parte del malo. Yo conocía al Carver que podía describir el mal como cáncer cristalizado sobre la superficie de la normalidad. Pero ahí era diferente. Ahí era un escritor que intentaba encontrar desesperadamente un lado humano al mal, demostrar que si el mal es inevitable, dentro de él hay un sufrimiento y un dolor que amparan lo humano –la redención de lo humano– en el paisaje glacial de la vida. Debía de entender lo suyo, de personajes negativos. Él era un personaje negativo. Me parece incluso natural, ahora, pensar que intentó de manera obsesiva hacer eso y nada más que eso: redimir a los malvados.

En el último relato, el de la pelea, Gordon Lish cortó casi todas las intervenciones de la hija, y esas intervenciones son afectuosas, son las palabras de una chiquilla que no quiere perder a su padre y que quiere a su padre. Ahora me parecen la voz de Carver.

Y hay una intervención, en cierto punto, cortada con toda soltura por Lish, en la que el padre mira a la chiquilla y lo que dice es de una tristeza y de una dulzura inmensas: «Cariño, siento haber perdido los estribos. Perdóname, ¿quieres? ¿Me perdonarás?» [*P*, págs. 297-298]. No sé. Sería necesario revisar el resto de cuentos, sería necesario estudiarlos con más detenimiento. Pero yo regresé de allí con la idea de que ese hombre, Carver, quizá tuviera en la cabeza algo terrible y, sin embargo, fascinante. Como una idea. Que el sufrimiento de las víctimas es insignificante. Y que el residuo de humanidad que anida bajo esta glaciación está guardado en el dolor de los verdugos. ¿No sería uno de los grandes si fuera así?

27 de abril de 1999

Se publica en Italia, en Einaudi, en la traducción de Riccardo Duranti, un libro que viene de lejos, que tiene una historia fascinante y que durante veintisiete años, inútilmente, el *establisment* literario mundial ha tratado de hacerlo caer en el olvido. Todos sabían que existía, pero pocos lo habían leído. Nadie podía publicarlo. A su manera, un libro prohibido. Se titula *Principiantes*. Quien lo escribió fue Raymond Carver, a finales de los años setenta, cuando aún no era nadie: diecisiete relatos, algunos ya publicados en revistas, otros inéditos. Terminó en las manos de un editor de mesa de Knopf, no un editor cualquiera, una especie de genio de la edición: se llamaba (se llama todavía) Gordon Lish. El texto de Carver le pareció excepcional. No se limitó a decidir su publicación: lo cogió y trabajó duro. De ello salió un libro muy diferente con cientos de correcciones y un cincuenta por ciento de páginas menos. En 1981 se publicó esta versión con el título *De qué hablamos cuando hablamos de amor.*[1] El éxito fue clamoroso. En la actualidad, ese libro se considera una piedra miliar de la literatura del fin de siglo: el minimalismo literario nace

1. Anagrama ha publicado ambas versiones en España: véase más arriba, páginas 286-287. *(N. del T.)*

ahí, y lo hace con una violencia y una fascinación que no han dejado a casi nadie indiferente. Hay que subrayar que el trabajo de Lish no puede resumirse simplemente como un exacto e hipertrófico trabajo de limpieza: sus correcciones, además de recortar, construían un estilo, añadiendo frases, cambiando los finales, modificando los personajes. Aunque las historias y el enfoque inicial fueran genuinamente carverianos, él dotó a ese libro de una genialidad, una radicalidad y una audacia que casi le valdrían la consideración de coautor. Por eso, el caso de ese libro es casi único, e infinitamente curioso: sería como descubrir que *Moby Dick,* antes de la intervención de un editor de mesa, era la mitad de largo, no estaba narrado en primer persona por Ismael y no contaba con ninguna enciclopedia sobre los cetáceos. Al final la ballena perdía. Menudo golpe...

Quizá también por eso mismo, el recuerdo de esta extrañísima génesis ha sido durante años anulado de manera más o menos sistemática. Carver siguió escribiendo, evitando el control de Lish, pero también sacando provecho, tal vez de forma inconsciente, de lo que Lish le había enseñado: cabe preguntarse si habría escrito sus siguientes libros como los escribió, si no se hubiera leído a sí mismo corregido por Lish. En cualquier caso, siguió produciendo, también sin ese tutelaje forzoso, libros maravillosos. Nunca olvidó, sin embargo, esa salida en falso y hasta la muerte cultivó el sueño de sacar su primer libro en su versión original. Es difícil entender la razón, pero no se le concedió semejante satisfacción. Solo en los últimos años, la tenacidad de su viuda, Tess Gallagher, también ella poetisa y escritora, ha logrado eludir la resistencia del mundo editorial: hoy *Principiantes* se está publicando en todo el mundo, ocupando su lugar junto, y no contra, al publicadísimo y famoso *De qué hablamos cuando hablamos de amor.* Un detalle curioso: el único país en el que *Principiantes* no saldrá, por decisión legítima del editor de Carver, son los

Estados Unidos. (No obstante, lo ha publicado *The New Yorker*, y aparece en la colección Library of America.)

Para todos aquellos a los que les gusta leer y aún más para aquellos a los que les gusta escribir, este singular caso literario ofrece un hallazgo arqueológico prácticamente único y de enorme interés: es como descubrir las capas diferentes de la fundación de una ciudad antigua. Carver 1 y Carver 2 son, en pequeño, una ciudad de Troya desenterrada del olvido. Es evidente que se pueden aprender muchas cosas, paseando entre esas ruinas. Está claro que Carver tenía algunos problemas para dar una estructura equilibrada a sus relatos y que Lish era muy hábil enderezando las cosas. Se descubre con cierta sorpresa que sus personajes, antes de la intervención de Lish, lloran, tienen emociones, piensan pensamientos legibles, descubren posiciones morales. Se constata que a menudo las historias de Carver tenían un auténtico final y que la invención de historias suspendidas en la nada que se apagan bruscamente y sin apoteosis final es en gran parte hija de Lish. Se descubre que Carver mostraba sin problemas cierta solidaridad hacia los culpables y una forma de cálida complicidad con quienes se equivocan: en la versión de Lish todo esto desaparece por completo, en favor de una frialdad sobrenatural. También se descubre, hay que decirlo, que en la ciudad sepultada había un tesoro y que Lish, al construir la nueva, mató algo muy valioso.

Carver tenía, en efecto, una enorme habilidad para describir a toda la humanidad a través de la descripción sumaria de algunos de sus ejemplos más insignificantes. En esto es dudoso que haya habido alguien mejor que él, aparte, obviamente, de Chéjov. Los no héroes de Carver son una de las grandes creaciones de la literatura de todos los tiempos. Los lograba con pocos rasgos, con bastante rapidez, sumando detalles insignificantes hasta formar una figura increíblemente real: quien lee experimenta la extrañeza de saber muy poco sobre un personaje y, al mismo tiempo, de saberlo todo, sobre él y sobre su mundo. Le debo a Dario Voltolini la descripción más exacta de una experiencia similar: cierras los ojos, tocas con un dedo la piel de una ballena y ves toda la ballena. Echas un rápido vistazo a dos americanos en una barbacoa y ves América. Era un truco que prácticamente solo él era capaz de hacer. Pero ahora sabemos que lo hacía con cinco pinceladas y que Lish las redujo a una. El tesoro de la ciudad perdida son las otras cuatro pinceladas. Casi todas, casi siempre, admirables: gestos, palabras, pensamientos. Su belleza se perdió para siempre, ahora ha vuelto. Lish probablemente la conocía, sabía que estaba ahí, pero la trocó por algo que, en cualquier caso, tenía su valor: tiró las cuatro pinceladas y todos los finales e inventó el minimalismo.

Ahora que lo sabemos, quizá debamos extraer alguna conclusión de carácter histórico. Yo la resumiría así: el minimalismo fue una invención artificial. Quiero decir que, sin duda alguna, los relatos que Carver escribió cuando comenzó a escribir no son mucho más minimalistas que muchos cuentos de Hemingway. No hay nada que no se pueda ya encontrar en «Un lugar limpio y bien iluminado». Al contrario, podría decirse que Carver solía ser más cálido, más apasionado, más extenso y más moralista que el mejor Hemingway (y, por tanto, en cierto sentido, también más bello). La aceleración hacia adelante, en dirección a una superior frialdad-velocidad-mutismo, la dio Lish con certeza, y fue, por tanto, una aceleración nacida en el laboratorio. En sí mismo, eso no significa mucho y no erosiona el valor de la operación. Pero nos recuerda que uno de los golpes de timón más cargado de consecuencias que la literatura ha sufrido en los últimos años fue el resultado de un proceso casi de manufactura: nació de la fusión entre creación pura y elaboración industrial. Desde entonces, desde la acuñación de ese modelo, una frialdad superior y un mutismo casi sacerdotal se han convertido en un valor reconocido y casi consolidado de la escritura literaria: pero hay que recordar que en su ADN la escritura literaria no tenía un valor semejante, salvo en los matices. Nuestra tradición se funda en una secuencia de grandes para los que frialdad, velocidad y mutismo podían ser matices de color utilizables, pero no eran de ningún modo la tonalidad dominante. De Faulkner a Céline, de Proust a Joyce, de Tolstói a García Márquez, nuestra historia se funda en una *grandeur* mental y estilística que se burla de cualquier minimalismo. Pero la experiencia carveriana lo ha redibujado todo, y el canon literario se ha reajustado con un metro de medir que sus libros han reventado de manera definitiva, desplazando enormemente los conceptos de frialdad, velocidad, mutismo. Escribir se ha convertido, mucho más que en el pasado, una cuestión de control, de medida, de talento en la ocultación, de desapego. No sé juzgar un cambio semejante: pero sé que conocer su génesis y el pecado original que lo generó podría ayudarnos de algún modo a entender mejor lo que escribimos y lo que leemos hoy.

17 de marzo de 2009

RUGBY EN EL FLAMINIO

Roma dentro de la barriga del estadio Flaminio, Italia-Inglaterra de rugby, diez minutos para el pitido inicial. El túnel que lleva al campo desde los vestuarios es corto. Una decena de metros y luego dos escaleras de hierro que te llevan a la superficie, donde todo es hierba, extraños postes e hinchas que aúllan con sabor a cerveza. Oyes algunas puertas que se abren y se cierran y luego los ves llegar. Veintidós con la camiseta blanca, veintidós con la camiseta azul. Ninguno se ríe, ninguno habla, nada. Miradas clavadas al frente y caras que parecen bombas de mecha corta. Encendida. Pecas y ojos claros montados sobre físicos impresionantes, neveras con forma humana, orejas corroídas, manos recompuestas por ortopedistas locos. Sobre una camiseta azul se dibuja, de manera furtiva, una señal de la cruz. Quintales de fuerza y velocidad suben a la carrera las escaleras y los tacos sobre el hierro producen un hermosísimo ruido de granizada repentina, tragado de inmediato por el aullido del estadio que los ve salir. Baila, baila: hoy tocan rugby. Música geométrica y violenta. Los italianos la tocan de oído, los ingleses la bailan desde hace generaciones.

Es una música que tiene una lógica suya casi primitiva: ganar terreno, pura guerra. Hacer retroceder al enemigo hasta aplastarlo contra la nada que tiene a sus espaldas. Cuando le roba hasta el último metro de terreno, es un ensayo. Un *drop* o un botepronto de tres, en comparación, son agua tibia, un jueguecito de habilidad para magos que se han sacado un bono para hacerse la manicura. Un ensayo es un campo anulado, es una desaparición total del adversario, es un aluvión que pone a cero. Puedes llegar hasta ahí por dos caminos: la fuerza o la velocidad. Los italianos eligen el primero, buscando la pared contra pared, donde el corazón multiplica los kilos por dos y el coraje encuentra caminos impensables entre tibias, tacos, cuellos y culos. Los ingleses durante un rato están por la labor y se encuentran con un 7 a 6 en su contra. Entonces se ponen todos de acuerdo, recuerdan todo lo ancho que es el campo y comienzan a bailar. Se abren en abanico, sueltan un par de latigazos en las alas, van moviendo el balón como una pastilla de jabón entre manos de hielo. El resultado de la primera parte es un 23 a 7 para ellos. Dice que la música es la misma para todos: solo que nosotros la tocamos, ellos la bailan.

Durante el descanso los azules no bajan a los vestuarios. Se quedan en medio del campo, mirándose a los ojos. Futbolísticamente hablando, van perdiendo por dos *goal*. Rugbísticamente hablando, no les importa un carajo. «Venga, Italia, que podemos hacerlo», grita uno con un acento veneciano que da miedo. Te das cuenta de que ellos, en los ojos, solo tienen el ensayo con el que dejaron a los ingleses a cero en el séptimo minuto; todo lo demás es una decoración inútil. Lo que es el rugby te lo encuentras resumido cuando Alessandro Troncon, allí, en medio del campo, apoya una rodilla en el suelo, los otros se ciñen a su alrededor y de repente no hay más que silencio. Troncon lleva el número 9 en la espalda, pero no tiene nada que ver con el delantero centro pijeras que espera en el área y luego se lleva la gloria con puñaladas de jugador de billar. Troncon es el capitán, lo que en el rugby no es una banda blanca en el brazo del que más cobra: allí el capitán es el corazón y las pelotas del equipo, uno que cuando piensas me rindo lo miras y te sientes un gusano. Troncon es el que apoya una rodilla sobre la hierba y luego comienza a gritar un extraño rap golpeándose con la mano en el pecho, y el rap dice: «Aquí solo debe haber el deseo de ir PARA ALLÁ, empujar PARA ALLÁ, placar PARA ALLÁ, solo esto, correr PARA ALLÁ, empujarlos PARA ALLÁ, aplastarlos PARA ALLÁ, cagonelaputa.» Para allá es el campo inglés, *of course*. Se pasarán veinticinco minutos de cuarenta, en el segundo tiempo, los italianos, para allá. Pero a veces eso no basta. Los ingleses reciben martillazos y devuelven verónicas y el campo parece que tenga pendiente, nosotros escalamos, ellos se deslizan. En toda esta geométrica explosión de tan elegante batalla, domina la absurdidad de ese balón oval, genial invento que desdramatiza con sus rebotes picassianos todo el asunto, bromeando todo el mundo un poco y devolviendo el ambiente general algo militar a los tonos propios de lo que es un juego y nada más. Los últimos segundos nos los jugamos a un soplo de la línea de la meta inglesa, echando todos los músculos que nos quedan y ráfagas de borrosa ilusión. No existe otro deporte semejante. Quiero decir, deportes en los que a treinta segundos del final te encuentres a gente dispuesta a lanzarse de cabeza en una reyerta para perder 17 a 59 en vez de 12 a 59. Quizá el boxeo. Pero siempre hay algún loco: encontrar a quince ya es más difícil. Nuestros quince salen del campo con los ingleses aplaudiéndolos, y eso es una satisfacción.

Luego viene la tercera parte: por regla general, una buena trompa en el pub, todos juntos, ganadores y perdedores. Pero se trata del Seis Naciones, una cosa solemne. Así que toca cena con esmoquin. Eso suponiendo que existan esmóquines de esas tallas.

19 de marzo de 2000

303

CUANDO MASSIMO MILA ESCRIBÍA

Hace diez años, en un día que sabía a Navidad, murió Massimo Mila. Lo digo para los más jóvenes: era un hombre que daba clases, traducía, estudiaba la historia de la música clásica y de la ópera, hacía de crítico musical en los periódicos. Lo digo para los menos jóvenes: se le echa bastante de menos, ¿verdad?

Para entenderlo, era un tipo que en los conciertos hablaba, reía, bromeaba con el vecino, cogía de la mano a su novia, gestos de esa clase. Y hablo de cuando ya tenía sus setenta años. Yo lo miraba, porque era la época en la que se espiaba a los críticos famosos a escondidas para saber si lo que uno estaba escuchando era sublime, mediocre u horrible. No sé por qué, quizá fuera casualidad, pero yo a menudo lo pillaba haciendo esas cosas de espectador distraído y divertido y de ello deducía que la interpretación no era gran cosa. Luego, dos días más tarde, leía *La Stampa* y él me explicaba que la interpretación había sido sublime. Allí aprendí que la música bien hecha no es la que nos hace enmudecer y convertirnos en estatuas de sal: es la que toma la mano del espectador y la coloca sobre la de su novia. Y lo hace reír. Sonreír, eso es.

En diez años, desde que Mila rehusó la enésima invitación de dejarse de historias y seguir respirando, un montón de cosas ha cambiado, pero una en particular que lo concierne y, por tanto, la escribo, a saber si hay un servicio de prensa, allí donde está carcajeándose en este momento: la noticia es que la profesión que hacía él ya no existe. La crítica musical se ha esfumado igual que una estación termal en septiembre: sobrevive algún anciano socorrista con clase que continúa vigilando la playa desierta, barrida por el viento y por descoloridos anuncios del Cornetto Algida. Mar de invierno. Ni siquiera es un fenómeno demasiado importante, pero resulta curioso, anómalo, algo debe de significar. No es que hayan desaparecido las reseñas, de los periódicos o de las revistas. Existir, existen, un poco guetizadas, les escatiman las líneas como raciones de agua en medio del desierto, pero al final ahí están, incluso escritas con una notable competencia, se nota que el nivel de especialización, de conocimiento, de información de quienes escriben de una manera u otra se ha elevado: si Mila tiraba mucho de olfato y de talento, estos parecen viajeros que conocen bien los mapas, que reciben informaciones por satélite y que no se pierden si no quieren perderse. En resumen, sobre el papel, todo parecería estar en su sitio. Pero es una ilusión óptica. Uno lee y lo que siente es lo siguiente: la crítica musical se ha marchado.

Intento racionalizar, con la ayuda de Mila. Lo que él escribía no eran, únicamente, reseñas: eran artículos. Uno leía a Mila, prescindiendo de lo demás: podía no importarle nada ese concierto, podría ser hasta un amante de la música muy superficial y episódico, pero a Mila lo leía. ¿Por qué? ¿Escribía bien? Bastante, pero, dicho respetuosamente, no era exactamente un estilista espectacular. Sabía usar el humor y estaba bien: ¿pero bastaba eso para hacer que se leyera? Difícil. Al final se le leía porque él sabía hacer, e insistía en hacer, algo muy preciso: hablaba de cultura –también de música, pero no solo– conectándola con la vida verdadera. No la trataba como un parque natural separado del mundo normal y accesible solo a los miembros del club de los cultos. Mozart, Stravinski, Rossini, así como

Thomas Mann o Goethe se convertían, utilizando una expresión que a él le encantaba, en «compañeros de viaje»: a veces bastaba una frase, otras necesitaba ensayos enteros, pero al final lo que lograba hacer era legitimar su existencia de crítico demostrando que aquello de lo que hablaba no eran simples antigüedades para refinados retrógrados, sino huellas de vida dejadas por gente normal, grafitis de felicidad, de dolor o de sabiduría, dejadas en las paredes de la cárcel de presos que no se resignaban a marcharse en silencio. Hecha de esa manera, la crítica musical contenía en sí también el juicio sobre la interpretación, pero no se agotaba en eso y, es más, lo utilizaba como un salvoconducto que se debía mostrar en la entrada y luego volver a guardarse rápidamente en el bolsillo.

Puedo equivocarme y no hay necesidad de generalizar demasiado, pero la crítica musical, tal y como la concebía Mila, parece haber quedado como un modelo que las nuevas generaciones de críticos han decidido no asumir como propio. Es como si se hubiera desmantelado la convicción de que, realmente, la música del pasado puede decir algo sobre el presente y sobre el tiempo que es nuestro. Es como si nos hubiéramos rendido y la dejáramos deslizarse para terminar entre las aficiones de una civilización culta, rica y refinada como la nuestra: no sería diferente hablar de tapices antiguos, de platas inglesas neoclásicas o de jarrones chinos. También por lo mismo, el artículo del reseñista musical, incluso allí donde sobrevive y no ha sido anulado por la última manifestación de Montana o de las Spice Girls, acaba sonando tristemente a accesorio. Un comunicado interno, para el club de gente refinada que comparte el privilegio de tener un gusto especialmente elegante. No eran así, los artículos de Mila. Y diez años no bastan para olvidar cosas como esas.

6 de diciembre de 1998

306

LA ORQUESTA FILARMÓNICA DE VIENA

Viena. El centro de Viena permanece agazapado dentro del Ring, el anillo de avenidas que lo protege de la ciudad y, se diría, de la historia. Es un lugar inmutable, regulado por un orden antinatural. La emperatriz Sissi siempre es hermosa y doliente, Mozart no ha muerto, la Sacher es la Sacher, los camareros tienen sesenta años desde hace siglos, pareja es la grisura de su sonrisa, bien conocida la palidez de sus muñecas. El centro de Viena es un viejo corazón que late estando quieto. Barnizado de nostalgia, brilla como un picaporte de latón que ya no abre ninguna puerta desde hace siglos, pero revela los trastornos del mayordomo, un paranoico del limpiametales Sidol.

Inmediatamente fuera del Ring, pero enraizado bien fuerte allí, se encuentra el austero edificio del Musikverein. El Musikverein es, probablemente, la sala de conciertos más hermosa del mundo. Por supuesto, es la más famosa, porque se envía a los televisores de medio planeta cada Año Nuevo, para ofrecer una felicidad un tanto obsoleta, que baila en el tres por cuatro de la agencia Strauss.

La sala puede describirse como una gran caja de zapatos, lo que no le hace justicia a su belleza, pero informa de que no es un teatro como solemos imaginarlo nosotros, sino más bien un enorme cuarto muy laico, donde al desenfado de curvas y de palcos allí los sustituye el cuadriculado rigor de una, precisamente, caja de zapatos, de madera y de oro. Una platea cubre el fondo de la misma, modestos palcos realzan los bordes y una galería recorre por arriba tres lados para enmarcar el hueco con cuidadas filas de abonados de postín. El cuarto lado está guarnecido por un enorme órgano y es exactamente bajo sus quintales de tubos y oro donde se recoge la orquesta, levemente levantada con respecto a la platea y, además, rodeada en cada resquicio de espacio por sillas numeradas para el público y, por tanto, de algún modo, tragada por el público, como en una fraterna y extemporánea exhibición de amistad. En conjunto, para quien está acostumbrado a las cardenalicias liturgias del teatro, la impresión es la de una iglesia protestante, lista para oficiar ritos reformados. Ahora bien: el Musikverein, como bien se sabe, es la residencia de la orquesta filarmónica de Viena. Los Wiener Philharmoniker son, junto con los *Berliner,* la mejor orquesta del mundo. Son una herramienta formidable que transmite uno de los avances más elevados de la civilización europea, lo que llamamos música clásica. Y eso, en estos tiempos, genera una curiosa posibilidad: si uno quiere, puede ir a la sala más bella del mundo a escuchar la mejor orquesta del mundo interpretando una de las músicas más bellas del mundo, todo ello para sumergirse en un país al que medio mundo hoy desprecia y evita por ser protagonista de uno de los momentos políticos más bajos de la Europa de la posguerra. El paraíso en casa de Franti.[1] ¿Cómo resistirse? Era sábado, por la tarde, hacía sol y la música era de Brahms.

Lo que son los *Wiener* –lo que son en esa sala– es algo que descubres de inmediato, en cuanto Brahms suelta los primeros

---

1. Se refiere al antihéroe de la famosa novela juvenil *Corazón,* de Edmundo de Amicis. Franti encarna al niño malo que se aprovecha de los más débiles que él, aunque tiembla ante los fuertes, y que acaba expulsado de la escuela y luego en la cárcel tras una pelea. *(N. del T.)*

compases de su *Tercera sinfonía*, que, como bien se sabe, empieza con el siguiente y, memorable, pasaje: la sección de viento (metal y madera) dibuja en el vacío dos escalerillas hacia arriba y luego los arcos fabrican un grandioso remolino sonoro: los violines arponean un *fa* hacia el cielo y luego se hunden mientras los violoncelos y los contrabajos arponean un *fa* hacia el infierno y suben otra vez como muertos vivientes. Cuando lo escuchas en un concierto normal, ya tiene un gran efecto. Pero si lo hacen los *Wiener*, y lo hacen en esa sala, el remolino se hace terriblemente real, una especie de onda expansiva de sonido que te succiona, y lo que ocurre es que, físicamente, te echas hacia adelante, hacia ellos, y, si no te sujetas, acabas capotando sobre la anciana de noventa años sentada en la butaca de delante (que, vienesa y rodada, sabe qué hacer, y permanece atornillada a los reposabrazos, disfrutando). De allí en adelante sabes que, al menos desde el punto de vista sonoro, no será una tarde cualquiera. Si hay que destacar otra perla, merece ser citado el ataque del *Andante*. Clarinetes y fagots, con suaves adornos de flautas y trompas, pasean una serena y breve marcha; cada tres compases retoman el aliento, algo que Brahms dibujó en un brevísimo respiro de violas y violoncelos, en el silencio. Nada de especial. Pero las violas de la *Wiener* no son violas cualesquiera. Generalmente, ese es un instrumento más bien neutral. Como un mediocentro en el fútbol de hace diez años, su trabajo es un trabajo oscuro, a menudo imperceptible. Se rumorea que quienes tocan la viola son violinistas fracasados, lo que no arroja una luz especialmente brillante sobre esta categoría. En definitiva, delante de una orquesta, a nadie le importan las violas. Con los *Wiener* es diferente. Allí el violinista es un músico que toca divinamente el violín, pero a quien un día algo le partió la vida —un buen dolor marchito, para entendernos— y, durante esos años y años de paciente convalecencia que siguieron después, descubrió el secreto de una sabia dulzura que aplica sobre el ardor de las heridas, a un tiempo reviviendo la derrota y calmando el dolor. De tanto en tanto coge su violín y esboza algunas notas. El sonido es extraño: parece una viola. Es decir, es una viola: de los *Wiener*. Supongo que habrá exámenes o algo semejante: si no estás felizmente desesperado, no te contratan. ¿Ninguna catástrofe a tus espaldas? Fuera, relegado entre los violines. Cosas así. Quiero decir: es solo un sonido, un tipo del sonido. Pero por dentro, qué mundo... donde, además, no puedes evitar advertir cosas ingeniosas del tipo: no hay ni una mujer entre los *Wiener*. Ni una. No sé qué significa. Me limito a buscarla y a no encontrarla. Lo mismo me ocurre si busco, en la sala, a jóvenes. Hay unos pocos al fondo, en los sitios de pie, un tanto alterados por la *performance* física, y suelen ser orientales. Pero el oído colectivo invitado a la gran fiesta tiene el paso inseguro de los ancianos vieneses, los cardados temblorosos de señoras alegres y la elegancia un poco tosca de barones que nunca fueron barones. Se respira el ambiente propio de una estación termal donde se tiende a hablar de las molestias de la diuresis y a hacer reflexiones inútiles sobre la modernidad de ese rito (me refiero a la música clásica, no a la diuresis). Aquí y allí, signo de exquisita urbanidad, ves a uno o a una que escucha con los ojos fijos en una pequeña partitura, capaz de hojearla en místico silencio, resultado de décadas de entrenamiento. Mundo extraño. Mundo aparte. Imposible juzgarlo. Todo lo mejor y todo lo peor, ordenadamente dispuesto en filas, según jerarquías estrictamente económicas. (Es obligado no juzgar.)

En el descanso, entre un Brahms y otro, los miembros de la orquesta pululan por la sala, como cocineros que se pasean entre las mesas para recibir felicitaciones. Tú, por tu parte, puedes hacer el recorrido inverso y, mientras nadie te pare, puedes llegar a su tarima y, si eres fetichista de verdad, puedes sentarte en el sitio de uno de los *Wiener* y emocionarte. Yo no me senté, pero me acerqué a los atriles. Es un lugar adonde deberían llevar a los colegiales. A lo mejor se aclararían algunas cositas sobre qué es el arte. Los atriles están desportillados, todos por los mismos sitios, como zapatos deformados por el mismo pie; las partituras amarillean, y la madera, en el suelo, está desgastada hasta brillar, como caramelizada por el tiempo. Es todo muy pobre y se respira un ambiente propio de taller, con el serrín por un lado, los calendarios de hace unos años colgados en la pared, utensilios desgastados, sobre el lavabo cartas por abrir. Diplomas y tornillos. También el *Adagietto* de la *Quinta* de Mahler, digamos, nace allí. Tocará el cielo, pero tiene los pies en el serrín.

Así, mientras Brahms se envuelve en su talento buscando el final de la madeja sin encontrarlo *(Segunda sinfonía)*, miro a Franti que está escuchando, en ese paisaje circunscrito de cultura y belleza y, naturalmente, las cuentas no me salen, porque o eres Franti o eres un oyente de los *Wiener,* no deberían existir dudas al respecto, cuando en cambio sí alguna hay duda, por blasfema que sea, una duda que cabe resumir en la pregunta de si no habrá algún parentesco entre esta hipérbole de la cultura y del gusto y el hecho de ser Franti, no digo una relación causal directa, sino algún sutil parentesco, como una inclinación común. Y la respuesta debe ser no, soy consciente de ello y, por tanto, será no. Y aun así me resulta imposible evitar constatar que todo, en ese rito de la música sinfónica, parece aludir a una precisa ambición que resumiría así: domar el caos y obtener orden a través de la fuerza de una jerarquía. La imagen misma de una orquesta –mucho más la de esta, la mejor del mundo– es un icono de ese pensamiento: militarmente desplegada, según la distribución estratégica de las distintas misiones, y unitariamente entregada a un hombre fuerte situado sobre un podio –sobre un podio– que se dispone a limar toda excrecencia de caos de ese artefacto perfectamente engrasado. A él mira el público adorante, en una idolatría considerablemente irracional, porque, seamos claros, solo una minoría absoluta de los adorantes es capaz de reconocer realmente el trabajo de ese hombre; la mayoría, de hecho, confía en su gestualidad, en su tupé o en su nombre puro y simple: por tanto, irracional pero significativa adoración, que en sí misma lleva el deseo de poder celebrar sintéticamente en un único hombre la posibilidad de que todo caos sea reconducible al orden, bastará con que se observen las reglas y se respete la disciplina. Quieren el orden: él se lo entrega, y del orden emana la belleza. Es una especie de microteorema que cuando vuelve a asomarse en mi cabeza, allí entre los oros del Musikverein, me parece durante un instante terrible –solo un instante, lo juro– y clamorosamente fascista, hasta el punto de sugerirme –por ese famoso instante– una urgencia casi incurable de cortar la cuerda. Brahms me ha salvado. Estaba allí multiplicando la complejidad, partiendo de células relativamente simples, con esa lascivia por la autopérdida que lo hizo grande. En otras palabras, fluía la *Segunda sinfonía,* fea como siempre me ha parecido: fea. Esa fealdad me ha salvado. Me ha parecido, de repente, que delante de una nube de pequeños Franti potenciales, necesitados de orden, esa música estaba produciendo caos o, mejor aún, producía de una forma obsesiva un orden que, de inmediato, generaba otro caos. Era una lección de impotencia, una vacuna contra cualquier hombre de orden, el testimonio definitivo de que el orden es una ilusión para mentes simples, solo existen la inmovilidad o el movimiento, y el movimiento siempre es caos, es intromisión de cambios incontrolables, es una invasión de lo diverso, es herida que no se cicatriza: la inmovilidad, por su parte, es muerte. Esa música era vida, era movimiento, era producción de complejidad, y era fea precisamente por eso: era un sistema que aceptaba sufrir con tal de liberarse de su propia inmovilidad. Su fealdad era su sufrimiento. Y su sufrimiento era, ese sí, la señal de una urbanidad elevada. Buscar ese sufrimiento, elegirlo en nombre de la complejidad y contra cualquier hielo del alma: ningún Franti tiene el valor de hacerlo. Me giré hacia la bisabuela que tenía al lado, intentando comprender si ella también lo comprendía. O si, como millones de otros abonados, se estaba equivocando, disfrutando de la nostalgia de los tiempos pasados, cuando todo estaba bien organizado y la felicidad era poder caminar por un suelo bien encerado. Pero ella miraba hacia adelante con ojos húmedos y traspuestos, no he comprendido gran cosa. No tenía aspecto de ser una Franti. Quizá la tía de un Franti, eso sí. Pero exactamente Franti, cabría decir que no. Me hizo un poco de daño oír los últimos latidos engreídos y falsos de la *Sinfonía* y el aplauso histérico que todos esos decibelios de sonidos se llevaron tras de sí. Una vez más pensé, teniendo frente a mí a toda la orquesta de pie, que habría agradecido ver, allí en medio, a una mujer. Me habría quedado más tranquilo. No sé. No sabría explicarlo. En cualquier caso, no había ninguna.

16 de abril de 2000

313

ALEX ROSS Y LA MÚSICA CULTA

Pero en realidad sería tan necesaria la crítica y la historiografía como necesitaríamos mapas para descifrar el caos de la invención colectiva: mapas no confeccionados por oficinas de marketing, quiero decir, sino la humilde cartografía de los exploradores del genio. Lo he pensado repetidamente mientras leía, con raro placer, *El ruido eterno*. Es el libro que Alex Ross, de cuarenta y dos años, crítico musical de *The New Yorker*, ha dedicado a cien de años de música culta, los cien más difíciles de interpretar y de juzgar, los últimos. De Gustav Mahler a John Adams: el siglo XX. Una tierra de cuya propia existencia podría discutirse (¿existe Scelsi?):[1] pero Ross la explora, la explica, la dibuja y así la convierte en real, ofreciendo un mapa que parece el primero de siempre. En Italia lo ha publicado Bompiani, en la traducción de Andrea Silvestri:[2] sería una lás-

---

1. Giacinto Scelsi fue un compositor italiano del siglo XX cuyas obras musicales se basan fundamentalmente en una sola nota, que se va alterando a través del tratamiento de sus armónicos o de inflexiones microtonales, tímbricas, de volumen, tempo... Se le considera precursor del espectralismo. *(N. del T.)*
2. La versión española fue publicada por Seix Barral en traducción de Luigi Gago (Barcelona, 2009). *(N. del T.)*

tima que no llegara a ser, al menos durante un tiempo, un clásico.

Mientras lo leía, intentaba entender por qué ese mapa me resultaba tan revolucionario hasta el punto de parecerme el primero de un continente recién descubierto. No era solo una cuestión de inteligencia o de pertinencia de juicio (o de mi ignorancia): allí se estaba trabajando con una técnica cartográfica que apenas había visto en mi vida. Con ella ponía de relieve cosas que en los mapas tradicionales no existen, y no existen no por la imprecisión de la mirada, sino realmente por una decisión preventiva: no se consideran relevantes. De este modo, cuando uno empieza a leer a Ross, se encuentra entre las manos un mapa que constata ríos, mares, caminos, pero también, por decirlo de algún modo, nidos de aves, temperaturas, recuerdos, sonidos, formas de los sombreros y desinencias de los nombres propios: y considera todas estas cosas fundamentales para orientarse. El hecho es que generalmente estamos acostumbrados a considerar a los compositores talentos puros, dedicados a una búsqueda personal de la belleza y, a veces, de la verdad. Estamos acostumbrados a historias de la música en las que cada desarrollo y cada cambio vienen dictados por motivos estrictamente artísticos, en un camino de progreso casi inevitable y quizá incluso objetivo, impersonal. Raras veces se acepta la idea de que causas biográficas, políticas, sociales o meramente comerciales pueden haber desviado significativamente ese flujo inevitable de autosuperaciones progresivas: no gusta demasiado explicar a Beethoven basándose en su sordera, ni describir las óperas de Rossini a partir de sus ingresos, ni comprender a Wagner recordando lo que los nazis vieron en él. Se prefiere imaginar la creación musical como un acto inmaculado solo superficialmente marcado por el paso de la vida verdadera. Pero los mapas de Ross son diferentes. Allí el flujo de los estilos musicales parece el resultado de un algoritmo mucho más complejo. Para determinar el trabajo de los compositores siguen valiendo los motivos estrictamente musicales, pero mezclados con impulsos muy diferentes, todos ellos finalmente considerados importantes: el enfrentamiento político, la moda, la guerra entre las élites, la llegada de las nuevas tecnologías, el origen geográfico, el dinero, el éxito, la vanidad, el valor, la cobardía, el azar. No parece existir una tendencia objetiva o una dirección obligada de desarrollo de la música: de Ligeti a Feldman, de Boulez a Cage, todo es posible y, al no haber una dirección correcta, sino muchas apuestas, no existe tampoco una auténtica jerarquía: la única, tal vez, es la sancionada por el éxito, por la popularidad.

Al final, el de Ross es una especie de algoritmo que logra registrar, para cada compositor, decenas de impulsos en distintas direcciones, para tomarlos a todos en serio y traducirlos en un movimiento preciso en el espacio, es decir, en la historia de la música. Así, Stravinski es también el resultado de las agresiones a las cuales lo sometió Boulez, Mahler no se explica sin Strauss, Britten no existe sin su homosexualidad, Copland sin sus simpatías comunistas, Cage sin cierta cultura hippy de los años sesenta, Steve Reich sin Miles Davis y los Velvet Underground, etcétera. A veces, una velada en determinado teatro puede cambiar la historia; otras veces son los fondos públicos, a menudo secretos, los que determinan una tendencia; el estalinismo, la guerra fría, la comisión McCarthy, los gobiernos europeos de centroizquierda se convierten en hitos decisivos para el destino de mucha música: nos guste o no, la definición de un canon, por lo que respecta a la música del siglo XX, también pasa por ahí. Un amor homosexual, una amistad tenaz, un artículo de periódico o la invención del tocadiscos son otros movimientos sísmicos que explican lo que luego se formaría sobre la superficie del paisaje. Movimientos invisibles que durante años han permanecido no dichos bajo la piel de los mapas: era como explicar los Dolomitas diciendo que alguien los había creado así y negando que la tierra los había escupido hacia el exterior, lentísimamente.

En conclusión, explicada así, la aventura musical del siglo XX deja de ser lo que suelen enseñarnos, es decir, la aburrida e irritante procesión de sacerdotes de un culto preferente del dios de la música y oscuro para la mayoría y se convierte en algo probablemente mucho más cercano a la realidad: una batalla ferocísima hecha de golpes bajos y de fantásticas visiones proféticas, para hacerse con una de las herencias culturales más valiosas del mundo: el patrimonio de belleza, verdad, autoridad y dinero que tres siglos de música clásica habían legado a sus herederos. Se puede comprender muy bien con qué determinación hemos buscado todos el reconocimiento oficial de un linaje concreto. Y la durísima lucha derivada de ello. Una lucha tan extrema que ha empujado a talentos inmensos a buscar fuerza y belleza (y éxito) muy lejos, en el mundo de los sonidos: musicalmente hablando, somos hijos también de sus reyertas acaecidas en los últimos confines del mundo de los sonidos: vivimos en un universo sonoro que lleva consigo los rastros de sus locas carreras hacia El Dorado «musical» de dudosa existencia y vertiginosa fascinación. Todo esto, Ross nos lo sirve con prosa amable, esporádicos pero certeros análisis musicales, notable erudición e indudable independencia de pensamiento. Difícil encontrarlo exponiéndose a hacer algún juicio incauto: jamás lo verás perdiendo el equilibrio. Pero con esta andadura de profesorcito metódico, destruye un montón de perezas intelectuales y deja inservibles una cantidad impresionante de manuales y comunicaciones del régimen. Así que hay que quitarse el sombrero. Cabe mencionar que, además, haciendo acopio de sentido común, Ross ha preparado un sitio web donde es fácil escuchar, sin muchas complicaciones, una buena parte de los ejemplos musicales citados por él en el texto. De este modo, cuando algunas de sus páginas os despierten la urgente curiosidad de escuchar de inmediato algunas notas de la *Primera sona-*

317

ta de Boulez, podréis hacerlo con un simple clic. Si tenéis ocasión, tomaos otros dos minutos para navegar un poco por el sitio. Te topas con cosas interesantes. En cierto punto hay un vídeo en el que John Cage, con americana y corbata, presenta en televisión (¡en televisión!) una composición suya para piano, bañera, olla a presión, exprimidor, floreros y otras cosas hermosas. Irresistible.

10 de marzo de 2010

LAS OBRAS DE LA FENICE

Tendría que explicar una locura. No es no sean abundantes las locuras en estos tiempos. Pero esta tiene una elegancia incomparable y, además, parece más instructiva que las otras. Si el mundo enloquece, que al menos lo haga con *charme* y de modo útil. Veamos. Como es bien sabido, el 29 de enero de 1996 el teatro La Fenice, en Venecia, desapareció arrasado por un incendio colosal. Fue un golpe duro. Para quien ama la ópera era una de las cuatro o cinco salas más importantes del planeta. Y ardió como una cerilla. Ahora sabemos que fue un incendio intencionado. La empresa de los electricistas que estaban trabajando en el nuevo sistema de prevención de incendios (ya ves tú) provocó el accidente porque no era capaz de terminar el trabajo antes de una determinada fecha y esa era una forma de posponer el asunto sin pagar una penalización que los habría arruinado. Hay que decir que probablemente pensaban en algo menor, un pequeño incendio limitado, unas llamitas. Les salió mal. Nadie logró detenerlo, y el teatro se esfumó, literalmente. En Venecia reaccionaron con elegancia. «Donde estaba, como era», decretaron, dando por descontado que a partir del día siguiente se pondrían manos a la obra para reconstruirlo.

«Donde estaba, como era» era un eslogan que había sido inventado hacía unos años en análogas circunstancias: en 1902 se había derrumbado el campanario de San Marcos (sin la ayuda de los electricistas, lo había hecho todo él solito: ya no podía más) y se abrió entonces un debate sobre qué se debía hacer. Resultado: reconstruirlo idéntico a como era antes y en el mismo lugar. En ese caso, como también en el de La Fenice, la cosa sabía a sentido común y a pragmatismo véneto. A lo mejor durante unos instantes te puedes permitir soñar con llamar a un arquitecto japonés y hacer que te construya algo futurista en una isla artificial en medio de la laguna. Pero al rato te olvidas de ello sin más y tan solo pretendes no estropear más las cosas. Y la solución más lógica es, efectivamente, colocarlo todo de nuevo en su lugar como al principio. Y eso parece ser una solución de puro sentido común: me ha fascinado descubrir cómo, en cambio, es la jubilosa entrada en una locura. Voy a intentar explicarme.

Lo que significa realmente «Como era, donde estaba» lo entendí solo cuando me invitaron a dar una vuelta por las obras de reconstrucción. El teatro vuelve a abrir el 14 de diciembre, de manera que ya estaban en la recta final. Paredes, instalaciones, hasta los colores, ya estaban en su sitio. Estaban ocupados con las decoraciones. Sobrevuelo sobre la emoción de volver a esa sala como si entretanto no hubiera pasado nada: extraño *loop* del alma. Y, en cambio, no sobrevuelo sobre el hecho de que, en un momento dado, me veo en uno de esos salones tipo *foyer,* esos por donde te paseas distraídamente con un vaso en la mano, durante el descanso, buscando un espejo para comprobar si la corbata se te ha torcido. Allí encuentro a dos artesanos trabajando. Están moldeando las decoraciones del estuco, en las paredes. Florituras y animales. Pájaros, para ser exactos. Los están rehaciendo: como eran, donde estaban. Quiero decir que si tenían el pico hacia la izquierda lo rehacen con el pico a la izquierda. Si la pata estaba un poco levantada, hacen la pata un poco levantada. Es importante aclarar que, si nos atenemos a la realidad de los hechos, uno puede ir al teatro durante años, a ese teatro, y nunca verá esos pájaros: no se percata de que existen, son adornos que nunca te entran en la retina ni en la memoria. A menos que alguien te coja el cráneo y te lo estampe golpeándolo precisamente contra esos pájaros, tú nunca verás esos pájaros. Pero ellos los rehacen igualmente. Como eran, donde estaban. Naturalmente acabas preguntándote cómo saben dónde estaban y cómo eran. Fotografías. Solo que, resulta obvio, nadie se había tomado nunca la molestia de fotografiar exactamente esos pájaros jamás, habría sido como hacer un retrato a Marilyn Monroe fotografiándole una uña pintada de los pies. Así que las fotos, cuando hay suerte, reproducen toda la estancia, y tú, con lupa, vas a ver si ese pájaro, allí, en esa esquina, tiene la pata arriba o abajo. ¿Y si no hay foto? Preguntar a quien hubiera pasado alguna vez por allí no tiene sentido. ¿Pájaros? ¿Qué pájaros? Entonces puedes leer lo que el fuego ha dejado: una sombra, un resto ennegrecido, una astilla. Esa mañana, cuando acabé en esa estancia, el jefe de estucadores (un genio, en lo suyo) había acabado de leer escombros semejantes, y había logrado deducir, por una sombra dejada por las llamas, que las aves de ese panel eran halcones, deducción hecha a partir de las dimensiones de las patas, patas robustas, de rapaz. No hay foto, el fuego lo ha consumido todo, pero él ahora está allí haciendo un pico de halcón, como era y donde estaba, porque una sombra de una pata le ha revelado el secreto. Y así uno terminará creyendo que esos pájaros tienen, de una manera u otra, un valor artístico único, que debe ser salvado. Puedo decir con toda tranquilidad que no es así. En sí y para sí esos pájaros tienen el valor artístico de las incrustaciones de madera que encontráis en los salpicaderos de los coches. Decoraciones. Y ni siquiera son geniales, ni revolucionarias ni de cualquier modo significativas. ¿Queréis saber toda la verdad?

Las aves que ardieron en La Fenice eran ya, a su vez, copias. Es una historia absurda, pero es la verdad. La última vez que reconstruyeron La Fenice, en 1854, después del enésimo incendio, se les ocurrió construir un teatro del siglo XVIII, cien años más tarde. Algo tipo Las Vegas. Tomaron un teatro del siglo XVIII y lo copiaron. Por eso, si queremos ser exactos, ese artesano, esa mañana, delante de mis ojos, estaba haciendo la copia de un pájaro que era un refrito de un pájaro que, él sí, era un original, al menos hace doscientos años. Fue allí donde sentí que me llegaba el aroma de la locura. Cuando me di cuenta de que más o menos la misma historia de los pájaros valía para las lámparas, para los cuadros, para los espejos, para los suelos y para todo, comprendí que no estaba dando una vuelta por un teatro, sino por un relato de Borges. Con dedicación obsesiva, algunos seres humanos geniales gastaban un número terrible de horas utilizando un saber técnico afinado durante siglos, con la única meta de alcanzar un objetivo aparentemente demencial.

Había mucho que investigar. Y fue entonces cuando acabé en la sección de dorados. Las cosas son así: si queréis dorar algo podéis sumergirlo en un baño de oro y eso es lo que hacen en Las Vegas, pero si queréis hacerlo exactamente como lo hacían en 1854, lo que utilizáis son sutiles láminas de oro del tamaño de unos posavasos, llamadas panes de oro: uno a uno, durante horas, los vais dejando caer sobre la superficie que queréis dorar. Intentad imaginar que doráis así vuestra bañera: una eternidad. Bueno: esa gente doró La Fenice. Entonces me dije que se trataba de un gesto del que yo quería disfrutar por completo, desde el principio hasta el final. Y pregunté: ¿pero quién hace estos panes de oro? Una semana después estaba en el taller de Giusto Manetti.

Giusto Manetti ya no está, pero era un hombre que en 1820 comenzó a hacer panes de oro. En Florencia. Cinco generaciones después, todavía están allí, con el mismo apellido y un saber afinado por el tiempo hasta la perfección. En la práctica, si el juego consiste en reducir un lingote de oro a una hojita tan ligera como un mosquito, ellos son los mejores del planeta en ese juego. Hay un alemán al que no se le da mal, pero, en resumen, los mejores son ellos. Fui a sus talleres porque no logré ir hasta las minas de oro, pero la idea era reconstruir una locura desde el principio hasta el final. Como un viaje. ¿Preparados para partir?

Veamos: lamentablemente la mina solo tenéis que imaginarla, pero imagináosla (Rusia o Sudáfrica). Luego trasladaos hasta Manetti, Florencia, Italia. Crisol en cuyo interior, fundiéndose, hay una aleación de oro, plata y cobre: las proporciones son, obviamente, resultado de décadas de experimentos. También lo son los tiempos de fusión y hasta el tiempo que debe emplear el hombre en verter el oro fundido en el molde que está esperándolo. Verter. Enfriar. Chisporroteo. Lingotito, de un centímetro de grosor, del tamaño de una tableta de chocolate. Lo hacen pasar bajo un rodillo. El lingote pasa una vez, dos, diez, y cada vez va perdiendo una pizca de grosor y ganando longitud. Al final tenéis una tira de oro de unos metros de largo y del grosor de una tarjeta de crédito. La cortan en muchos cuadraditos. Entonces cogen cada cuadradito y empiezan a martillarlo: cinco golpes y vuelta, otros cinco golpes y otra vuelta y así sin parar. Ahora lo hace una máquina, pero los que se ocupan de esa tarea son los mismos hombres que hasta hace unos años lo hacían a mano. Cinco golpes y vuelta, cinco golpes y vuelta y así sin parar. Se requiere una paciencia bestial, pero al final el cuadradito se convierte en un cuadradito del tamaño de un posavasos. Y lo más importante: es delgado como la nada. Entonces los comprueban uno a uno, los examinan, tiran los que han quedado mal y los buenos los llevan a un cuarto donde cuatro señoras los cogen uno a uno, con una pinza de madera, y los extienden sobre una hoja de papel: son tan delgados que, para extenderlos bien, las mujeres soplan sobre ellos: si los tocaran con las manos, estropearían todo. La última señora hace los «librillos», es decir, veinticinco láminas de pan de oro cosidas. En el papel del paquete están impresas las típicas medallas de la Exposición Universal. Y escrito con grandes letras: Giusto Manetti, Florencia. Tiempo transcurrido para convertir un lingote en una hojita: diez horas, más ciento ochenta y tres años haciendo lo mismo hasta no cometer ningún error.

Tren. Barco. Venecia. La Fenice. ¿Me estáis siguiendo? Gente que ha estudiado durante años ese gesto coge el librillo de pan de oro, lo abre, coge una hojita, la coloca sobre una almohadilla de gamuza, la corta en cuadraditos del tamaño de un sello, los levanta con un cepillo especial y, finalmente, los aplica a los pasamanos de una barandilla, para dorarla. Mirad la barandilla. Brillante de oro. Y así es, precisamente, demasiado brillante. Está claro que no brillaba así un dorado que tenía ciento cincuenta años, el día antes del incendio no brillaba así. «Como era y donde estaba»: de manera que la opacan. A mano, con un arte humilde y sublime, raspan el oro en algunos puntos, haciendo que aparezca el bolo arménico que está debajo, un pegamento rojizo. Luego pintan con otras colas que apagan aún más el brillo. Y entonces, solo entonces, después de todo este viaje, después del trabajo de todos los ojos y manos y memorias, después de todo ese saber salvado del olvido de un mundo que ya no lo necesita, entonces, por fin, habréis obtenido lo que queríais: un trozo de barandilla «como era y donde estaba». Lamento haberme extendido tanto, pero era necesario.

No basta con mirar la barandilla y pensar «vaya, a saber cuánto tiempo habrá requerido...». No. Es necesario reconstruir exactamente todo ese tiempo y ese saber y ese gesto, para comprender, realmente, qué está pasando allí dentro. Es necesario comprender la barandilla y luego, aunque resulte abrumador, imaginar el mismo proceso para las lámparas, las telas de las tapicerías, los mosaicos del suelo, esas dos estatuillas de allí, los dibujos del techo, los pájaros de yeso y un largo etcétera, de detalle en detalle. Vertiginoso, ¿verdad? Sumadlo todo y ahora escuchad: eso es solo el cofre, las joyas son otra cosa. Todo ese inmenso trabajo solo se ha hecho para hacer que el cofre sea elegante; las joyas son la música, el canto, el sonido de los instrumentos: la ópera. Los pájaros de yeso son la uña pintada de Marilyn Monroe y los dorados son la tacita que espera el café y los mosaicos del suelo son las medias caladas que esa mujer se quitará cuando os ame. Adornos, oropeles, maquillajes. Pero cuando habéis dejado de hacerlos, todavía no ha pasado nada. En cierto sentido, habéis producido la nada. Una hermosa locura, ¿no? ¿No es Borges?

Tras lo cual cada cual puede pensar lo que quiera. Y decidir si todo esto es una locura o algo sublime. ¿Puedo decir lo que pienso yo? Lo que pienso es que el único valor que tenían aquellos pájaros y aquellas barandillas, antes de quemarse, era el de estar allí desde hacía un montón de tiempo. Lo que los hacía valiosos eran los pasos que los habían rozado, las manos que se habían apoyado, los sonidos que habían resbalado por encima de ellos. Las miradas que no los habían visto: porque en ellos estaba impreso un mundo que ya no existe. Su valor era el de ser mudos barqueros entre nosotros y todo ese pasado, ese pasado nuestro. Una vez quemados, esa aura se perdió para siempre. Entiendo el dolor y la reacción instintiva, pero rehacerlos no salva nada. Es algo que se ha perdido y basta.

Dicho esto, vi algo, en esas obras, que me hizo pensar. Se me vino a la cabeza Valéry. Él sentía una especie de nostalgia desgarradora por el mundo artesano. Decía que en «el paciente obrar» de los artesanos volvía a encontrar la hazaña de la que era capaz la naturaleza cuando producía una perla o un fruto: «Trabajo precioso de una larga serie de causas similares la una a la otra.» Y ya en sus tiempos, podía decir: «El hombre actual ya no cultiva lo que no es posible simplificar o abreviar. Todas esas producciones de un trabajo laborioso y tenaz han desaparecido, y ha acabado el tiempo en el que el tiempo no importaba.» Eso es. En esas obras, mientras veía a esa gente, absurda, que pasaban sus días dorando –Dios mío, dorando–, la impresión que tuve fue que no estaban salvando detalles decorativos, sino una forma de pensar el mundo. Estaban restaurando un tiempo en el que el tiempo no importaba. En el que la adecuación de los medios a los fines era una vulgaridad. En que la optimización de un sistema productivo era una neurosis inútil y poco elegante. Otro mundo, no sé si me explico. El único mundo en el que puedes pensar en gastar días haciendo un halcón que nadie, nunca, verá. ¿Tenéis presente los adornos en la punta de las agujas de una catedral gótica? Cosas para los ojos de Dios. Y pensé que en el fondo hasta la música que ofrecerán allí dentro tampoco es muy diferente de los pájaros y de las barandillas. Pensad en el tiempo que hay detrás de cinco minutos de *La traviata*. El hombre encargado de elegir la madera para construir los instrumentos, los tramoyistas que se ocupan de los cambios de escenario, el copista de la partitura de Verdi, el apuntador, quien desde hace siete generaciones se encarga del vestuario y Violetta, naturalmente, y en su voz su profesora y la profesora de su profesora y etcétera, hacia atrás por los siglos de los siglos. Qué inmensa cantidad de tiempo y de saber y de paciencia. Artesanía. La locura del artesanado.

De modo que ese teatro al final me parece un único, compacto, maravillosamente coherente ecosistema que, sin ningún pudor, propone de nuevo una lógica que ya no existe. Es como un parque natural, como la última guarida de una raza extinguida. Nos guste o no, estamos inmersos en una civilización que ha hecho de la adecuación de los medios a los fines su propio ídolo. Nuestra religión es desplegar sistemas en los que cada parte descarga energía en el producto final, sin perder nada por el camino. Pensad en la cadena de montaje, símbolo viejecito pero siempre preciso: nada se malgasta, ni hombres, ni cosas, ni gestos, ni tuercas, ni tiempo, ni espacio. La locura de La Fenice –como tantas otras, por Dios– parece estar allí para recordar que también había otra posibilidad, caída en desgracia, pero que fue real en otros tiempos. Sistemas que emplean una inmensidad de energía y tiempo para producir resultados sorprendentemente pequeños. Años para hacer una barandilla. Sistemas que hacen agua por todas partes, que pierden energía por el camino y que llegan al momento bueno sin nada de cuerda. Locuras, según nuestra lógica actual. Pero si uno piensa en ello, eran sistemas que otorgaban sentido al camino y no a la meta. Si reconstruyes la historia de la barandilla entiendes que la barandilla es realmente pequeña, pero el mundo que se ha producido por el camino gracias al gesto que lo hacía, es inmenso. ¿Veis la diferencia de modelo de desarrollo? La tubería que pierde agua lleva poca agua al grifo, pero riega alrededor y allí nacen flores y belleza o trigo y vida.

Perdonad el sermón. Pero quería intentar explicar. Para decir que cuando entréis allí, tarde o temprano, paseéis con calma y, cuando encontréis los pájaros de yeso, en la pared, paraos y miradlos. No están allí para ser mirados, la verdad, están allí para no ser vistos, pero vosotros miradlos de todas formas. Son una locura. Y son aquello que queda de lo que ya no somos.

22 de octubre de 2003

LA ÚLTIMA CENA

Milán. Ir a ver *La última cena* de Leonardo, hoy, después de veinte años de restauraciones, puede ser una experiencia singular: una aventura estrábica para mentes posmodernas. Me percaté de ello nada más entrar, con trabajadores que aún estaban dando los últimos retoques, y luces, ruidos, voces de la víspera del estreno. Era todo bastante oscuro y triste. Y al fondo de la inmensa sala estaba ella, *La última cena,* ancha como la pared, un poco pálida e inexorablemente muda. Una hermosa montaña rusa para el cerebro, pensé.

El hecho es que esa imagen no es una imagen cualquiera. Es un icono grabado en la memoria colectiva, es una figura ya presente en el ADN de la civilización occidental, es una expresión de una lengua esencial hablada por medio planeta. No representa la última cena: es la Última Cena, lo ha sido durante siglos y seguirá siéndolo para siempre. ¿Qué es lo que genera y hace posible un megapoder semejante en el imaginario colectivo? Respuesta: la repetición. El inagotable rito de la réplica. La suma vertiginosa de las copias en circulación. Intentad pensar cuántas veces y dónde habéis visto una imagen que era *La última cena* de Leonardo o alguna adaptación suya: como con el *Guernica* o el *Himno a la alegría* de Beethoven, nunca podríais hacer un índice completo. Sin embargo, recordáis vagamente pequeños cuadros colgados en salas de estar, secuencias de películas, ceniceros, libros, cuadros mucho más modernos, cómics, portadas de discos, camisetas, postales, decoraciones de pizzerías, tarjetas telefónicas, calendarios, delantales de cocina... En todas partes, *La última cena* estaba mirándoos. Y vosotros la mirabais. Resultado: esa imagen en vuestro cerebro es la suma de todas esas imágenes. Dicho en términos un poco más exigentes: el sentido de esa imagen no está tanto en lo que es, está en lo que se ha convertido.

Ahora bien, cuando entras en esa sala, semioscura y un poco triste, a tu alrededor todo te recuerda a este asunto de la restauración. ¿Veinte años de trabajo y montañas de dinero para hacer qué? Recuperar, cuanto fuera posible, *La última cena* original. La admiración por una empresa semejante te contagia justamente y es ahí donde se pone en marcha la montaña rusa. Porque, de una manera u otra, en ese momento, te sientes en la obligación de rehacer, en tu mente y con los pensamientos, el trabajo que han hecho, en la pared y con disolventes y colores. Recuperar el original. Rascar y eliminar todas las incrustaciones, las falsificaciones, los ceniceros y los calendarios e intentar ver, de nuevo, con mirada virgen, inocente, esa imagen. No es que te lo pidan de forma explícita, pero es más que evidente, en ese contexto, que estás allí para eso. Así que lo intentas. Intentar mirar *La última cena* intentando desenterrar su belleza de las toneladas de mundo que se le fueron cayendo encima a lo largo de estos siglos. Tratar de emocionarse, allí delante, no por lo que esa imagen significa en nuestra historia, sino simplemente por lo que está allí, en esa pared, en ese momento. Montaña rusa.

Yo habría llegado a la conclusión de que es una tarea imposible, soy consciente de que la experiencia de un único individuo no significa nada. Les deseo mucha suerte a todos aquellos que lo vayan a intentar y formulo una hipótesis: sería más fácil si nos dejaran mirar más de cerca. Dicho así parece estúpido, pero no lo es tanto. Hablé con la señora, exquisitamente amable, que ha dirigido los trabajos de restauración. Cuando abandonaba la explicación técnica y se permitía alguna observación de pura admiración y de asombro, casualmente siempre era para mencionar detalles que, me explicaba entonces, «desde aquí, por desgracia, no se ven»: cierto reflejo en los platos, los rasgos de una cara, las luces en una mano, el movimiento detenido en los pliegues de una capa... («Se podrán ver muy bien luego en las fotografías, en el libro que se ha hecho», añadía la señora, entrando en un genial cortocircuito, verdaderamente posmoderno: años de trabajo para recuperar la belleza de un original que, sin embargo, luego es posible apreciar y percibir solo en la copia fotográfica. No lo digo para devaluar el trabajo de recuperación, quisiera que eso quedara claro, lo digo porque objetivamente es un cortocircuito exquisitamente posmoderno y fascinante: un hermosísimo arranque para una hermosa discusión sobre el sentido de la autenticidad en nuestro tiempo.) Así que se me vino a la cabeza que al menos deberían concedernos cambiar el punto de vista, es decir, desplazarnos desde ese punto, frontal y no cercano, que las copias y las infinitas repeticiones nos han impreso en la mente. Estoy convencido de que si encontrara un metro cuadrado de *La última cena* apoyado en el suelo, bajo la escalera, me detendría y pensaría: Dios mío, qué hermosura. Ya no sería un rehén de la historia y sería una primera vez, para mis ojos, y yo podría ver esa belleza. Pero si me colocan en el centro, a quince metros, ¿qué puedo ver, yo, sino la imagen preconcebida que mi cerebro me sirve en ese instante? Luego el mantel es encantadoramente ligero, la soledad de Cristo, allí en medio, desoladora, la luz que entra por las ventanas del fondo bellísima (tener la salvación a tu espalda, qué tristeza) y la cara de Juan conmovedora: quiero decir, no es que uno no sienta nada. Pero lo que siente son pequeñas emociones clandestinas. El verdadero espectáculo es tu sistema perceptivo envuelto entre las tentaciones de lo auténtico y la libido de lo virtual: allí dando vueltas en la montaña rusa, restaurándote a ti mismo, vertiginosa paradoja.

27 de mayo de 1999

LOS MAPAS DE JERRY BROTTON

Al final, en el gran revoltijo de papeles, permanecen algunos gestos de intacta belleza, y para mí uno es inclinarse sobre un mapa y mirarlo, leerlo, viajar por él con la mente. Supongo que hay algo de infantil en semejante predilección. Pero también la pasión por cualquier intento de poner en orden el mundo habrá contribuido a ello. Y, por supuesto, la belleza pura, puramente estética, de muchos mapas, bastaría para justificarlo todo. Sea como sea, mirar mapas, cartas geográficas o mapamundis es un gesto encantador y, por tanto, resulta terriblemente tonto perderse este libro que se llama *La historia del mundo en doce mapas* (publicado recientemente en Italia por Feltrinelli).[1] Lo ha escrito un académico inglés (Jerry Brotton) con una erudición espectacular y con esa prosa espléndidamente plana de la que son capaces los divulgadores anglosajones. En efecto, basta con detenerse a disfrutar de cerca las cartas geográficas y los mapamundis para remontar el curso del mundo: de los mapas de piedra de los babilonios (700 antes de Cristo) a Google Earth (sería ese genial sistema con el buscáis en el ordenador dónde puñetas está el *outlet* que

1. En España, por Debate (trad. esp. de Francisco J. Ramos, Barcelona, 2014). *(N. del T.)*

vende los bolsos Fendi por una miseria). Si pensáis que reconstruir la historia del mundo a partir de las cartas geográficas es arrogante y esnob y, en definitiva, tan inútil al menos como intentar explicar vuestra vida a través de los zapatos que habéis comprado, estáis formulando un pensamiento idiota, pero también el mismo pensamiento que, al tener el libro en mis manos, pensé yo. Luego Brotton me lo explicó bien. Resulta útil recordar que las cartas geográficas son imposibles. Seré más claro: es matemáticamente imposible proyectar el globo sobre una superficie plana. Lo puedes hacer, es obvio, pero lo que obtienes no es la realidad: es una de las representaciones posibles de la realidad. Coged el mapa del mundo colgado en el colegio, ese que todos los días vuestro hijo de siete años se graba en la mente: ¿por que está Europa en el centro? ¿Por qué el Norte está encima y el Sur está abajo? Y, lo más importante, ¿le habéis dicho a vuestro hijo que las proporciones son erróneas, y que África es mucho más grande de lo que se ve? De hecho, la proyección gráfica del globo a la que estamos acostumbrados es una de las muchas posibles y, sin duda alguna, no la más exacta. Comprenderéis que si las cosas son así, la cartografía es un fantástico procedimiento en el que la precisión científica convive con la imaginación más alegre. Es un arte que oscila entre el algoritmo y la obra pictórica. En esa oscilación, durante siglos, ha recogido las obsesiones del mundo. Incluso antes de entrar en los detalles, ya solo la orientación de los mapas dice muchas cosas. Ahora estamos acostumbrados a estas cartas en las que el norte aparece arriba, pero, durante mucho tiempo, los cartógrafos cristianos ponían arriba el este: habían heredado el culto al sol de las religiones paganas y habían deducido que el paraíso terrestre estaba en dirección a la aurora. Por tanto, el este arriba (la misma palabra orientación es hija de ese modo de ver las cosas: para el caso de que nunca os hayáis preguntado por qué no decimos septentrionación...). Pero muchos mapas hechos por cartógrafos musulmanes están girados con el sur arriba: esa era, para muchos de ellos, la dirección de La Meca. Los antiguos mapas chinos parecen modernísimos porque tienen, en efecto, el norte arriba, pero aquello fue solo una casualidad: de hecho, el norte era la dirección hacia la que miraban los súbditos cuando dirigían su mirada al emperador. En cuanto al oeste, tengo una cosa que comunicaros: no hay ni un solo mapa, en la historia de los mapas, que esté orientado con el este arriba: pensad en el terror que tenemos hacia el ocaso, a cualquier ocaso.

En la ilimitada cosecha de mapas que hemos heredado tras siglos de exactitud y fantasía, Brotton ha elegido doce ejemplos totémicos y, al final, explicando su génesis, ha terminado contando no toda la historia del mundo, por supuesto, pero sí una parte considerable. Una vez es la Sicilia de los normandos, otra es la Francia de la Revolución, otra la Europa de los años setenta. Entre las líneas de mapas dibujados de modo sublime e impresos con las técnicas más sofisticadas, circulan terribles choques de poder entre los imperios, anidan fascinantes desafíos filosóficos, se deslizan letales persecuciones religiosas, se hace visible la locura del colonialismo. De vez en cuando, estos pequeños hombres llamados cartógrafos entregan a los poderosos la imagen del mundo y lo hacen poniendo juntos sublimes disparates e intuiciones de inexplicable exactitud. Trabajaban en sus criaturas (fueran cartas geográficas o mapamundis) con el cuidado del artesano, la astucia del comerciante, el cinismo del publicista y la soledad de los artistas. Casi de modo involuntario, con frecuencia obtenían la belleza, una forma de conmovedora belleza, hecha de cartelas, colores, caracteres tipográficos, adornos, símbolos, formas encantadoras. Cuando podían, trabajaban sobre datos reales, procedentes de viajes aventureros o extenuantes mediciones del territorio. Muy a menudo se encontraban trabajando sobre lo que habían escuchado. No era infrecuente que dibujaran sueños. Al obrar así, constataban la imperturbable tendencia del ser humano a hacer simultáneamente dos gestos, medir e inventar, que, en teoría, deberían ser antitéticos: si tienes una tierra que es tuya, o la mides o la inventas como te parezca. A menudo ellos medían lo que se inventaban. Qué encantadora capacidad de fundir exactitud e imaginación. Le debemos a Brotton la posibilidad de aprender las técnicas secretas, las razones últimas y las infinitas particularidades curiosas: el hecho de que lo haga sin ser pedante ni vanamente novelesco, hace que su libro sea un ejemplo significativo de cómo el saber puede ser sencilla tranquilidad, plácida seguridad y consistente pasión.

2 de diciembre de 2013

LA CATEDRAL VARGAS LLOSA

Mario Vargas Llosa tiene sesenta y tres años. Es uno de los mayores escritores vivos. Para entendernos: uno de los que está en la zona Nobel. Nació en Perú, ahora vive un poco en Lima, un poco en Londres, otro poco en París. En 1990 fue candidato a la presidencia de su país (fue derrotado, de forma bastante sorprendente, por Fujimori): lo digo para que se vea que no es un hombre al que le gusta esconderse, no es un escritor ascético y no necesita habitaciones forradas con corcho para escribir. Narrador generoso y torrencial, tiene la misma disponibilidad cuando se trata de hablar de sí mismo o del mundo. Reunirse con él no es difícil. Lo he hecho en París. Voz alegre, ningún cansancio asomándose entre sus palabras ni en su cara. Pelo de chiquillo peinado con raya y risa contagiosa. Preguntarle algunas cosas ha sido agradablemente sencillo.

¿Hablamos un poco de libros?

«Con mucho gusto, en estos tiempos a los escritores siempre se les preguntan cosas sobre el mundo, la política...»

¿Hay escritores que usted siente como sus compañeros del viaje? ¿O cree que su parábola de narrador es solitaria?

«No, yo he tenido muchos maestros, libros que me han enseñado mucho. Cuando era joven leía a los peruanos por obligación, pero la verdadera pasión la sentía por los franceses,

336

los rusos, los norteamericanos. Me acuerdo de Malraux... cuando leí *La condición humana*, fue una revelación. Y Faulkner. De él aprendí el sentido del tiempo, la idea de forma, la ambición de estructurar los libros de una forma no obvia... esa capacidad suya de cambiar la voz narrativa... Me acuerdo de que fue el primero que leí con papel y bolígrafo: leía y tomaba notas. Una lección. Y luego Sartre, aunque a decir verdad no fuera como escritor, sino más bien como maestro de pensamiento... digamos que él trazaba la línea, él era la línea filosófica que había que seguir... eran los años sesenta y él era la línea, ¿entiende?»

Creo que sí.

«Él era la línea. Y luego... bueno, Nabokov, por ejemplo, *Lolita*, un libro extraordinario, o Joseph Roth, *La marcha Radetzky*, que es una extraordinaria novela histórica, el relato del desmoronamiento de un imperio, paso a paso, una maravilla. Pero también Balzac, Flaubert o Melville, los leía y aprendía la ambición de escribir novelas ambiciosas.»

¿Algún italiano?

«*El Gatopardo*, sí, *El Gatopardo*, también allí la historia de un mundo que muere, escrita perfectamente. Recuerdo que en determinado momento me enteré de que Vittorini había hablado muy mal sobre ella, o quizá se había negado a publicarla, ahora no recuerdo, pero recuerdo que en ese momento decidí que no volvería a leer a Vittorini, basta, borrado.» [*Se ríe.*]

Sin embargo, todos están muertos. Quiero decir, ¿tiene algún compañero de viaje vivo?

«Bueno, sí, muchos... Enzensberger, por ejemplo, quizá es al que siento más cerca de mí, también él, como yo, es una especie de ciudadano del mundo... es un amigo.»

Por lo general, usted escribe de un modo espectacular, pero en el fondo llano, sencillo. Cuando escribió *Conversación en La Catedral*, en cambio, eligió una escritura muy compleja, que pone en dificultades al lector con cambios de espacio, de voz narrativa, de tiempos... uno lee y, a menudo, se pierde. ¿Le gusta la complejidad? ¿O era solo un experimento?

«¿Sabe?, en ese libro quería alcanzar una visión por decirlo de algún modo esférica de la historia que contaba... Quería explicar ocho años de dictadura y pensé que era necesario conseguir relatar todos los niveles de esa experiencia, todos simultáneamente, el mismo mundo vivido por pobres y ricos, por los intelectuales y los criados... También hay que decir que era una historia trágica, pero al mismo tiempo grotesca, sentía que para dotarla de cierta verdad debía recurrir a una escritura en cierto modo oscura, no límpida. Buscaba una lengua opaca, me parecía que era inmoral utilizar en esa historia una escritura límpida, brillante. Y, además, ¿sabe?, cuando uno es más joven tiene tendencia a creer que cierta oscuridad es de alguna manera garantía de profundidad... Solo con el tiempo se descubre que la verdad es lo contrario.»

Usted es ya desde hace años un escritor consagrado. ¿Le interesa aún lo que dicen los críticos sobre usted?

«Yo soy una persona curiosa. Por tanto, los leo. De vez en cuando me interesan, de vez en cuando, no. No me gusta la crítica académica, filológica, esotérica. A mí me gusta la crítica creativa. Quiero decir que me gustan los críticos que usan los libros de los otros como un escritor utiliza la realidad: como un punto de partida para crear mundos propios, interpretaciones propias. Pero no es que queden ya muchos críticos así.»

¿Le incomoda si yo le digo algunos nombres de escritores contemporáneos y usted me dice lo que le viene a la cabeza?

«No.»

Don De Lillo.

«He leído un par de libros... había uno con una trama que no estaba mal... cómo diablos se llamaba...»

Philip Roth.

«Su primer libro era divertidísimo, *El lamento de Portnoy*, con él me divertí mucho. Creo que es un escritor un tanto

desigual... Su riesgo que es que escribe demasiado fácilmente, quiero decir, le resulta demasiado fácil, se nota, y yo creo que un escritor debe hacer cierto esfuerzo para escribir.»
¿Pynchon?
«Nunca he conseguido terminar un libro suyo. Debo decir la verdad. Nunca he llegado hasta el final.»
Sepúlveda. En Italia gusta muchísimo.
«Bueno, hay muchísimo García Márquez en esos libros, ¿no?, un poco demasiado...»
¿Isabel Allende?
«Lo mismo.»
¿Y Umberto Eco?
«Bueno, es un espectáculo vivo, es una especie de icono contemporáneo, no es solo un escritor, es algo diferente. Me gustó mucho *El nombre de la rosa,* parecía un Borges posmoderno, un libro buenísimo. Luego *El péndulo de Foucault,* ese no lo terminé, me perdí un poco...»
¿Saramago?
«No, Saramago no.» [*Se ríe.*]
Okey. Fin del juego. Quería saber qué pensaba sobre algunas consignas, o tópicos, que reinan en estos tiempos. Por ejemplo: ¿Está usted convencido de que proteger la civilización del libro de la agresión de la civilización de la imagen es una batalla sensata y necesaria?
«Sí, absolutamente. No podemos saber si el libro desaparecerá, expulsado por las nuevas tecnologías, pero mientras exista es necesario defenderlo. Yo no soy capaz de imaginar ningún humanismo que pueda prescindir de los libros. La literatura produce deseos, rebelión, atención hacia las diferencias. Es indispensable. Y además estoy convencido de que la cultura de la imagen es sustancialmente una cultura conformista, muy controlada, sometida a demasiadas reglas. La literatura, en cambio, es libertad. Por tanto, sí, creo que hay que defenderla a ultranza.»

Otra consigna es democracia. ¿También es necesario defenderla a cualquier precio, incluso pagando el precio de perder su significado original?

«Mire, yo he vivido dos tercios de mi vida bajo la dictadura y un tercio en democracia. Puedo decir esto: no hay duda de que la democracia es el único modelo que permite el progreso económico respetando la dignidad y la libertad del individuo. Todos los modelos alternativos han fracasado: comunismo, fascismo, franquismo... solo fracasos. Es necesario, no obstante, entender que la democracia es imperfecta por su propia naturaleza. Las democracias perfectas no existen. Hay diversos niveles de imperfección. Por ejemplo, la democracia inglesa me parece menos imperfecta que la francesa, pero a su vez es más imperfecta que la de ciertos países del norte, Suecia, por ejemplo. Y también debo decir que ninguna forma de democracia puede sobrevivir al cinismo, a la desilusión, al cansancio. La democracia necesita pasión, de lo contrario, muere.»

¿Y la globalización? ¿Le asusta o le fascina? ¿O las dos cosas?

«Me fascina. Creo que es lo mejor que podía sucederle al mundo. No entiendo, por ejemplo, el terror que tienen los franceses de ser invadidos por Hollywood o por las hamburguesas... Es una actitud tribal, obsoleta. Verá, yo tengo una firme convicción, que todos los apocalipsis de la humanidad han sido generados, en el pasado, por dos causas muy concretas: la religión y el nacionalismo. Y la globalización es un antídoto perfecto contra ambos. Es una vacuna. Por eso no le tengo miedo, todo lo contrario. Por supuesto, soy consciente de que en ciertos casos produce efectos negativos, pero estoy convencido de que esto se podría evitar si se comprendiera que la globalización necesita de la democracia: son dos fuerzas que se completan. En ausencia de democracia, la globalización puede provocar enormes desperfectos. Es el problema del tercer mundo.»

Oiga, usted con sus libros se ha hecho rico, a estas alturas...
«Bueno, rico quizá sea una palabra un poco fuerte...»
Quería saber cómo le gusta gastarse su dinero.
«Ah, me lo gasto todo. [*Se ríe.*] Sabe, tengo tres hijos. Hago de todo para asegurarles la mejor educación posible. Pero la idea de dejar una herencia me repugna. [*Se ríe.*] Y, en cualquier caso, el dinero te da libertad: puedes viajar, puedes decidir dedicarte a escribir un libro durante años... Pero yo nunca he sido esclavo del dinero, ni siquiera cuando llegué a París, en los años sesenta, y no tenía ni una moneda en el bolsillo, uno vivía con un bocadillo al día, pero no me importaba nada. Luego pasó lo que pasó, pero eso ha sido un accidente extraordinario.»

En un determinado momento, usted decidió implicarse en política, de un modo también muy directo e impactante, presentándose como candidato a la presidencia de su país. Lo hizo por sentir que ese era su deber o también por el gusto por el poder, la ambición...
«Ambas cosas. Creía que podía ser útil defendiendo la democracia en Perú, pero también sentía la fascinación por la política... sabe, el gusto por la acción. Un escritor no siente esa emoción de la acción. Allí la sentí. Luego todo fue muy difícil... violento e ingrato... fue una experiencia tremenda, pero no me arrepiento, fue una gran lección de realidad, creía conocer mi país y, luego, cuando comencé a recorrerlo de arriba abajo, descubrí un país que no conocía. Una lección de realidad.»

En Europa, a usted se lo considera un hombre de derechas. ¿Se reconoce en esta definición?
«El hecho es que me puse a criticar el comunismo o a Cuba en unos tiempos en que eso no se podía hacer. O, por lo menos, era impensable que lo hiciera un intelectual. Me acuerdo de que precisamente en Italia, por ejemplo, eran los años sesenta, bien, allí era categóricamente imposible que uno fuera un intelectual y no fuera comunista. [*Se ríe, mejor dicho, se ríe mu-*

341

chísimo.] En realidad, yo soy liberal, por aquellos años defendía cosas como las privatizaciones o una idea más ligera del Estado o los derechos de la empresa privada... Eran todas cosas inaceptables para la izquierda. Ahora oigo hablar a Blair o a los socialistas españoles y encuentro las mismas cosas. Ahora bajar los impuestos se ha vuelto de izquierdas. [*Se ríe.*] Lo repito: soy liberal. Y si la gente me define de otra forma, no me importa.»

En Italia sale estos días una novela suya titulada *La fiesta del chivo.* ¿Qué le gusta más de ese libro?

«He invertido en él tres años de mi vida, eso me gusta. Tres años para reconstruir el período de la dictadura de Trujillo, en la República Dominicana. Era una dictadura emblemática, aquella, el retrato casi simbólico de cualquier dictadura: trágica y grotesca. Una farsa atroz. En ese libro he intentado explicarla.»

¿Ahora está escribiendo?

«Sí, una historia que me gusta muchísimo. Es la historia de Flora Tristán, ¿la conoce?»

No.

«Era una mujer extraordinaria. Era francesa, de origen peruano, vivió en el siglo XIX. Asumió prácticamente todas las utopías de su siglo, Owen, Saint-Simon, Fourier... Fue una de las primeras feministas... Tuvo una vida muy aventurera. Cuentas su historia y acabas contando todo el siglo o, mejor, los sueños de todo el siglo.»

11 de noviembre de 2000

AQUEL TÍO GILITO

Es increíble lo que han logrado hacer partiendo de un elemental personaje de Dickens. Un personaje, encima, desagradable, incluso un poco temible, inquietante, y, además, protagonista de un cuentecito navideño moralizante que lo empuja a una conversión un tanto forzada. Y, de hecho, el primer Tío Gilito era un personaje desagradable, como el Scrooge dickensiano: implacablemente malvado, solo para dar miedo, cruel hasta el exceso; también los rasgos del dibujo eran despiadados, retrataban a un pato perdido, decorado con una mueca cínica que no guardaba relación alguna con una sonrisa. Cómo fueron capaces de conseguir crear el personaje más simpático de la banda de los Patos, es algo que no logro explicarme. Sé, sin embargo, que sucedió. Por mucho que Donald sea genial, por mucho que Patoso sea el protagonista de historias memorables, por mucho que Ungenio Tarconi permanezca siempre en mi corazón, el más divertido es él: el Tío Gilito. Es decir, la cuestión no es tanto si es divertido o no: el hecho es que sin él no existiría nada. Quiero decir, si uno lo piensa bien, él es como don Juan o Hamlet (toma ya, lo he dicho): personajes que no viven en un mundo, sino que lo generan, y que si desaparecieran, todo a su alrededor desaparecería, porque ya no tendría vigencia autónoma propia. Por mucho que doña Ana sea un bellísimo personaje, ¿habría existido sin don Juan? ¿Habrían sido memorables las disputas de la corte de Dinamarca (ya ves tú, ¿hay algo más insignificante que la política danesa?) sin la presencia de Hamlet? ¿Existiría Patoburgo sin el Tío Gilito? No. Su depósito de dinero se eleva simbólicamente en medio de la ciudad dejando claro hasta a un niño que él, el viejo pato multimillonario, es el origen y el final de todo. Y por mucho que existan historias huérfanas en las que no aparece, cabe decir que no sucede nada en ese mundo si él no quiere que suceda. Allí están todos haciendo su vida tan previsible que parece siempre igual cuando, de repente, aparece él: el teléfono de Donald da un respingo como si hubiera estallado una bomba, la puerta del laboratorio de Ungenio se abre de par en par, en su caravana los Golfos Apandadores leen una noticia en el periódico que le concierne, y allí empieza todo. Sucede todo. No hay nada que hacer: él es el protagonista, los demás giran a su alrededor. Él es el genio.

¿Puedo anotar siete cosas que adoro de él?

1. *La vocación por el exceso.* Es quizá el rasgo más bello del Tío Gilito, ausente por completo en su modelo dickensiano y, por tanto, enteramente atribuible al talento de los hombres de Disney. El Tío Gilito no llora: diluvia. El Tío Gilito no sufre: vive tragedias monstruosas. El Tío Gilito no se limita a estar contento: levita en el aire haciendo ruido de caja registradora. Añádase que casi nunca hay una proporción lógica entre la causa y el efecto: puede llenar palanganas de lágrimas por un centavo extraviado. Puede apuntar con un cañón al mayordomo que ha tirado una corteza de queso. Su mejor número es el paso repentino de un exceso a otro: se está suicidando (véase el punto 2) y, dos viñetas más tarde, está estudiando con Ungenio un sistema para llegar al planeta Marte: ni siquiera el Prozac produce semejantes cambios de humor.

2. *Los intentos de suicidio.* Me muero de risa cuando decide suicidarse. Los motivos pueden ir desde lo absolutamente baladí (su empresa ha vendido ocho zapatillas menos que el año anterior) a lo extremadamente grave (un meteorito está apuntando exactamente a su depósito de dinero). La técnica más utilizada es el autoahogamiento en los dólares: se suele hundir sosteniendo carteles con mensajes de despedida (adiós mundo cruel, cosas así). De vez en cuando se tira por la ventana o aprovecha algún barranco cercano. Raras veces elige la horca: en tal caso, la cuerda siempre es un viejo saldo de hace cien años, comprada de tercera mano durante la fiebre del oro. Naturalmente, nunca muere. A menudo, tarda menos de tres viñetas en convertirse en un entusiasta de la vida, que nada teme y siempre vencerá: véase el punto 1.

3. *La violencia.* El Tío Gilito pega. Dispara. Bombardea. No es pacífico. A mí me gusta mucho cuando se encuentra con Rockerpato. Al cabo de tres viñetas ya están allí pegándose. Me gusta el final de muchas historias: en el Polo, en la Patagonia o en la cima del Everest, Donald que se escapa y el Tío Gilito que lo persigue apuntándolo con un rifle. Hace un tiempo leí que Disney había decidido acabar con esto: en homenaje a lo políticamente correcto, no habría más violencia en las historias de los patos. Qué tristeza. No sé si luego lo han hecho de verdad, pero a mí esa violencia siempre me ha parecido como las caídas del Coyote en los cañones: hipérboles de la fantasía, mensajes de un maravilloso mundo fantástico, donde el sufrimiento, o la maldad, se han deshecho con las risas.

4. *Las tortitas.* Doblado en dos por la depresión, con el sombrero de copa completamente ladeado, el Tío Gilito va a ver a Donald, entra en su casa exactamente cuando están llegando las tortitas a la mesa, se sienta a la mesa como un condenado a muerte en una silla eléctrica, y luego devora todo

ingurgitando como un avestruz kilos de tortitas en unos segundos («¿No querréis negarle a un anciano las últimas migajas de su vida?»), y se vuelve luego, repentinamente obeso, para
agonizar en la silla, mientras Donald todavía está de pie con
el molde de las tortitas en la mano y el sombrero de cocinero
en la cabeza, atónito. Podría volver a ver este gag mil veces: y
mil veces me volvería loco.

5. *Los carteles.* Por muy estúpido que pueda parecer, yo
siempre leo los carteles que están fuera del depósito de dinero.
No me detengo mucho en ello, pero siempre les echo un vistazo. Una vez había uno que decía: ¿QUÉ HACES AQUÍ? Y otro,
precioso, con el que me topé, decía: PIÉNSATELO BIEN. El
mejor sigue siendo, en cualquier caso, el clasicísimo, sintético
y perfecto: ¡LARGO!

6. *Las cuentas.* Cada tanto el Tío Gilito cuenta su dinero.
Lo suele hacer con un ábaco, pero no faltan las ocasiones en
que se fía de complejísimos ordenadores. Siempre sigo la operación con mucha atención, porque, en el momento de soltar
el total, espero ver qué se han inventado los autores de Disney
esta vez: por ejemplo, me acuerdo de una cuenta cuyo total
era un increiblebillón, tres fantastillardos, seis megallones y
pico. Son cosas que dan placer.

7. *Los enemigos.* Nunca se reflexiona lo bastante sobre el
número, desproporcionado, de enemigos de los que puede
alardear el Tío Gilito. Bastaría que contara con Rockerpato y
los Golfos Apandadores. A ellos se suman Mágica de Hechizo,
Brigitte, Hilofino, más otros ladrones, algún viejo aventurero
que resurge del pasado, Emilio Águila (el inventor malo, a
menudo aliado con los Golfos Apandadores), los otros multimillonarios del club que lo odian, el alcalde, que suele flage-
larlo con impuestos. A veces, se enfrenta hasta con la Abuela

Pato (solo porque él quiere construir fábricas de acero en los campos de trigo o cositas por el estilo). El Tío Gilito es el prototipo del individuo sitiado: en este sentido, es el clásico personaje con el que se nos lleva, con razón o sin ella, a identificarnos. El hecho de que en todas las ocasiones logre romper el asedio es una especie de rito de liberación en el que el Tío Gilito que hay en nosotros celebra una victoria que, en la vida real, es rarísima. Además, él gana, por lo general, sin dejar de ser avaro, egocéntrico, iracundo, egoísta, falso, cínico, es decir, no porque se convierta, sino, al contrario, porque *no* se convierte: situación en la que todos soñamos encontrarnos.

Voilà. Esas son mis siete cosas favoritas del Tío Gilito. Luego hay otras docenas que, la verdad, podría ahora mismo citar: su relación con su gabán, la costumbre de nadar en el dinero (de vez en cuando también va en barco), las esencias con las que lo hacen volver en sí (perfume de tálero, zumo de doblón...), el rito de gorronear el periódico, la relación con Rockerpato, las mujeres de su vida (las patas, de acuerdo), etcétera. Como la lista sería interminable, me paro aquí.

4 de noviembre de 2000

EL COPPI DE BELLEVILLE

Hay cosas que solo puede permitírselas el cine de animación. Por ejemplo, un barco enorme cruzando el Atlántico y una viejecita persiguiéndolo en un patín. En sí mismo, un disparate ilógico. Poco más que una broma. Pero he visto la escena en esta película que se titula *Bienvenidos a Belleville* y era poesía pura. Con ese barco dibujado un poco por encima de la línea de flotación, como una bailarina de puntillas, y el patín detrás, a la luz de la puesta de sol, en la oscuridad de la noche, en el resplandor de una tormenta. En audio: Mozart. Lo juro: era poesía.

La viejecita, por otra parte, lo consigue. Quiero decir que acecha al barco durante días y, luego, con su patín, llega a una metrópoli que es un poco Montreal, un poco Nueva York, y allí no recuerdo exactamente lo que hace, porque me había cegado el dibujo de la metrópoli, una maravilla, absoluta. Esos dibujos que si están en un libro o en cómics, te hacen pasar horas estudiando los detalles, el anuncio luminoso, la alcantarilla, la paloma que pasa, las grietas de las paredes, el hilo de luz, la ropa interior colgada, el cochecito de niño olvidado fuera de la tienda, las cortinas entreabiertas en primer plano. (En el cine es diferente. Todo pasa por la pantalla y lo que te queda es una estela digamos dolorosa, de maravilla perdida para siempre. Solo cabe ver la película una segunda vez. Pero se parece un poco a esos que vuelven a sentarse en la misma barra, a la misma hora, pensando que les pasará por delante la misma mujer de ayer y que esta vez tendrán el valor de pararla. No funciona nunca, ya os habréis dado cuenta.) Así que lo consigue, la abuelita. Se llama Madame Souza. Va por ahí con un perro que se llama Bruno. Cruza el océano para recuperar a su nieto, taciturno ciclista con la cara triste de Coppi, secuestrado mientras corría el Tour de Francia por la mafia francesa debido a un asunto de apuestas. Es ese tipo de historia que se te puede ocurrir cuando tienes doce años, una tarde con un calor de perros, sin nada que hacer, solo ir pasando por las manos cromos sudados y un televisor, en un bar cercano, que escupe el Tour de Francia. Y resulta que hay gente que tiene doce años toda la vida y nunca ha salido de esa tarde. Sylvain Chomet debe de ser uno de ellos. Ha escrito y dirigido *Bienvenidos a Belleville*.

Ha ido a repescar una Francia de los años cincuenta (que él nunca vio, nació en 1963), ha puesto a hervir esos escombros de la vida que cuando eres pequeño son la vida (un perro que ladra al tren que pasa, los dos caballos que se mueven como colchones de muelles, tu abuela con la cuña bajo el zapato izquierdo...), lo ha condimentado con un poquito de mitos (Buster Keaton, las películas de gánsteres, Jacques Tati, un anuncio de queso, qué sé yo...) y todo esto lo ha convertido en dibujo e historia. El resultado es algo irrepetible, un formidable ejemplo de libertad creativa y artesanía de la fantasía. Quiero subrayar que no me pierdo ninguna película de animación americana desde hace años, creo que *Bichos* vale por todo Totò[1] y me mantiene despierto incluso con *Spirit: el corcel indomable*, pero *Bienvenidos a Belleville* está en otra parte, comparado con esas cosas: en otra parte, se comprende lo que quiero decir.

---

1. Totò, nombre artístico de Antonio de Curtis, fue un famoso comediante. Con más de un centenar de películas en su haber, es un verdadero icono de la cinematografía italiana. *(N. del T.)*

Por poner un ejemplo, en esa película no hablan prácticamente nunca. Hacen ruidos, de vez en cuando, y las voces verdaderas llegan casi solo por altavoces, de las radios, de las teles, cosas así. Los protagonistas se entienden porque se miran y desde hace una eternidad comparten la misma aventura. O bien no se entienden y no importa: ni se les pasa por la cabeza preguntar. Es como si las palabras fueran un lujo que nadie, en ese mundo reducido a lo esencial, se puede permitir. O una complicación que nadie, en ese mundo de irreductibles, va a buscarse. Una mirada, un ruido con la garganta y ya está. Es una película que hace reír mucho y no hay ni un solo chiste. En otra parte, como os decía.

Supongo que alguien la encontrará un poco lenta. Y, francamente, no soy capaz de imaginar la impresión que puede causar a los niños. Como tantas cosas que vienen de otra parte, pasará como un meteorito imprevisible en el cielo del marketing. Quizá desaparezca a los dos días. A lo mejor en Navidades todavía estamos allí con la nariz hacia arriba viendo el patín que cruza el Océano. O esa historia del periódico, la nevera y la aspiradora. Esa es formidable. También la protagoniza la abuelita, Madame Souza. Es huésped de tres descerebradas que solo comen ranas. Y con un periódico, la nevera y la aspiradora han montado una historia. Al principio no se entiende nada de nada, parece una cosa rara colgada allí: como nadie habla, todo queda como colgado, en fin, que pasa y lo olvidas, pero, minutos más tarde, lo encuentras todo otra vez formando un gag exacto y geométrico que te lo explica todo y, mientras te estás riendo, te sientes definitivamente derrotado, maravillosamente derrotado, por ese pedazo de genio y sus historias sin sentido. Te levantas y aplaudes. Si te queda un gramo de belleza en tu interior, claro está. Te levantas, y aplaudes.

25 de septiembre de 2003

LAS COSAS DE ORHAN PAMUK

La primera vez que oí esta historia estaba bastante borracho, pero tampoco imaginéis nada espectacular. Estaba en Fráncfort, en la conocida reunión bíblica de quienes hacen libros. Era una cena de editores, toda gente cultísima y refinadísima. Yo era uno de los más sobrios. Ya hará dos meses de aquello. En fin, lo que ocurrió fue que mi vecino de mesa me contó esta historia. Se refería a Orhan Pamuk, el escritor turco, premio Nobel de 2006. Me dijo que en determinado momento a Pamuk se le había ocurrido esta hermosa idea: hacer una novela en forma de catálogo. Para ser exactos, pensaba escribir el catálogo de un museo. Su idea era recoger una serie de objetos y luego escribir una ficha para cada uno de ellos, casi la voz de un diccionario, y la suma de estas fichas –y de los objetos– habría representado una historia y, en definitiva, una novela: una novela obtenida escribiendo la descripción de todos los objetos contenidos por una novela que no existía.

El hecho es que cualquiera al que le guste la forma novela, también aquellos que la practiquen como oficio, sabe que es una forma agotada (del tipo «combustible agotado», una hermosa expresión que aparece de vez en cuando en los distribuidores de gasolina). Se le puede hacer que dure todavía décadas sin problema, pero solo quienes carecen de talento creen

351

que ya está bien así. Los demás saben que es un paraíso un poco asfixiante; uno se divertiría mucho más si lograra escaparse: el problema es saber cómo hacerlo. Por eso, si en una cena uno oye hablar de una novela escrita como un catálogo, presta un mínimo de atención. Así que le pedí que me lo explicara mejor. Y, en efecto, la historia no había terminado allí.

Ahora no recuerdo si mi vecino también había bebido un poco o qué, pero la cuestión es que se levantó e, imitando a Pamuk mientras entraba en su despacho agitando los brazos en círculos y hablando como un poseso, me explicó que un día Pamuk había entrado en su despacho y hablando como un poseso —y agitando los brazos en círculos— le comunicó que estaba a punto de comprar una casa de tres plantas, en Estambul, y estaba a punto de convertirla en museo. En el museo expondría muchísimos objetos y después escribiría el catálogo de los mismos: se preguntaba si Gallimard se lo publicaría. Será una especie de novela, explicó.

Tengo debilidad por los visionarios, así que podréis suponer cuantísimo me interesó una historia semejante. Tanto que le pregunté cómo había terminado la cosa. Ahora sé que, si hubiera estado informado un mínimo, lo habría sabido, pero, como en ese momento no lo estaba, se lo pregunté a mi vecino.

«Bueno, lo ha hecho», dijo.

¿El catálogo?

«Todo. El catálogo y también el museo.»

¿De verdad?

«Por supuesto. No solo eso: también ha escrito la novela.»

¿En qué sentido?

«Ha escrito una novela, ha construido en Estambul un museo metiendo en él todos los objetos contenidos en la novela y luego ha escrito un catálogo del museo. ¿No ha oído nunca hablar del *Museo de la inocencia?*»

Yo nunca había oído hablar (no os podéis hacer una idea de lo desinformado que puedo estar: a menudo ignoro incluso cosas fundamentales que me conciernen), pero en ese momento no tuve tiempo siquiera de avergonzarme, porque me vi completamente absorbido por una crisis de envidia. Me pongo como loco cuando descubro que alguien ha tenido una idea genial que me habría gustado tener yo. Y aquella, no había remedio, era una idea genial. Pasada la borrachera, descubrí que todo era verdad. En semejantes casos, pierdo con gran dignidad: me compré la novela (Einaudi, 14,50 euros)[1] y reservé un vuelo a Estambul (Turkish Airlines, muchos más euros).

El libro es una historia de amor ambientada en Estambul, en los años setenta. Un rico treintañero, prometido con una despampanante rica treintañera, entra en una tienda para comprar un bolso, conoce a una dependienta de dieciocho años, bellísima, y se enamora perdidamente de ella. Los dos se hacen amantes y sus vidas descarrilan. No hay que pensar en una simple historia de amor: la expresión «pasión devastadora» transmite mejor la idea. Permitiéndome una venganza tardía, anoto que el libro está escrito con una escritura sin brillo, con frecuencia irritantemente barata y, al menos para mí, con un descuido inexplicable. Pero debo añadir que la historia está relatada perfectamente y que la lenta estratificación de cada mínimo detalle resulta dominada con un fantástico oficio. Los dos protagonistas se llaman Kemal (él) y Fusun (ella): si existe un torneo especial para parejas amorosas inolvidables, estos acaban directos en el *top ten*. Resumiendo: como ya había demostrado Conrad, existen novelas bellísimas mal escritas.

Luego está el museo. Fui a buscarlo en una gris Estambul otoñal, sin luz y sin colores: al no haber estado jamás allí, me pasé el tiempo mirándola tratando de imaginar qué esplendor

---

1. En España fue publicada por Mondadori (trad. esp. de Rafael Carpintero, Barcelona, 2009). *(N. del T.)*

podría haber tenido solo con que alguien le quitara el celofán. Creo que solo entendí una cosa: es una ciudad indecisa. Entre Europa y Asia, entre el caos y la tranquilidad, entre la velocidad y la lentitud. No sabe decidirse. Así, a primera vista, me parecería el lugar perfecto para cuando uno tiene necesidad de *no* tomar una decisión. A veces, sucede. En tal caso, anoto que flotar en el Bósforo puede ayudar, si así lo requieren las circunstancias, a sentirse un héroe en vez de un imbécil.

Pero, en fin.

En el corazón de un pequeño barrio que no estaba nada mal –todo de talleres y anticuarios de los buenos– está el Museo de la Inocencia. Casa esquinera, tres plantas, color rojo orujo de uva. Sí, Pamuk lo ha logrado. *Chapeau.* Y lo ha hecho con un cuidado infinito, con un gusto refinadísimo y una locura obsesiva que despiertan admiración. Hay una vitrina para cada capítulo del libro y en la vitrina están expuestos prácticamente todos los objetos que se mencionan en el capítulo: un trabajo de cartujo que cabe imaginar hecho por el mismo Kemal, para darle un sentido a lo que había vivido. Cuando digo «todos los objetos» hablo de cosas como: vasos medio llenos de raki, fotos, pendientes perdidos en la cama, recortes de periódico, relojes detenidos en una hora fatal, lápices, grifos, zapatos, ceniceros, tinteros, billetes de tranvía usados, lamparitas, recortes de periódicos, cajas de medicamentos, mapas de carreteras, tenedores. Si coleccionarlos y exponerlos parece de locos, o algo inútil, recordaré que el libro cuenta la historia de una pasión devastadora. Es el índice de un amor loco. Si podéis por un momento volver a vuestra última pasión devastadora (quien no la haya tenido puede bajarse aquí mismo, gracias), intentad preguntaros esto: y si por detrás de vosotros hubiera pasado un conservador invisible de vuestra historia del amor y hubiera recogido todo que dejabais detrás, mientras os amabais, y un día lo hubiera recogido todo en un museo, en un pequeño museo bien hecho, ¿no os habría parecido una cosa no digo maravillosa, pero al menos completamente natural, obvia, razonable? La respuesta es sí. Para entendernos, anoto lo que se ve nada más entrar, en la pared que queda enfrente: una enorme vitrina en la que, sujetas con alfileres, como coleópteros, están todas las colillas de todos los cigarrillos fumados por Kemal y Fusun en el libro; conmovedor. Yo, en el fondo, no tendría necesidad de remontarme a una pasión devastadora. Cada vez que vivimos de verdad, somos leyenda: todos los calcetines de mis hijos que he recogido del suelo, si fueran expuestos con esa elegancia en una vitrina grande como una pared, serían igual de conmovedores.

Entonces, me senté allí, en un banco, como suelo hacer cuando me gusta un museo, y me quedé pensando. Lo primero que se me vino a la mente es qué oficio tan extraordinario desempeña quien tiene como oficio escribir libros. Quiero decir, el museo me estaba ayudando a recordar la vertiginosa cantidad de detalles que un libro salva de la inexistencia, deteniéndolos para siempre. Prácticamente se cuentan historias, a la carrera y, mientras se corre, se va agarrando al vuelo todo lo que se puede, para ponerlo a salvo. Son huellas gigantescas del mundo, formadas por miles de pequeños detalles. (Me imaginé un museo análogo hecho con *Madame Bovary:* qué espectáculo). Luego pensé que aquel no era un museo sobre el amor, no se debe caer en ese error. Es un museo dedicado a la intensidad que los seres humanos somos capaces de proyectar en los objetos: lo hacemos cuando vivimos una historia de amor, por supuesto, pero también en muchas otras ocasiones generamos intensidad. En la vida lo hacemos con mesura, porque allí el objetivo del juego es sobrevivir: con bastante habilidad, mantenemos la temperatura baja, vamos pasando, seleccionamos. Pero en un libro... Ahí es otra cosa: ahí se nos permite la locura. Y hasta que escribimos no nos percatamos *verdaderamente,* no entendemos hasta el fondo de qué locura vertiginosa se trata: pero allí, en ese museo, que por primera vez traduce en objetos reales –todos ellos convertidos en leyenda, todos revestidos de una intensidad irracional– los detalles salvados por un libro, te haces una idea de la desmesurada locura y de la obsesión que se nos permite escribiendo. Qué imprudencia. Todo ese mundo obligado a ser memorable. Toda esa intensidad, sin frenos, sin condiciones. No es de extrañar que la escritura siga siendo una de las raras ocupaciones capaces de removerte realmente el alma. ¿Cómo es posible salir ileso de un éxodo tan despiadado de la insignificancia? ¿Cómo es posible estar durante todo ese tiempo a semejante temperatura sin salir de ahí quemado?

Cuanto más se salva la vida –la huella de la vida–, más se mata, se diría.

Luego, a la salida, también compré el catálogo. De hecho, Pamuk lo había visto bien: es más hermoso que la novela. Pero sin duda lo mejor, si se puede, es poner consecutivas las tres cosas: novela, museo, catálogo. Solo así entras de verdad en una obra, y no es un viaje cualquiera. Al final hay incluso una moraleja: de hacer caso a Kemal, no es posible vivir nada más intenso –y, por tanto, feliz– que perder a la persona amada. No sé. Es posible. Pero no tengo certezas a este respecto. Más clara, si es absolutamente necesario seguir centrados en la experiencia amorosa, me ha parecido la enigmática frase de Coleridge que Pamuk ha puesto al principio de su libro (y por la que le estaré eternamente agradecido). Estoy seguro de que dice algo definitivo, seguro que sobre el amor, quizá incluso un poco sobre el hecho de escribir libros o sobre todas las cosas. No sé, es algo un poco vago: pero milimétrica es la belleza de la frase.

Es una pregunta. Tengo la sospecha de que la mitad de las cosas que he hecho, en mi vida, las he hecho para darle una respuesta. «Si un hombre atravesara el paraíso en un sueño y le dieran una flor como prueba de que había estado allí, y al despertar encontrara esa flor en su mano... ¿entonces, qué?»

4 de enero de 2015

356

LA SANGRE DE CORMAC MCCARTHY

De tanto en tanto algún escritor consigue cambiar las cartas que hay sobre la mesa. Crear nuevos paisajes. No se limita a escribir libros buenos. Escribe libros que son mundos radicalmente inéditos. Es como si abriera territorios inexplorados a los viajes de la experiencia. Abre de par en par la geografía de la escritura. En los últimos veinte años, no han faltado tipos semejantes: uno es Cormac McCarthy. Si sois perezosos o no tenéis tiempo de pensar, os podéis apañar diciendo que no deja de ser un Faulkner revisitado y así os libráis del engorro. Pero si os importa comprender algo, entonces leed a McCarthy permaneciendo a la escucha: esa música no la tocaba nadie antes de que la tocara él. Al menos, no de esa manera.

La música de McCarthy es cruel. Miseria, violencia, horrores y tragedia son el hilo con el que teje sus historias, pero si estáis imaginando algo tipo pulp, estáis en el camino equivocado. Aquí la violencia es sagrada, es un simulacro que se pasea por la tierra como un texto bíblico que promete el apocalipsis. No hay nada grotesco y no hay nada de lo que reírse: el horror tiene la seriedad de un profeta y nunca tiene la futilidad del presente, prescribe el futuro. La música de McCarthy es lenta. Sus libros abren un tempo muy particular, indescriptible, hay que sentirlo. Imponen un tempo (eso suele ser un buen indicio para reconocer a un gran escritor). Te ralentizan. Desmenuzan el acaecer en una red de microacontecimientos que desgranan el tiempo hasta alcanzar una lentitud en la que todo suena solemne y definitivo. Quien no logra seguirle el paso, cierra el libro y se marcha. Quien se pliega al mismo, entra en un mundo inédito, que es una de las buenas razones para abrir un libro, cualquier libro.

La música de McCarthy es gélida y ardiente. Una auténtica acrobacia. Cualquier narrador busca su camino entre esas dos orillas: una frialdad insignificante e inútil y una hipertrofia sentimental kitsch y fraudulenta. Las dos orillas están más cerca de lo que se suele creer. Y ese camino es a menudo una estrecha franja de tierra en la que es difícil mantener el equilibrio necesario. McCarthy ha inventado una trayectoria genial que acerca el extremo de las dos orillas, hasta hacer que se fundan una con otra. Aparentemente muy fríos, sus libros, en realidad, son de una intensidad obsesiva. En ellos podéis encontrar una mirada que registra impasible erupciones espectaculares y, una página después, postales sentimentales que en cualquier otro libro sonarían deplorables. Hay algo en su escritura que recuerda la autoridad que tienen las piedras. Como una humanidad petrificada. Pasado que se ha convertido en tierra, endurecido por el tiempo, pero no muerto. Memoria fósil. Escritura en el sentido más alto, carismático y sagrado. No es que siempre lo consiga, es obvio. Pero a menudo sí. Y ver acaecer algo semejante es un espectáculo.

La música de McCarthy es astuta. En el sentido de que técnicamente es muy sofisticada. Pero utiliza trucos inéditos y, por tanto, en gran parte invisibles. Esconde con enorme habilidad los diálogos en la voz del narrador; utiliza frecuentemente el español (casi todas sus historias vagan, también lingüísticamente, alrededor de la frontera entre los Estados Unidos y México), y obtiene tramos de semiincomprensibilidad que le dan un hermoso ritmo sincopado a la narración;

adopta el horizonte épico del *western,* desplazándolo, sin embargo, fuera de la tradición del género, con lo que logra conservar así su fuerza, pero anula el rasgo ideológico y fraudulento; «descarga» con gran habilidad todos los pasajes fuertes de la narración escondiéndolos, rodeándolos de gélidos amortiguadores, dibujándolos oblicuos entre las líneas de una trama geométrica e impasible. Técnica pura. Pero fundida en el cuerpo de la narración, casi invisible. Puedes reflexionar sobre ello después de haber leído, pero mientras estás leyendo, lo experimentas y punto. Un buen modelo para quien se pregunta sobre el papel de la técnica pura en el gesto del escritor.

La música de McCarthy toca una única canción y siempre es la misma. Habla de gente que con paciencia infinita intenta poner en orden el mundo. De llevar de nuevo las cosas adonde deberían estar. De corregir las impurezas del destino. Ya sea una loba, caballos robados, un cadáver o un niño perdido: todos tratan de devolverlos a su lugar. Y no hay espacio para los razonamientos ni el sentido común: es un instinto que no conoce límites, una obsesión incurable. Si es necesaria la violencia, se utiliza la violencia. Si es necesario morir, se muere. Con la fiereza y la obstinada determinación de un juez que debe reparar los errores del destino, los héroes de McCarthy viven para recomponer el cuadro desfigurado del mundo. La realidad es una *herida,* y ellos buscan los bordes de la misma y persiguen la sabiduría que podría unir esos bordes en la salvación de alguna cicatriz. Imaginar ese gesto ya es un viaje. Relatarlo es lo que logra McCarthy.

16 de junio de 1999

Manchester. Si uno quería recorrer Europa de sur a norte, de Barcelona a Manchester, esta semana podía ver el fútbol de los otros en el escaparate de las dos semifinales de la Champions League. Españoles, ingleses y alemanes. Real Madrid, Barça, Manchester United y Bayer Leverkusen. Como ya llevo un año haciendo penitencia viendo regatear a Comotto, pensé que esa era la mejor ocasión para ver qué queda del fútbol en los campos donde, según dice Platini, todavía saben jugar y logran divertirse. Así que fui. Y vi.

A mí me fascinan los preparativos. Lo que hay antes del pitido inicial. Digamos que empiezo a entender qué clase de fútbol es al ver llegar a la gente al estadio y, sobre todo, al ver qué come. En el Camp Nou, en Barcelona, decepción. Sin demasiadas ceremonias se ponen en columna en una orgía de coches y ciclomotores, llegan en el último momento, se tragan un *hot dog* sin historia (puestos globalizados, ni una loncha de jamón ni aunque te pongas a rezar) y, si queda algo de tiempo, acaban tragados por una tienda de Nike (patrocinador de Barça), donde hay mucho Nike y poco Barça. En Manchester, es otra historia. El partido empieza tres horas antes. En casa, se visten: camiseta roja, bien tensa sobre la barriga cervecera, y a la calle. Entonces van directos a apiñarse como japoneses en un tranvía que avanza a sacudidas hasta el estadio. Veinte minutos de pesadilla, para un claustrofóbico (yo), pero pura diversión para quienes, en vez de desmayarse, cantan, esperan los frenazos para hacer la ola y eructan la primera cerveza. Cuando bajan, algunos recuperan a los niños perdidos en el alboroto, otros no. No importa. Todos se encaminan hacia el estadio y, si te preguntas por qué están allí dos horas antes del pitido inicial, la respuesta te llega en forma de hedor molesto. Lo primero que piensas es que hay una refinería en las inmediaciones: luego distingues los puestecitos de las hamburguesas, y entiendes todo. El último cruce, antes del estadio, es una obra de arte. Los hay a cientos, afortunadamente puestos en adobo desde vete a saber cuándo, apoyados contra las paredes o sentados en el suelo, para desafiar con platillos de materia letal: Nada de globalización: cocina inglesa (oxímoron); lo más ligero es una patata sepultada en alubias. Lo demás son frituras semivivas, cubiertas con salsas lubricantes y varadas alegremente en un río de cerveza. Se requiere un físico bestial. Ellos lo tienen.

Mientras hacen la digestión (eufemismo), los alrededores les echan encima el mito de los Diablos Rojos. Del alfiler de corbata al viejo calcetín de Best, encuentras de todo. Quizá el calcetín sea falso, ¿pero qué importa? El mito rumia hechizos, y está claro que cuando todo comience no será solo un balón viajando sino fantasías en libertad en las cabezas de niños y agentes de seguros jubilados. Lo que entiendes es que el partido es una parte del rito, no necesariamente la más significativa. Y el rito es pura diversión, algo infantil y simple. Cierto modo de jugar nace allí, de las frituras y las insignias. Como en cierta ocasión resumió con toda dignidad Ryan Giggs, lateral izquierdo de los Diablos Rojos: «Si trabajas toda la semana, cuando vas al estadio lo haces para divertirte. Por eso siempre jugamos al ataque. Si atacas, la gente se divierte.» Quizá resumiera demasiado, pero sin duda fue eficaz.

361

Luego, los estadios. Otro asunto que modifica un deporte. El Camp Nou, en Barcelona, es un monstruo de cemento para noventa y ocho mil personas. No hay pista de atletismo, las gradas caen directas sobre el campo. No sé qué verán los encaramados en las últimas filas de arriba, pero si estás abajo, eso es fútbol. Podría decir qué desodorante usaba el juez de línea. Y la finta con la que Overmars va al fondo (siempre): un poco más y yo podría tocarla. Lo mismo ocurre en el Old Trafford: me corrijo, mejor. Más pequeño y con una suave cuesta de las gradas, algo dulce, como una colina inglesa. Todo cubierto, allí, por lo que la música de la muchedumbre baja con una violencia que aturde, ya sean aplausos o pitidos, un retumbar sonoro que te deja seco. Pongamos que eres un defensa con el pie de Delli Carri y te llega uno lanzado que has de parar y todo Old Trafford está cantando no sé qué cancioncilla vertiginosa: te deseo suerte.

Sí, la música de la gente. Eso te choca. Nada que ver con los estadios italianos: en este aspecto, es otro fútbol. Esta gente lo comenta todo. La posesión de la pelota, el cabezazo del *stopper* (bueno, del central), hasta el saque de banda, basta con que sea un poco largo. En el Old Trafford no dejan pasar un robo de balón de un defensa sin una ovación. En Barcelona, un túnel arriesgado e imposible te lo agradecen cien mil personas. El resultado es una música diferente. Entre nosotros hay un arrastre de ruidosos silencios que se prolonga, salpicado con maldiciones variadas, hasta que la pelota entre en el área y, entonces, estruendo. Allí es algo que nunca se detiene, aplausos, luego aullidos, luego un ooooohhhh de niños (cien mil niños, la verdad), más aplausos (parada con el pecho), silbidos, otro aullido (taconazo), un segundo de silencio (carrera), estruendo (cabezazo y pelota fuera). Aplausos. Otra música, ya digo.

En el campo, otro fútbol. ¿Acaso podría ser distinto, dadas las premisas? En el Camp Nou se disputaba un clásico. Barça contra Real Madrid. Partido del siglo, decían los periódicos, desdramatizando. A los diez minutos ya se habían visto cinco pelotas de gol y parecía que había pasado media hora. Nada de partida de ajedrez: ahí está claro que si mantienes la posición, bien; si, en cambio, prefieres jugar, mejor. Y entonces empiezas a driblar en el límite del área (la suya), toques al vuelo en el centro del campo, nunca un pase sin fintar al contrario, toque sistemático para dictar el pase y poco importa si luego no logras recuperar tu posición. Resultado: pelotas de gol y la gente delirando. Supongo que ganar también les importará algo: pero se deben de haber puesto de acuerdo en que o se hace de esa manera o no vale la pena.

En ese alocado mar de malabaristas demenciales, flota, inmenso, Zidane. Con el paso desgarbado de quien está probando las botas, mirada siempre un poco preocupada (¿por qué?). El Barça le ha puesto encima a Motta, una especie de Tacchinardi con la clase de Albertini.[1] Zidane se lo toma con calma, borda el control del balón con todas las partes de su cuerpo, sale de atascos indescifrables con la pelota pegada al pie, de tanto en tanto salta con aceleraciones que apagan el audio del Camp Nou. Cuando toca, atiza. Tarjeta amarilla, en el 28, por pegarle un buen viaje a los tobillos a Motta. Para los amantes del fútbol, es un enigma no tanto por lo que hace, sino por dónde lo hace. El número 5 en su espalda no significa nada. Lo he visto partir por delante de la defensa, para dirigir el tráfico. Luego, sin embargo, también aparece en el lateral cruzándolo y en medio del área recogiendo un pase de cabeza (no el suyo, a eso aún no ha llegado). Entonces la gente dice que juega en todo el campo. Pero descrito así parece un idiota que se mueve al voleo. La cosa es más sutil. A mí me recuerda

---

1. Tanto Alessio Tacchinardi como Demetrio Albertini jugaron como mediocampistas en Italia y España durante la década de los noventa y siguientes, el primero en posiciones más defensivas. *(N. del T.)*

a Michael Jordan. No es que ellos busquen el juego: es el juego el que los busca a ellos. Son el baricentro, el resto gira a su alrededor, según una lógica que allí tiene algo de irracional, incluso de mágico. Y, si pasa algo, pasa donde están ellos. De este modo, por ejemplo, en el inicio de la segunda parte encuentro a Zidane otra vez delante, un poco escorado a la izquierda, en la línea de los atacantes. Dormitando. Como si hubiera ido allí buscando algo de sombra. Quizá ya no pudiera más con Motta. ¿Acaso está cansado? Me lo estaba preguntando cuando el juego fue a buscarlo. En ese lugar bastante absurdo, que hasta entonces parecía poco más que un refugio. Corte de Raúl y arranque de Zidane, transformado de pronto en una especie de Overmars talla grande.[1] Con la pelota en el pie, cruza en diagonal hacia el centro con Cocu, después de haberse recuperado de su estupor, presionándolo por detrás. Entra en el área, por el lado izquierdo, se lo piensa un instante y entre las muchas cosas que podría hacer elige, coherentemente con ese fútbol, la más absurda: tiro ascendente con el empeine interior derecho. Intentadlo, en vuestra habitación. Estáis allí, a la izquierda, a la carrera, y lanzáis un tiro ascendente con el empeine interior derecho. Tiro por la escuadra, en el palo contrario, y el Camp Nou atónito. El día después, en *Mundo Deportivo*, leo la reconstrucción más exacta de ese gesto: «Una vaselina de Zidane cuando los azulgrana llevaban 55 minutos...» No sé, en el argot del fútbol español, qué quiere decir «vaselina» y no quiero saberlo. Pero era eso.

En Manchester, es otra historia. Porque el Leverkusen desarrolla un juego que sabe a Italia, y los Diablos Rojos se pegan a fuego a él. El entrenador de los alemanes debe de haber estudiado a los nuestros: coloca a los jugadores en el campo como

---

1. Considerado uno de los mejores extremos del mundo entre los años 1990-2000, Marc Overmars destacó por su velocidad y habilidad para la asistencia, el regate y el disparo a puerta. *(N. del T.)*

las judías en los cartones del bingo: como una vieja señora con el pelo violeta cubre todas las casillas y al final se levanta y grita ¡Bingo! Que para él es un 2 a 2 de lujo. Por otra parte, los Diablos Rojos: que tienen en la cabeza otro fútbol, pero allí parecían bañistas atrapados en la autopista, soñando con el mar. Del pantano de un partido táctico tan solo consiguen en un par de ocasiones realizar su jugada favorita, casi marca de fábrica, algo que, con esa exactitud, solo pueden hacer ellos. Vacían un buen pedazo de campo. Lo arrasan. No sé cómo lo hacen, pero reducen una parte del césped a zona desierta: no os sorprenderíais al encontrar a una familia haciendo un pícnic («un lugar tan tranquilo...»). Cuando lo han vaciado por completo, lanzan dentro a uno de ellos, salido quién sabe de dónde, quién sabe desde hace cuánto tiempo, cuando lo ves ya está ahí, avanzando a toda velocidad, tipo fuga para la victoria: y, sorprendentemente, también lleva la pelota en los pies. Luego pase, cabezazo y apoteosis final, no importa cómo lo hayan hecho: si el *fish and chips* lo permite, todos saltan en pie ululando la alegría por un fútbol de *aquiénleimporta, I Love this Game.*

26 de abril de 2002

LA TALLA ECOLÓGICA DE MAURIZIO FERRARIS

Si no hubiera preguntas más apremiantes, una buena cuestión a la que dedicarse sería: ¿Existen todavía los filósofos? O, para ser más exactos: ¿Dónde están?, ¿qué hacen? y, en concreto, ¿qué están haciendo por nosotros? Se constata vagamente una gran agitación de maestros por las universidades del planeta y, de vez en cuando, se advierte la aparición de alguno de sus libros por el seguimiento de los medios de comunicación, inmediatamente atraídos por otras cosas. Así, uno termina imaginando a los filósofos como sabios absorbidos por alguna de sus refinadísimas discusiones técnicas, cuya disposición justa de los pensamientos parece haberse erigido, con el tiempo, como su único objetivo: para proporcionar lecturas del mundo e indicaciones para soportar la realidad no parecen tener tanta urgencia. Una especie de artes marciales elitistas para cerebros. Sobre todo parece que se ha esfumado cierta capacidad deslumbrante de desencallar las conciencias: el gesto con que los Aristóteles, los Descartes, los Kant podían arrancar al mundo de bloqueos mentales casi genéticos, a la vez que inauguraban mutaciones tan profundas como irresistibles. Hoy, si se está produciendo una mutación, parece referirse más bien a los objetos o a esquemas mentales derivados de objetos y, a menudo, a objetos en venta, de uso diario. Es fácil que nos haya cambiado más Bill Gates que Derrida, pongamos. ¿Podría afirmarse lo mismo de los ferrocarriles a vapor y de Hegel? No sé, no tanto, se me ocurriría contestar. Pero quizá sea que, por nuestra ceguera, ignorancia hermosa y buena, nuestra mirada se dirija cada vez más a un punto incorrecto. No sé. Ante la duda, me puse a leer el último libro de Maurizio Ferraris *(Documentalità. Perchè è necessario lasciare tracce,* publicado por Laterza).[1] Lo cogí un poco por el puro placer de volver a leer filosofía, pero sobre todo para intentar suavizar precisamente esa ceguera, yendo a ver de cerca qué demonios podía hacer, hoy en día, un filósofo: sentía curiosidad por saber qué salía de su taller. Durante al menos la mitad de libro todo fue fácil porque, me pareció, el autor estaba demorándose en la misma curiosidad que sentía yo. Estaba tratando de averiguar si todo lo que había parido hasta ese momento la filosofía era de alguna utilidad para la vida de los seres vivos. Y es necesario ver qué endiablada respuesta lograba dar. Con una especie de temeraria ingenuidad (solo los filósofos y los niños son capaces de ello), Ferraris ha decidido hacer una especie de listado de todo lo que hay en el mundo: todo, de los sueños al espray nasal, pasando por las ballenas y las leyes del Estado. Y luego se ha preguntado si lo que la filosofía nos ha dejado, a propósito de ese todo, ha resistido la prueba de los hechos: digamos a la evidencia de la existencia cotidiana. Respuesta: nada, casi nada, muy poco. Impresiona bastante verlo desmontar alegremente la epistemología kantiana o el deconstructivismo posmoderno, y tampoco me arriesgaría yo a juzgar si sus refutaciones son realmente tan irreprochables, en el plano de la lógica, como parecen. Pero una cosa interesante, y compartible, creo haber aprendido: como una especie de intuición, que parece dar en el clavo. Ferraris empieza denun-

---

1. *Documentalidad. Por qué es necesario dejar huellas,* trad. esp. de Jimmy Hernández, Trea, Gijón, 2021 (en prensa). *(N. del T.)*

ciando el forzamiento que le debemos a Kant: la idea de que lo que existe, existe porque nosotros lo percibimos y en las formas dictadas por nuestra percepción. Si somos máquinas que solo perciben en formas temporales y espaciales, las cosas se dispondrán en el espacio y en el tiempo: de un modo diferente no existirían siquiera (al menos, para nosotros). Una convicción similar ha generado una primacía del sujeto sobre los objetos: lógicamente, solo existen esquemas de nuestra mente y las cosas tienen una existencia completamente subsidiaria respecto a la nuestra. Deslizándonos sobre este plano inclinado ya no puede detenerse: así ha sido posible decir, con Nietzsche, que no existen hechos, sino solo interpretaciones; o, con Derrida, que no existe nada fuera de los textos. Lo que tienen en común estas posiciones, señala precisamente Ferraris, es reducir el ser al saber, la sustitución de la realidad por nuestros esquemas mentales: no hay nada fuera del zumbido, espectacular, de nuestra mente. Con el resultado, bastante romántico, de describir una situación infinita, nunca circunscrita por las fronteras de las cosas reales y perennemente a la deriva en la posibilidad sin fin de nuestra subjetividad. Hermoso, pero incómodo. Sobre todo, dice Ferraris, irreal. Nuestra experiencia parece dictarnos exactamente lo contrario: la banalidad del vivir enseña el inevitable estar ahí de las cosas, de los objetos, de la realidad. Que parecen completamente independientes de nosotros, seguros en su propia lógica de permanencia en la que nosotros no tenemos nada que ver y que solo con gran esfuerzo y solo, a veces, logramos modificar. No sé si tiene razón, pero dice Ferraris que es necesario volver a una especie de objetivismo realista. Fiarse de las cosas, se me ocurre traducir. Es lo que hace la gente, dice. Y aquí está la intuición que me ha chocado.

Nos apañamos, en la vida diaria, utilizando un saber muy aproximativo, hecho de creencias, hábitos y tópicos. A pesar de que Descartes aclaró de una vez por todas lo que quiere decir certeza, nosotros de buena gana prescindimos de ella y nos movemos en la existencia cotidiana, convencidos de que elegir un estándar tan elevado de verdad no es en absoluto buena idea, si lo que debes hacer es vivir. Dejamos de buena gana a la ciencia la práctica de la certeza (reservándonos, si acaso, gozar de sus frutos) y en la experiencia ordinaria nos regulamos con parámetros mucho más suaves. Como la búsqueda de la verdad absoluta no parece ser especialmente útil para llegar a la noche, la cultivamos en zonas protegidas –la ciencia, la filosofía, quizá el arte–, pero no la utilizamos cuando de lo que se trata es de vivir. Así, lo que la filosofía casi siempre ha descrito como una única pregunta –¿qué posibilidades tiene el sujeto de controlar la objetividad?– termina encontrando la respuesta en la escisión en dos praxis diferentes: el ejercicio de la verdad, por una parte, y la gestión de la realidad, por otra; el saber de la ciencia, por una parte, y el creer dictado por la experiencia, por otra. No es estrabismo, es importante entender esto: es una especie de pacífica esquizofrenia. Cerebros a dos velocidades. Vías paralelas. Naturalmente, me fascina el segundo: el del creer, paralelo al del saber. El saber imperfecto que es el motor de la experiencia. El cuasi saber superficial pero útil, como lo define Ferraris, con el que nos movemos todos los días. Me fascina porque veo, por fin, algo que descifra bien el presente: que da un nombre a un aparente absurdo que todos percibimos. Ferraris ofrece un detalle admirable cuando habla de talla ecológica. El mobiliario de nuestra experiencia diaria –dice, con una hermosa expresión– está constituido por objetos de talla media: talla ecológica, lo llama. Significa que no tenemos que vérnoslas con moléculas o cuarks (talla minúscula), ni con galaxias o ciclos geológicos (talla enorme): vivimos entre mesas, lagos, matrimonios y sonidos entre los veinte y dieciséis mil hercios. Talla ecológica. Incluso los problemas morales, parece entenderse, suelen tener una talla ecológica: hacer un niño en una probeta o no hacerlo. En este mobiliario, el hombre se mueve, y el cuasi saber superficial pero útil parece ser el instrumento a medida para apañárselas. Rápido, flexible, ligero (virtudes resumibles en una palabra que antes se consideraba un insulto: superficialidad). Un instrumento perfecto. Me sorprende que un filósofo haya reconocido la legitimidad y aún más que haya intentado imaginar un sistema en el que este instrumento ligero convive con el instrumento pesado de la búsqueda de la verdad: es poco más que una intuición, pero no es difícil ver un cambio de juego que podría ayudarnos a explicar el pragmatismo célibe al cual desde hace un tiempo parece que confiamos gran parte de nuestras opciones.

Para que conste, hay que añadir que el libro de Ferraris tiene también una segunda parte, que hace tiempo se habría llamado *construens*. La genera una intuición que no sería capaz de juzgar, pero que con mucho gusto refiero: en el campo de los objetos, una categoría especial está constituida por los que Ferraris llama objetos sociales. Una promesa, una deuda, una reseña, un mensaje por el móvil, un acto de compra, un cuadro, etcétera. Objetos, sí, pero no de la misma clase que la montaña o que el sombrero, pues los sociales no existirían si no hubiera al menos dos sujetos que los suscitan, los registran y se encuentran en él. Actos inscritos, los llama: registrarlos, escribirlos, hacer un documento son el gesto que, por decirlo de algún modo, los crea. Utilizando una terminología tosca, se podría decir que tienen en sí, como una necesidad, la extensión «.doc». La red de estos objetos sociales, señala precisamente Ferraris, es inmensa y, bien pensado, constituye una parte bastante significativa de lo que llamamos experiencia. Lo más fascinante es que está generada claramente por los sujetos, pero, entonces, se transforma, según una lógica que parece bastante objetiva: se convierte en realidad, fuera de nosotros. Comprender la lógica con la que esa red se mueve, el cruce misterioso de impulsos subjetivos y movimientos objetivos que recrea a cada instante esa especie de «mundo.doc», significaría entender muchísimo de lo que ocurre y, sobre todo, nos ocurre. Y esto, argumenta Ferraris, sería una hermosa tarea para la filosofía: individualizar los objetos sociales y comprender su funcionamiento. Tomar en serio la vertiginosa tendencia colectiva a producir documentos y reconocer que en esos sedimentos notariales crepita cierto espíritu de época, si no el espíritu *tout court*. Palabras arriesgadas, pero Ferraris se atreve a formularlas. De modo que, al final, una posible alma del mundo vuelve de nuevo a coincidir con la antigua hazaña de la escritura o, al menos, encuentra acomodo en el hueco de esa permanencia sabia que es la escritura. Veredicto singular, si se tiene en cuenta que deberíamos vivir en una llamada civilización de la imagen. Y todo lo contrario. Todo lo que es objeto social es escritura. Coherentemente con la profecía, maravillosa, pronunciada por Derrida, cuando los teléfonos todavía servían para hablar y no, como descubrimos más tarde, para leer y escribir.

20 de abril de 2010

DIEZ IDEAS NACIDAS ASÍ

Si en la vida escribes libros, bien o mal, siempre estás a la caza de historias. Un modo de encontrarlas es leer: lo que sea, en cualquier momento. A veces pasas horas hojeando cosas y te llevas tan solo algunas migajas para casa; otras, bajas los ojos sobre una página y encuentras tu próxima de novela. Así funciona la cosa. Pero, evidentemente, de vez en cuando puedes encontrar auténticas minas de verdad. Doy un ejemplo al azar: el suplemento *La Domenica* de *La Repubblica*. Hace diez años que no me lo pierdo y mi cuaderno está lleno de retazos de historias que vienen de allí: a menudo también es únicamente un nombre o una fecha. Para mí que los anoto, son el meollo de un posible relato o incluso de una novela. Son el posible inicio de un montón de cosas. Tengo un extraño oficio.

En cualquier caso, al tener que celebrar de alguna manera su décimo aniversario, he decidido restituir una parte de los bienes enajenados. He abierto el cuaderno, he escogido diez notas que vienen de *La Domenica* y he pensado en servirlas aquí. Lo que me gustaría transmitir es que el periodismo, cuando es narración, tiene en la sangre un virus: dejarse infectar y caer gravemente enfermo no cuesta nada. Así que, con gratitud y admiración, he aquí la crónica de diez instantes en los que le robé a *La Domenica* una astilla de realidad, o de fantasía, pensando, al menos durante un instante, en sacar un libro de ello.

1. *El penalti perfecto.* Enero de 2005. Leo un artículo sobre un loco al que se le ha metido en la cabeza estudiar el sistema perfecto para lanzar un penalti. Con consternación constato que no se trata de un loco, sino de un licenciado en Oxford. Nombre: Ronald Ranvaud (típico nombre de novela). Actualmente enseña fisiología y biofísica en la Universidad de São Paulo, en Brasil (y entonces uno ya empieza a entender...). Su idea consiste en que, si te detienes a estudiar bien las cosas, reduces a nada el azar y el resto es ciencia. Lo animó mucho oír a un delantero centro brasileño pronunciar la siguiente frase: «Por supuesto, se requiere suerte, pero he notado que cuanto más me entreno, más suerte tengo.» (Durante un momento pienso en una novela en la que uno estudia durante años el método perfecto para lanzar penaltis y, mientras tanto, su vida se desmorona sin que él consiga mínimamente entender algo. En la escena final, el hombre, caído en desgracia, lanza, descalzo, un penalti, en un parque público, contra un niño de siete años y en una portería que tiene como postes un jersey y un perro dormido. Nunca lo he escrito. El libro, digo: no lograba decidirme si marcaba o no.)

2. *El señor Moplen.* En diciembre de 2004 me topo con un artículo dedicado al Moplen. ¿Cómo que «¿eso qué es?»? No bromeemos: mi generación creció con el Moplen. Prácticamente era el plástico: pero antes no existía. Ahora el plástico ha sido demonizado, pero es necesario pensar que, en otra época, era una anticipación del paraíso (se tenían ideas bastante modestas con respecto al paraíso). En el artículo me entero de que quien inventó el Moplen fue un italiano con nombre de comunista: Giulio Natta. (Por un momento, concibo el proyecto de contar toda mi juventud hablando de

doce objetos de Moplen. Abandono rápido el proyecto porque detesto escribir libros tan explícitamente autobiográficos.)

3. La teoría de los cristales rotos. En septiembre de 2007 leo, no sé por qué, un artículo sobre la «tolerancia cero», doctrina mítica del entonces alcalde de Nueva York. Me entero de que se trataba de una trola, y vale. Sin embargo, lo que me choca es la «teoría de los cristales rotos»: dice que la degradación de un barrio no es el efecto, sino la causa de la delincuencia. Cuidad las calles, los jardines, los cristales de las ventanas, y la gente se avergonzará de robar: más o menos sonaba así. Para legitimarla, un tal Philip Zimbardo, psicólogo de Stanford, hizo el siguiente experimento: aparcó un coche sin matrícula y con el capó abierto en una calle del Bronx y otro coche, en las mismas condiciones, en una calle de Palo Alto, California. Luego esperó a ver lo que pasaba. En el Bronx, al cabo de diez minutos, ya había llegado una pequeña familia a llevarse la batería y, en veinticuatro horas, el coche acabó reducido a la mínima expresión. En Palo Alto, durante un semana nadie lo tocó. Entonces el profesor Zimbardo rompió un lado con una maza de herrero: a partir de ese momento bastaron pocas horas para ver a pequeñas familias bien salir por todas partes y llevárselo todo. Fin del experimento. (Por un momento imagino una historia con un montaje alterno, primero en un coche y luego en el otro. Solo los sonidos, las palabras, las voces. Entonces me doy cuenta de que sería un relato que solo me gustaría a mí.)

4. Las medidas desaparecidas. En julio de 2008 no puedo dejar de leer un artículo con un argumento sublime: las medidas desaparecidas. Me explico: todas las unidades de medida que han desaparecido tras el advenimiento del metro. Ya los nombres son conmovedores: el codo, la parasanga, el acre (me entero, entre otras cosas, de que el acre es de origen medieval e indicaba, oh maravilla, la cantidad de tierra que un hombre y un buey podían arar en un día de trabajo). Entre otras cosas, después de haber leído cientos de páginas de Chéjov y Verne, descubro, por fin, cuánto mide la *versta* rusa (no os lo digo) y qué significaban veinte mil leguas submarinas (un despropósito). En un rinconcito del artículo, encuentro esta historia: un tal Steve Thoburn, tendero, insistió durante siete años en desafiar la ley y vender sus plátanos en libras y no en kilos. Murió de un infarto tras haber sido condenado con sentencia firme por un tribunal inglés. (Por un instante pienso seriamente en recrear la historia de Steve Thoburn, haciendo de él un símbolo de una anárquica alergia a las reglas. Aún no lo he hecho, pero no descarto hacerlo, tarde o temprano.)

5. *El aeropuerto de los partisanos.* En septiembre de 2009, encuentro un artículo que dice algo que no sabía, aunque sucediera en mi tierra: entre 1944 y 1945, los partisanos construyeron un aeropuerto, en secreto y en la nada, en la zona del río Bormida. Emplearon para ello once días, con la ayuda de la gente que vivía por la zona. La pista tenía casi un kilómetro de largo. Tierra batida. Al menos seis aviones americanos aterrizaron allí. Cuando los alemanes lo descubrieron, la destruyeron arándola. (Por un momento pienso en el alemán que ara un kilómetro de pista destinada a los aviones y se me ocurre imaginármelo de repente feliz, mientras hace lo que hacía en su casa: trabajar la tierra. También veo a los partisanos, que, agazapados en algún lugar, desde lejos, lo ven avanzando en zigzag. Creo que sería un bellísimo relato, pero luego, por motivos desconocidos, no lo escribo.)

6. *El gran Fred.* En un mes que no recuerdo de 2005, encuentro un artículo sobre Fred Buscaglione y, naturalmente, lo leo, porque adoro a ese hombre. Siempre me he preguntado por qué no se lo considera un grande absoluto: quizá se

deba a su piemontesidad, que es una cosa complicada. En fin. En el artículo descubro cómo murió. Eran las seis y veinte de la mañana y estaba cruzando el centro de Roma a cien por hora en su Ford Thunderbird rosa descapotable, interior en color crema. El 3 de febrero de 1960. Chocó de lleno contra un camión. Encuentro magnífico lo que el camión transportaba: bloques de toba volcánica. (Durante un minuto imagino una historia sobre esos instantes. El protagonista, naturalmente, es el camionero. Estoy seguro de que había conocido a la mujer de su vida en un salón de baile, una noche en la que cantaba Fred Buscaglione. Más tarde, por motivos diferentes, no habían terminado amándose como habría sido conveniente. Luego, por motivos diferentes, no escribí ese relato.)

7. *El año bisiesto.* En diciembre de 2007, no logro resistirme, obviamente, a un artículo sobre el año bisiesto (descubro, entre otras cosas, por qué se llama así: demasiado largo de explicar). Me entero de que, a propósito de las inexactitudes del calendario, el papa Gregorio XIII descubrió, poniendo a ello a sus astrónomos, que, de hecho, a fuerza de errores, la cristiandad llevaba un retraso de diez días sobre el tiempo real. Actuó rápido: con una bula papal desplazó a todo el mundo cristiano, en una noche de 1582, del 4 al 15 de octubre. Diez días desaparecieron en la nada: con los líos que generara que se puedan imaginar. Lo que más me choca, en cualquier caso, es otra cosa. Como los astrónomos del papa tampoco eran infalibles, desde entonces contamos los días con un minúsculo exceso de tres milésimas de día al año. Como señala el admirable redactor del artículo, avanzando a ese ritmo, en solo tres mil años nos encontraremos todos nosotros un día por delante de la realidad. Tendremos, por tanto, que volver hacia atrás y revivir un martes. (Por un instante concibo la idea de escribir un relato de ciencia ficción en el que todo un planeta, dentro de tres mil años, vuelve atrás un día, para acompasar el

calendario con la realidad: se decide, para tal ocasión, volver hacia atrás y revivir el mismo día que acaba de terminar, pero con un montón de información más, obviamente. Luego no lo escribí nunca porque me recordaba condenadamente a *Atrapado en el tiempo.)*

8. *Histoire d'O.* Imagínate, en agosto de 2009 leo un artículo dedicado a Gallimard, la más mítica de las editoriales. Descubro un montón de bonitas historias. La mejor es esta. El jefe del asunto, Paulhan, hombre de muchísimo encanto, tenía una secretaria llamada Dominique Aury: una mujer austera, de rasgos pálidos, siempre en *tailleur* oscuro. Eran amantes, como a veces ocurre. La mencionada señorita Aury confesó más tarde, cuando tenía más o menos noventa años, que quien escribió *Histoire d'O,* obra maestra de la literatura erótica, había sido ella. Lo hizo en una entrevista que apareció en *The New Yorker.* (Durante un momento pienso, naturalmente, en cómo podría contar la historia de un hombre que todos los días hace que le copie las cartas una señorita, que acaba sin gran entusiasmo en su cama, casi por deber y, más tarde, cuando tiene noventa años y, a esas alturas, vive en zapatillas de estar por casa y animado por sus pequeñas alegrías culinarias, descubre que esa señorita había sido durante años una estrella del cine porno. Por suerte para mí, dejé caer el proyecto.)

9. *El coeficiente Gini.* En febrero de 2014 encuentro un artículo sobre algo que me interesaba ya desde hacía tiempo: el coeficiente Gini. Es el indicador adoptado por todo el mundo para medir la distancia entre los ricos y los pobres de un país. Prácticamente, mide la desigualdad. Por el artículo me entero de que quien lo concibió había sido un estadístico italiano, Corrado Gini. Lo interesante es que un hombre tan brillante tuvo, en vida, al menos dos deslices celestiales. El

primero fue escribir, en 1927, un libro, muy argumentado, con este título singular: *Las bases científicas del fascismo*. No contento con ello y rehabilitado después de haber sufrido su purgatorio, tras la caída del fascismo, Gini se adhirió de manera entusiasta a un movimiento cuyo objetivo, curioso por lo menos, era el siguiente: la anexión de Italia a los Estados Unidos. (Por un momento decido dedicarme a un relato en el que surja, con la necesaria claridad, el hecho de que un hombre capaz de una idea brillante puede, con absoluta naturalidad y en el mismo arco de años, dar a luz convicciones de una estupidez espectacular. Luego no lo escribo porque no me gusta escribir libros tan explícitamente autobiográficos.)

10. *Marte solo ida*. Por fin, en abril de 2013, termino de leer un artículo sobre una historia absurda: hay gente, en Holanda, que está produciendo seriamente un *reality show* en el que un determinado número de personas va a Marte y luego allí, por razones evidentes, la palma. El proyecto se llama Mars One. La estimación del gasto es elevada, pero el productor está convencido de que al final habrá beneficios. Esto es lo que ha declarado: «Si tienes mil millones de telespectadores, los seis mil millones de dólares necesarios para la colonización de Marte no parecen tantos.» Antes de deprimirme logro encontrar, en un rinconcito del artículo, una breve noticia que me devuelve el buen humor: en 1968, Juan Trippe, el fundador de Pan Am, empezó a recoger reservas para los primeros vuelos a la Luna. El billete costaba catorce mil dólares. Se pusieron en lista de espera cien mil personas. El primer viaje estaba previsto para treinta años más tarde: no se hizo nada porque Pan Am quebró. (Por un momento pienso que me gustaría muchísimo describir en un breve relato a una pareja de treintañeros americanos que, lúcidamente, deciden una tarde comprar un billete a la Luna y pasar allí su sexagésimo cumpleaños. Ya me los imagino en-

vejeciendo durante años, consumidos por una vida muy ordinaria, pero espléndidos en el resplandor de su decisión. El día de la salida, sus hijos los encierran en casa y no se hace nada. Ahora, al pensarlo de nuevo, como relato breve no estaba tan mal. Igual lo escribo algún día.)

30 de noviembre de 2014

EL NARRADOR DE WALTER BENJAMIN

Como saben quienes la frecuentan, la escritura ensayística es un extraño animal anfibio que, sirviendo a la inteligencia, obtiene a veces el resultado imprevisto de una belleza completamente particular, no indigna de la perseguida por la poesía o por la prosa literaria. Un buen ejemplo es el ensayo de Walter Benjamin que Einaudi vuelve a publicar estos días *(El narrador. Consideraciones sobre la obra de Nikolai Leskov)*.[1] Si tuviera que decir por qué es necesario leerlo –y es necesario leerlo, si aún no se ha hecho–, lo primero que se me ocurriría decir sería, simplemente: porque es muy bonito. La elegancia del tono, la estructura casi teatral, el encanto de algunas frases. ¿Y esa admirable paginita sobre las fábulas? ¿Y esa frase extraordinaria sobre la sabiduría y sobre el saber? ¿Y la deslumbrante definición de los proverbios? Una auténtica emoción, creedme. Una segunda buena razón para leer este ensayo es su tema, la narración. En teoría, debería ser un ensayo sobre Leskov, un escritor ruso del siglo XIX al que Tolstói, por ejemplo, juzgaba grandísimo (nosotros, bárbaros de los años 2000, un poco menos).

1. Incluido en Walter Benjamin, *Para una crítica de la violencia y otros ensayos (Iluminaciones IV)*, trad. esp. de Roberto Blatt, Madrid, Taurus, 1998, págs. 111-134. *(N. del T.)*

Pero, en realidad, Leskov era para Benjamin una especie de pretexto para razonar sobre un tema que, evidentemente, lo fascinaba: qué es la narración y qué clase de figura es, en la geografía de los seres vivos, la del narrador. El tema es, para nosotros, de extraordinaria actualidad. No estoy seguro de que lo fuera para él (era 1936), pero seguro que lo es para nosotros. Como ya habrá advertido todo el mundo, vivimos en una civilización que en los últimos veinte años ha decidido dejarse gobernar por la narración: la ha tomado como la forma privilegiada de cualquier comunicación. Si puedo poner un ejemplo ridículo, se sabrá que desde hace algo de tiempo una autorizada industria alimenticia italiana comercializa una nueva línea de zumos de fruta (aunque quizá también sean batidos, no he acabado de entenderlo y pido perdón por ello) eligiendo este extraordinario nombre: *Historias de fruta*. A veces, en su rudo cinismo, el marketing nos ayuda a entender cosas más grandes que él: aquí, la idea de que de la pera al zumo de pera sucede algo y ese algo genera una amplificación de la experiencia y, gracias a ese algo, de alguna forma desencadenas magia, todo esto sintetizado genialmente en una sola palabra: historia. Del mismo modo que un anciano es la suma de un niño más toda una vida, la pera, al convertirse en zumo de pera, vive toda una vida, entra en el mundo de la sabiduría, alcanza cierta grandeza: se convierte en una historia. Me gustaría ser claro: en la época en la que yo era niño, habríamos tirado un zumo de fruta con ese nombre. ¿Qué ha pasado desde entonces? Lo mismo que ha llevado a Obama a la Casa Blanca, probablemente, es decir, la consagración del *storytelling* como única lengua reconocida de forma unánime: quien la utiliza mejor, gana. O vende. Ante un proceso semejante, incluso los admiradores más entusiastas de la narración –quienes la defendían cuando hacerlo suponía ponerse a la altura de una escritora de masas como Liala– sentían una mezcla de deleite y de consternación. No se me escapa que este triunfo de la narración nos está introduciendo en un mundo muy extraño, en el que la frontera entre los hechos y el relato de los hechos es muy frágil y, con frecuencia, inexistente. A menudo no solo no logramos entender lo que es real y lo que es narración, pero no nos importa saberlo. Es esa clase de fenómeno que si te despiertas de buen humor te parece una genialidad, pero si has dormido mal tiene toda la pinta de ser un embobamiento general. Así, en un estado de vaga confusión, sucede que volvemos a los viejos maestros y buscamos allí alguna brújula utilizable. Y ahí está, bien a mano, Benjamin. Si la pregunta es dónde termina la genialidad y dónde empieza el embobamiento, él nos muestra una frontera, nos sugiere un umbral, se atreve a darnos una respuesta. Si la narración es una magia a la que no debemos renunciar, él nos explica cómo no quedarnos hechizados. Si las historias son algo con lo que nos defendemos contra la falsa simplicidad de los hechos, él nos sugiere cómo no convertirnos en sus esclavos. No digo que lo haga con una claridad diamantina, sería demasiado fácil, pero lo hace de un modo suficientemente accesible a la mayoría. Y allí donde exige esfuerzo, restituye belleza. Según un viejo esquema más bien en desuso, que, sin embargo, de vez en cuando, no es malo volver a visitar.

8 de febrero de 2011

382

Bonus track

AÑO 2026, LA VICTORIA DE LOS BÁRBAROS

Lo creáis o no, este artículo lo escribí en julio de 2026, es decir, dentro de dieciséis años. Digamos que he adelantado un poco el trabajo. Tomadlo así. Este es el artículo. A veces se escriben libros que son como duelos: acabado el tiroteo, miras quién ha quedado en pie y, si no eres tú, es que has perdido. Cuando escribí *Los bárbaros,* hace veinte años, miré a mi alrededor y todavía estaban todos allí, en pie. Aquello parecía una derrota, pero algo no me cuadraba. Entonces me senté y me puse a esperar. El juego ha sido ver cómo iban cayendo uno a uno, tarde pero bien muertos. Solo se requiere paciencia. A veces agonizan elegantemente. Algunos se desploman al suelo de golpe. No me lo tomaría como una victoria, es probable que caigan por su propia consunción, no por mis balas: pero lo cierto es que no había apuntado mal, se me ocurre decir, como parcial consolación.

Al último que vi desplomarse, después de haber andado tambaleándose desde hacía mucho tiempo, con gran lentitud y dignidad, me conmovió, porque lo conocía bien. Creo que en el pasado incluso trabajé para él (con pistolas cargadas de palabras, como siempre). Más que uno, es una: la profundidad. El concepto de profundidad, la práctica de la profundidad, la pasión por la profundidad. Quizá alguien aún los recuerda:

eran animales que todavía estaban en forma, en tiempos de los Bárbaros. Los alimentaba la obstinada convicción de que el sentido de las cosas estaba colocado en una celda secreta, protegida de las pruebas más contundentes, conservado en el congelador de una oscuridad remota, accesible solo a la paciencia, al esfuerzo, a la búsqueda voluntariosa. Las cosas eran árboles, se sondeaban sus raíces. Se remontaba en el tiempo, se excavaba en los significados, se dejaba sedimentar los indicios. Incluso en los sentimientos se aspiraba a aquellos que eran profundos, y a la propia belleza se le exigía que fuera profunda, como los libros, los gestos, los traumas, los recuerdos y, a veces, las miradas. Era un viaje y su meta se llamaba profundidad. La recompensa era el sentido, que también se llamaba sentido último, y nos concedía la rotundidad de una frase a la que, hace unos años, creo haber sacrificado mucho tiempo y luz: el sentido último y profundo de las cosas.

No sé cuándo, exactamente, pero en un momento determinado este modo de ver las cosas empezó a parecernos inapropiado. No falso: inapropiado. El hecho es que el sentido que nos entregaba la profundidad se revelaba a menudo demasiado inútil y, a veces, hasta tóxico. De este modo, como en una especie de tímido preludio, ocurrió que cuestionamos la existencia misma de un «sentido último y profundo de las cosas». Provisionalmente se nos orientó hacia definiciones más suaves que parecían reflejar mejor la realidad de los hechos. Que el sentido fuera un devenir nunca permanente en una definición nos pareció, por ejemplo, una buena solución de compromiso. Pero hoy creo que podría decirse que simplemente no fuimos tan audaces, y que el error no consistió tanto en creer en un sentido último como en relegarlo a la profundidad. Lo que buscábamos existía, pero no allí donde pensábamos.

No estaba allí por una razón desconcertante que la mutación acaecida en los últimos treinta años nos ha lanzado a la cara, formulando uno de sus veredictos más fascinantes y dolorosos: la profundidad no existe, es una ilusión óptica. Es la traducción infantil en términos espaciales y morales de un deseo legítimo: colocar lo más valioso que tenemos (el sentido) en un lugar estable, protegido de las contingencias, accesible solo a miradas seleccionadas, aprovechable solo tras un proceso selectivo. Es así como se esconden los tesoros. Pero al esconderlo habíamos creado El Dorado del espíritu, la profundidad, que en realidad parece no haber existido nunca y que a la larga será recordada como una de las mentiras útiles que los seres humanos se han contado. Bastante impactante, no hay vuelta de hoja. De hecho, uno de los traumas a los que la mutación nos ha sometido es justamente encontrarnos viviendo en un mundo carente de una dimensión a la que estábamos acostumbrados, la de la profundidad. Recuerdo que en un primer momento las mentes más perspicaces interpretaron esta curiosa condición como un síntoma de la decadencia: constataban, no del todo incorrectamente, la desaparición repentina de una buena mitad del mundo que conocían. No por nada, la que realmente importaba, la que contenía el tesoro. De ahí la instintiva inclinación a interpretar los acontecimientos en términos apocalípticos: la invasión de una horda barbárica que, al no disponer del concepto de profundidad, estaba reajustando el mundo en la única dimensión residual de la que era capaz, la superficialidad. Con la consiguiente dispersión desastrosa de sentido, de belleza, de significados, de vida. No era un modo idiota de leer las cosas, pero ahora sabemos con cierta exactitud que era un camino miope: tomaba la abolición de la profundidad como la abolición del sentido. Pero, de hecho, lo que estaba pasando, entre mil dificultades e incertidumbres, era que, abolida la profundidad, el sentido se estaba desplazando a vivir en la superficie de las evidencias y de las cosas. No desaparecía, se desplazaba. La reinvención de la superficialidad como lugar del sentido es una de las empresas que hemos llevado a cabo: un trabajito de artesanía espiritual que pasará a la historia.

Sobre el papel, los riesgos eran enormes, pero hay que recordar que la superficie es el lugar de la estupidez solo para quien cree en la profundidad como lugar del sentido. Después de que los bárbaros (es decir, nosotros) hayamos desenmascarado esta creencia, unir automáticamente superficie y falta de significación se ha convertido en un reflejo mecánico que trasluce cierto alelamiento.

Donde muchas personas veían una simple vuelta a la superficialidad, muchas otras han intuido un paisaje bien distinto: el tesoro del sentido, que estaba relegado en una secreta y apartada cripta, ahora se distribuía por la superficie del mundo, donde la posibilidad de recomponerlo ya no coincidía con un descenso ascético al subsuelo, regulado por una élite de sacerdotes, sino por una capacidad colectiva de registrar y unir fragmentos de lo real. Así tampoco suena tan mal. Sobre todo, parece más adecuado a nuestras capacidades y a nuestros deseos. Para la gente incapaz de estarse quieta y de concentrarse, pero en compensación rapidísima en desplazarse y en relacionar fragmentos, el campo abierto de la superficie parece la sede ideal donde jugar la partida de la vida: ¿por qué deberíamos en cambio jugarla, y perderla, en esos agujeros del subsuelo que se obstinaban en enseñarnos en la escuela? Así no parece que hayamos renunciado a un sentido, noble y alto, de las cosas, sino que hemos empezado a buscarlo con una técnica diferente, es decir, moviéndonos por la superficie del mundo con una velocidad y un talento hasta entonces desconocido.

Nos hemos orientado para formar figuras de sentido poniendo en constelación puntos de la realidad que cruzamos con inéditas agilidad y ligereza. La imagen del mundo que los medios de comunicación nos devuelven, la geografía de ideales que la política nos propone y la idea de saber que el mundo digital pone a nuestra disposición no tienen sombra de profundidad: son colecciones de evidencias sutiles, incluso frágiles, que organizamos en figuras de una cierta potencia. Las usamos para entender el mundo. Perdemos capacidad de concentración, no logramos hacer un gesto cada vez, siempre elegimos la velocidad, a costa de la profundización: el cruce de estos defectos genera una técnica de percepción de la realidad que busca de forma sistemática la simultaneidad y la superposición de los estímulos; es lo que nosotros denominamos adquirir experiencia. En los libros, en la música, en lo que llamamos bello mirándolo o escuchándolo, reconocemos cada vez más a menudo la habilidad de pronunciar la emoción del mundo simplemente iluminándola y no sacándola a la luz: esa es la estética que nos gusta cultivar, aquella en la que cualquier frontera entre alta cultura y baja cultura va desapareciendo, al no existir ya lo bajo y lo alto, sino solo luz y oscuridad, miradas y ceguera. Viajamos rápidamente y deteniéndonos poco, escuchamos fragmentos y nunca el todo, escribimos en los teléfonos, no nos casamos para siempre, vemos cine sin entrar en los cines, escuchamos lecturas en la red en vez de leer los libros, hacemos largas colas para comer comida rápida y todo este andar sin raíces y sin peso genera, sin embargo, una vida que debe de parecernos extremadamente sensata y hermosa si con tanta urgencia y pasión nos preocupamos, como nadie antes de nosotros se había preocupado en la historia de la especie humana, de salvar el planeta, de cultivar la paz, de preservar los monumentos, de conservar la memoria, de alargar la vida, de proteger a los más débiles y de defender el lardo de Colonnata.[1] En tiempos que nos gusta imaginar civilizados, se quemaban bibliotecas o a las brujas, utilizaban el Partenón como depósito de explosivos, aplastaban vidas como moscas en la locura de las guerras y barrían pueblos enteros para hacerse un poco de espacio. A menudo, eran personas que adoraban la profundidad.

1. Embutido parecido a la panceta de cerdo curada que es típico de Colonnata (localidad de la Toscana) y cuenta con IGP (Indicación Geográfica Protegida). *(N. del T.)*

La superficie es todo y en ella está escrito el sentido. Mejor: en ella somos capaces de trazar un sentido. Y desde que hemos madurado esta habilidad, casi con desasosiego sufrimos las inevitables sacudidas del mito de la profundidad: más allá de toda medida razonable, sufrimos las ideologías, los integrismos, todas las artes demasiado altas y serias, cualquier descarada proclama de lo absoluto. Probablemente también nos hayamos equivocado, pero hay cosas que recordamos soldadas en profundidad a razones y sacerdocios indiscutibles que ahora sabemos que se fundaban en la nada, y aún estamos ofendidos por ello, quizá, asustados. Por eso hoy suena kitsch toda simulación de profundidad y, en el fondo, sutilmente barata cualquier concesión a la nostalgia. La profundidad parece haberse convertido en mercancía de saldo para los ancianos, para los menos perspicaces y para los más pobres.

Hace veinte años yo habría tenido miedo de escribir frases semejantes. Tenía perfectamente claro que estábamos jugando con fuego. Sabía que los riesgos eran enormes y que en una mutación similar nos jugábamos un patrimonio inmenso. Escribía *Los bárbaros,* pero mientras tanto sabía que el desenmascaramiento de la profundidad podía generar el dominio de lo insignificante. Y sabía que la reinvención de la superficialidad a menudo generaba el efecto indeseable de abrir las fronteras, por error, a la pura estupidez o a la ridícula simulación de un pensamiento de profundidad. Pero, al final, lo que ha pasado solo ha sido fruto de nuestras elecciones, del talento y de la velocidad de nuestras inteligencias. La mutación ha generado comportamientos, ha cristalizado consignas, ha redistribuido los privilegios: ahora sé que en todo esto ha sobrevivido la promesa de sentido que a su manera el mito de la profundidad transmitía. Sin duda alguna, entre los que fueron más rápidos en entender y gestionar la mutación hay muchos que no conocen esa promesa, ni son capaces de imaginarla, ni están interesados en transmitirla. De ellos estamos recibiendo un mundo brillante sin futuro. Pero, como siempre ha sucedido, también ha sido obstinada y talentosa la cultura de la promesa y ha sido capaz de darle la vuelta al desinterés de la mayoría hacia la desviación de la esperanza, de la confianza, de la ambición. No creo que sea de un optimismo idiota constatar el hecho de que hoy, en 2026, existe una cultura semejante, parece más que sólida y, a menudo, dirige las cabinas de mando de la mutación. De estos bárbaros estamos recibiendo una compaginación del mundo adecuada a los ojos que tenemos, un diseño mental apropiado a nuestros cerebros y un diagrama de la esperanza a la altura de nuestros corazones, por decirlo de algún modo. Se mueven en bandadas, guiados por un instinto revolucionario de creaciones colectivas e interpersonales, y por eso me recuerdan a la multitud sin nombre de los copistas medievales: con ese extraño modo suyo, están copiando la gran biblioteca en la lengua que es la nuestra. Es un trabajo delicado, y destinado a coleccionar errores. Pero es el único modo que conocemos para entregar en herencia, a los que vengan, no solo el pasado, sino también un futuro.

26 de agosto de 2010

LOS BÁRBAROS NO NOS ARREBATARÁN NUESTRA PROFUNDIDAD

Por Eugenio Scalfari

Me ha intrigado mucho el artículo de Alessandro Baricco publicado en *La Repubblica* el 26 de agosto con el título «Año 2026, la vitoria de los bárbaros». Me ha intrigado desde las primeras líneas: «Lo creáis o no, este artículo lo escribí en julio de 2026, es decir, dentro de dieciséis años. Digamos que he adelantado un poco el trabajo. Tomadlo así.» Baricco es un maestro de la escritura, conoce sus trucos y domina las técnicas para atraer al lector y encadenarlo al texto, y esto es lo que ha hecho también esta vez. Conmigo lo ha logrado. Hace cuatro años escribió una serie de artículos en nuestro periódico y luego sacó un libro con ellos que tuvo un gran éxito, se titulaba *Los bárbaros*. Desde entonces este tema ha estado en el centro del debate sobre la época que estamos viviendo y sobre las características que la distinguen. He hablado sobre ello también yo en mi último libro *Per l'alto mare aperto* (Por alta mar, abierto), donde sostenía la tesis de que la modernidad ha concluido su recorrido cultural que ha durado medio milenio y ha abierto el camino a los nuevos bárbaros. Será tarea de ellos formular las premisas de la nueva época, del nuevo lenguaje artístico que le dará su impronta, de los nuevos significados que justificarán sus instituciones. Los bárbaros en esta acepción no representan necesariamente una fase oscura, sino una época diferente de la que nosotros, los modernos, hemos construido y hemos vivido. Hasta aquí Baricco y yo nos hemos movido más o menos en una misma vía. Pero él, en el artículo que he citado, va más allá. Sostiene que los modernos inventaron la profundidad del conocimiento y colocaron ahí el sentido, mientras que los bárbaros –entre los que se sitúa él, y por eso fecha su artículo en julio de 2026– han desmantelado el concepto de profundidad y lo han sustituido por el de superficialidad y han colocado ahí el sentido. Baricco no juzga de hecho como negativa esta operación cultural, al contrario, enumera todas sus características positivas y, por lo que a él se refiere, se sitúa entre quienes la han llevado a cabo. El paso de la cultura de la profundidad a la de la superficialidad lo describe así: «Viajamos rápidamente y deteniéndonos poco, escuchamos fragmentos y nunca el todo, escribimos en los teléfonos, no nos casamos para siempre, vemos cine sin entrar en los cines, escuchamos lecturas en la red en vez de leer los libros [...] y todo este andar sin raíces y sin peso genera, sin embargo, una vida que nos debe de parecer extremadamente sensata y hermosa [...] La superficie es todo y en ella está escrito el sentido.»

Parece estar leyendo una de las lecciones americanas de Italo Calvino, un mensaje al futuro milenio, las ideas guía que lo inspirarán. Calvino hablaba de ligereza, rapidez, exactitud, consistencia; Baricco habla de profundidad y superficialidad. Tal vez Calvino cultivó ilusiones; él estaba inmerso en la modernidad, sus referentes seguían siendo Voltaire y Diderot, pese a haber llevado mucho más allá su búsqueda literaria. Baricco, en cambio, realiza una operación conceptual en apariencia mucho más radical: pone la superficialidad en el lugar de la profundidad como el nuevo canon del conocimiento y disloca el sentido de la vida colocándolo en la superficie. Exalta las bellezas del nomadismo: «andar sin raíces y sin peso.» Podría haber añadido: sin responsabilidad. ¿Es esta la nueva

393

época que los bárbaros están construyendo? ¿Será ya una realidad en 2026? ¿Mejor dicho, es ya una realidad hoy, puesto que Baricco es capaz de describirla?

Me encuentro en una curiosa situación: en muchas cosas (ya lo he dicho) estoy de acuerdo con Baricco, pero en la esencia no, no estoy de acuerdo con él. Quizá se deba al simple hecho de casi doblarle la edad, aunque tengo al menos tanta curiosidad como él por conocer el futuro y reinterpretar el pasado. Para empezar, Baricco no es un bárbaro. Presume de serlo, pero no lo es y esto cambia muchísimo el significado de lo que dice. Los bárbaros, en nuestra común definición, son los que hablan una lengua diferente de la nuestra. Añado: se niegan a conocer nuestra cultura de modernos. No leen libros, no leen periódicos, no escuchan nuestras músicas. Quieren partir de cero, contrariamente a las generaciones que los han precedido y que, a pesar de impugnar los valores de los padres, habían aprehendido, sin embargo, sus contenidos y sus significados. El paso de una época a otra siempre ha sucedido así; el surco que marca este salto de civilización siempre ha coincidido con la falta de transmisión de la memoria histórica. Digo que Baricco no es y no puede ser un bárbaro porque está empapado de memoria histórica, conoce perfectamente todo lo que ha pasado, ha estudiado los textos, ha escuchado las músicas, incluso ha llevado a escena la *Ilíada* y a Aquiles, usa de maravilla y, es más, enseña nuestro lenguaje. Ha entendido que los bárbaros han llegado, esto significa que sabe leer la realidad de manera profunda. Además, todo su análisis sobre la sustitución de la profundidad por la superficialidad es típicamente profundo, excava hasta la raíz para poder afirmar que se está creando una vida sin raíces. Baricco es, por tanto, un moderno que, en cuanto tal, constata el final de la modernidad. En esto estoy de acuerdo.

Resígnate, querido Alessandro, somos dos modernos conscientes. Tú haces un listado de las características de la nueva época y las resumes con la palabra y el concepto superficie. En realidad, no estás describiendo la civilización de los bárbaros que aún no existe. Se requieren mucho más de treinta años. ¿Recuerdas la desaparición de la civilización grecorromana, que duró casi dos siglos, desde Teodosio hasta el reino longobardo? Hoy el tiempo corre más deprisa, pero no bastan treinta años. En realidad, Baricco no está describiendo a los bárbaros, sino a los barbarizados, que es algo profundamente diferente. Los barbarizados todavía hablan nuestro lenguaje, pero lo estropean; usan todavía nuestras instituciones, pero las corrompen; no quieren proteger en modo alguno el planeta de la guerra, del consumismo, de la contaminación y de la pobreza, sino todo lo contrario, quieren imponer privilegios, camarillas políticas, intereses de los *lobbies,* poderes corporativos, malgasto de recursos y desigualdades intolerables. Los bárbaros, los que tú y yo vemos como una realidad inminente, todavía están en busca del futuro; los barbarizados están devastando el presente y contra ellos debemos luchar para preservar el depósito de los valores que la modernidad ha acumulado y de los que la futura época podrá aprovecharse cuando haya alcanzado por fin su plenitud y su autoconciencia. No creo en la contraposición entre profundidad y superficialidad como una conquista y un progreso. Mucho menos creo que esta contraposición caracterizará el futuro y no lo creo porque siempre se ha dado en todas las épocas.

Mira, querido Alessandro, esa Grecia tan grata para ti: allí nació la tragedia y, con ella, el teatro cinco siglos antes de Cristo y allí ocho siglos antes de Cristo había nacido la poesía con Homero y, antes aún, los mitos y los misterios, pero también el juego, el baile, los números, la geometría, el cuidado del cuerpo y el cuidado de las almas. Eso que tú llamas la profundidad. Pero así convivía con la superficialidad, con las emociones, con la vida sin raíces, con la adoración de los fenómenos naturales, de las apariencias, con los cambios inmediatos de perspectiva, con un prisma cognoscitivo que cambiaba continuamente. ¿Y no ha sido siempre así? ¿No fue así en la Roma de Cicerón, de Ovidio, de Virgilio, de Séneca y, en fin, de Boecio, mientras a su lado el pueblo de las tabernas y de los suburbios disfrutaba de los juegos y de su sangrienta violencia? La profundidad y la superficialidad siempre han convivido, fueran las que fueran las épocas y las latitudes, y siempre convivirán. Tú planteas –y tienes derecho a plantearla– la cuestión del sentido y de su reubicación. Y no crees en el sentido último. Yo tampoco creo en el sentido último, aunque siento un gran respeto por quienes depositan sus esperanzas en la transcendencia de un dios y en la vida futura y eterna en el ultramundo. El que tiene una fe pone en ella su descanso y el sentido de su vida. Y no percibe que el sentido está en otra parte también para él. También los que tienen fe apoyan, de hecho, su vida sobre lo que llamo segmentos de sentido, que nos vienen de la vida práctica, de la vida creativa, de la sociabilidad sin la que no podríamos vivir. El sentido de la vida, pues, no es más que la propia vida que va desentrañándose momento tras momento, que guarda memoria de todo lo que ha pasado y proyecta el futuro a cada instante. Esto es lo que sucede en todas las personas y en todos los rincones del mundo: segmentos de sentido que el «yo» vive sin solución de continuidad, momentos fugitivos, tiempo futuro que transita en el presente a la velocidad de la luz y se hunde en el pasado y tiempo encontrado de nuevo mediante esa maravillosa facultad de la memoria que nuestra mente posee.

Querido amigo, te dedico estas reflexiones porque estás entre los que mejor se enfrentan a la barbarización que corremos el riego de que nos aplaste. Esta batalla no concierne a los bárbaros que todavía están buscándose a sí mismos. Esta batalla nos concierne a nosotros y solo nosotros podemos y debemos librarla.

20 de septiembre de 2010

NO DEBEMOS RESISTIRNOS

Querido Eugenio Scalfari, veo con satisfacción que los dos, si bien de generaciones y con raíces diferentes, tenemos la misma convicción instintiva: está en marcha una mutación que no es posible explicar con el normal refinamiento de una civilización, sino que parece ser, más radicalmente, el ocaso de una civilización y, tal vez, el nacimiento de otra. Bien. No todo el mundo tiene la misma lúcida convicción y, en mi opinión, en esto tú y yo tenemos razón. Luego, sin embargo, las cosas se complican. Y lo hacen en un punto que es fundamental, y en el que he visto a mucha gente agarrotarse, precisamente sobre la base de esas observaciones que tú lúcidamente recoges y sintetizas. Y el punto es el siguiente: barbarie y barbarización (para utilizar dos categorías que usas tú y que a mí me parecen clarísimas). Cuando yo pienso en los bárbaros, pienso en gente como Larry Page y Sergey Brin (los dos inventores de Google: tenían veinte años y nunca habían leído a Flaubert) o Steve Jobs (todo el mundo Apple y la tecnología *touch*, típicamente infantil) o Jimmy Wales (fundador de Wikipedia, la enciclopedia *on line* que ha oficializado la primacía de la velocidad sobre la exactitud). Cuando pienso en los barbarizados, a riesgo de parecer esnob, pienso en las muchedumbres que llenan los centros comerciales o en el público de los *reality show*. El hecho de que los segundos utilicen habitualmente las tecnologías inventadas por los primeros no debe confundir las cosas. Se trata de dos fenómenos diferentes: ni siquiera la eventualidad de que Steve Jobs adore los *reality show* nos debe llevar a confusión. Cuando pienso en los bárbaros, pienso en Diderot y D'Alembert (aparecían como bárbaros frente a élite intelectual del *Ancien régime)* y cuando pienso en los barbarizados pienso en los residuos de la aristocracia que mientras nacía la Ilustración repetían en vano los ritos de un privilegio y de una riqueza que, en realidad, ya no tenían las energías para justificar y defender. Cuando pienso en los bárbaros, pienso en Mozart *(Don Giovanni* le pareció bastante bárbaro al emperador que lo costeó) y cuando pienso en los barbarizados pienso en las señoritas aristócratas que aporreaban torpemente sonatinas de Salieri en sus decadentes salones. Quiero decir que una cosa es el surgimiento de modelos radicalmente innovadores e irrespetuosos con la tradición y otra es la fisiológica disolución de una civilización en la ignorancia, en el olvido, en el cansancio y en el narcótico de los consumos.

Las grandes mutaciones se suelen producir exactamente cuando se dan de forma simultánea los dos fenómenos y lo hacen de un modo a menudo inextricable. Por una parte, una determinada civilización se marchita; por otra, una nueva civilización se levanta (incluso en el sentido de rebelión). Es el espectáculo ante el que nos encontramos ahora: pero es necesario estar muy atentos para aislar, en el seno de un único gran movimiento, las dos fuerzas opuestas que están trabajando. La barbarización, en sí misma, a mí no me resulta tan interesante. Me parece un recorrido fisiológico, ya visto innumerables veces en el pasado, y hoy quizá tan solo acelerado o vuelto más evidente por la multiplicación de las informaciones y por la habilidad de los mercaderes. Incluso en el pequeño patio que es nuestra Italia, asisto con naturalidad a la pulverización de cierta estatura civil, de cierta tensión moral y de cierto arraigo cultural: pero entonces me pregunto si Italia era mucho mejor en los años cincuenta y sesenta, donde una minoría absoluta de personas cultivaba una vida alta y noble, pero la inmensa mayoría de los italianos ni siquiera tenía acceso a los consumos culturales, estaba considerablemente mal informada y, en cuanto a los principios morales, ya le iba bien con el sermón en la parroquia. No sé. Pero, en cualquier caso, no logro preocuparme demasiado. La barbarie, en cambio, en el sentido de Page, Brin y Jobs, esa me fascina, y esa sí me parece digna de ser comprendida. Te menciono solo a tres, pero basta con que hojees, por ejemplo, *Wired* para darte cuenta de que hay todo un iceberg sumergido de gente como ellos, solo que más escondida, menos ingeniosa o sencillamente no americana (por no hablar, simplemente, de nuestros hijos, que son, en todo y para todo, bárbaros). Allí el espectáculo es fascinante: son personas a las que no les falta inteligencia, que creen sinceramente estar construyendo un mundo mejor para sus propios hijos, que cultivan cierta idea de belleza, que no desprecian en modo alguno el pasado, que dominan las técnicas y que tienen en esencia una matriz humanístico-científica. Sin embargo, en el momento de dibujar el futuro, cuando no incluso el presente, no hacen uso de instrumentos procedentes de la tradición y fundan su razonamiento y su obrar en principios completamente nuevos que, a veces, tienen también el efecto colateral de destruir, de raíz, patrimonios completos del conocimiento y de la sensibilidad que están en el patrimonio compartido de la civilización presente. Ante esto, veo el esfuerzo inmenso de reconstruir un nuevo humanismo a partir de premisas diferentes, evidentemente más adecuadas al mundo tal y como es hoy, e intento entender, con esfuerzo, pero intento entender. Intentando no asustarme.

Lo que me parece haber entendido es que esa forma de barbarie genera inevitablemente barbarización pero también, y de manera simultánea, reconstrucción y civilización. No podría ser de otro modo. Además, no juzgamos el Romanticismo por el horror de los poemuchos románticos que escriben los chicos de catorce años, ni tampoco por la música empalagosamente romántica que decora películas penosas, ni por las cartas insulsas de una chiquilla francesa de 1840 que cae enamorada del abogaducho del pueblo: juzgamos el Romanticismo a partir de Chopin, en todo caso, de Schelling, de una determinada colectiva y fantástica iniciación al infinito, del descubrimiento colectivo de ciertos sentimientos, etcétera. Y, entonces, ¿por qué deberíamos juzgar a Steve Jobs por los mensajes llenos de faltas que la gente intercambia con sus iPhone? ¿Por qué no nos rendimos a la idea de que la barbarización es una especie de descarga química que la fábrica del futuro no puede dejar de producir? Similares residuos los produjo la Ilustración y, antes aún, el humanismo y, antes aún, la idea imperial de Roma y, antes aún... Así, me resulta instintivo no dejar que me distraiga la barbarización y estudiar la barbarie. Y estudiándola he acabado llegando a esta encrucijada de la profundidad.

Como también he escrito en el artículo, es un punto bastante sorprendente y no logro escribir sobre el mismo sin temor a herir de muerte algo valiosísimo. Y también estoy seguro de que dentro de pocos años seré capaz de escribir mejor sobre el asunto, con más precisión y más consciencia, pero mientras tanto atesoro esta certeza intuitiva: el sistema de pensamiento de los bárbaros suprime el lugar y el mito de la profundidad. No elimina el sentido, sino que lo redistribuye en un campo abierto que solo por comodidad todavía definimos como superficialidad, pero que, en realidad, es una dimensión para la que todavía no tenemos nombre y que, en cualquier caso, tiene poco que ver con la superficialidad entendida como límite, como umbral no atravesado del sentido de las cosas, como fachada simplista del mundo. En cierto sentido, podría decir que el mundo del pensamiento en el que se mueve Steve

Jobs (y mi hijo, once años) es a aquel en el que crecimos como el firmamento de Copérnico es al de Ptolomeo (por otro lado, ambos inexactos) o como Emma Bovary es a Andrómaca. No hay menos estrellas en el cielo de Copérnico, ni menos amor en la vida de Emma Bovary, pero son el cielo y el amor de una humanidad nueva, que trabajaba con principios diferentes, que partía de premisas inesperadas y se iba a vivir a un paisaje de la mente y del corazón hasta ese momento prohibido. No había nombres siquiera, en un primer momento, para pronunciar ese nuevo mundo: no tenemos un nombre ahora, para pronunciar el eje sobre el que el sentido ha ido a situarse, una vez pulverizada la dialéctica de profundidad y superficialidad. Tú dices: no dirías estas cosas si, todavía, no fueras capaz de pensar y de decir la profundidad. Es una objeción que me hacen muchas personas. Y es muy lógica. Pero a mí me revela sobre todo lo muy avanzados que estamos ya en el camino, virtuoso, de la barbarie. De hecho, solo gente muy bárbara puede juzgar profunda mi forma de pensar o de escribir: hace solo treinta años habría parecido humillante que se discutiera de cosas semejantes con este nivel de aproximación, con semejante tipo de lenguaje, en un instrumento vil como un periódico y dejando hablar a un escritor de éxito. Hace solo cuarenta años estos debates sobre ideas se hacían en las academias y los hacían los filósofos, los antropólogos, los sociólogos. ¿Cómo es que ahora callan, desorientados, y nosotros, escritores periodistas, nos encontramos, bien o mal, acompañando la reflexión colectiva en temas tan importantes sobre un papel que al día siguiente envolverá la lechuga o en revistas que nos ponen en la portada bien guapos y retocados, ni que fuéramos actores? ¿No oyes el chirrido de algo que no funciona? ¿No te parece que algo que estaba en la profundidad ha subido de nuevo a la superficie para convertirse en una pregunta pronunciable y allí la hemos encontrado, porque estábamos allí, desde hacía ya un montón de tiempo, en la superficie, no en la superficie de los idiotas, la superficie que es el lugar del sentido, el lugar elegido por este mundo para el sentido?

No pretendo convencerte, pero si debo decirte sinceramente lo que pienso es que habría que darle la vuelta a tu objeción: más de lo que te imaginas, te mueves de modo bárbaro, tienes el talento de los bárbaros, tienes una instintiva comprensión de por dónde circula la fuerte corriente del sentido y por esto dialogas conmigo y no te encoges de hombros simplemente, pensando que digo cosas superficiales. Y la gente te lee, y te entiende, porque les explicas la misma ansiedad que sienten ellos, que es la de poder ser bárbaros sin barbarizarse. Es el problema de la mayoría, hoy, el problema de la gente de buena voluntad. Sienten que están más allá de cierta civilización, pero no quieren ser peores.

En cierto sentido, tú, yo y todos ellos nos parecemos de verdad al Kublai Khan temeroso de *Ciudades invisibles*. Él era de origen mongol: era exactamente un bárbaro que había bajado a destruir la muy elevada y eterna civilización china y se había apropiado de ella. Sentado en el trono, delante de un comerciante (no de un filósofo), formula la pregunta: ¿Cómo es mi imperio? No tenía una respuesta y la buscaba. Por tanto, está claro, nuestra batalla es contra la barbarización: no creo haber hecho nada, en mi vida profesional, sin pensar, también, en contener cierta barbarización. Creo que es posible decir lo mismo de ti. Pero, por lo que a mí respecta, me parece muy importante no confundir esta batalla con una resistencia dañina a la barbarie, entendida como invasión de lo radicalmente nuevo, como fuerza de la mutación y como metamorfosis última de la inteligencia. Si bien con cierto trabajo, me esfuerzo en no confundir las dos cosas y, a menudo, ni siquiera la certeza de equivocarme logra hacer que me desenamore de esta tarea y de este placer.

21 de septiembre de 2010

402

ÍNDICE

ATRACCIONES

BONUS TRACK